合肥工业大学新经济系列研究报告

U0737227

区块链应用金融创新发展研究报告（2021）

周志翔　吴华清　编著

合肥工业大学出版社

前　言

　　2008 年 11 月 1 日，中本聪发表了《比特币：一种点对点式的电子现金系统》一文。2019 年 1 月 3 日，中本聪通过首次"挖矿"，创建了比特币的第一个区块——"创世块"，这一天标志着区块链技术与比特币金融体系的正式诞生。自 2019 年 10 月 24 日，习近平总书记在主持中共中央政治局就区块链技术发展现状和趋势进行的第十八次集体学习时，强调"把区块链作为核心技术自主创新的重要突破口，明确主攻方向，超前规划布局，加大投入力度，着力攻克一批关键核心技术，积极推动区块链技术多领域、多场景应用"以来，国内区块链产业进入高速发展阶段，这标志着区块链开始上升为国家战略。2021 年 12 月，国家发改委发布《"十四五"推进国家政务信息化规划》，提出强化网络安全防护和网络信任服务体系，推进政务区块链共性基础设施试点应用，支持规范统一、集约共享、互联互通的数据交换和业务协同。我们可以看到，随着各种国家级政策的实施，全国各地的区块链技术都在迅速融入金融的每一个角落，以全新的模式融会贯通，诞生了新的金融产品、新的金融企业、新的金融行业与新的金融业态。

　　新兴的区块链技术是金融领域最前沿的信息技术。它作为一种新型的分布式账本数据库，数据存储的每个节点都会同步复制整个账本，并且相互验证其信息的有效性，所以信息公开透明，并以密码学方法保证其不可篡改、去中心化、可追溯、多方共识、智能合约等特征。这些特征都可以在金融领域得到广泛应用。"区块链＋金融"在近年来得到了长足的发展，传统金融机构以及其他金融科技企业都纷纷发力以区块链技术创新金融科技功能，不仅形成了新型区块链金融行业，同时也形成了一系列创新产品和服务。

　　区块链技术创造了去中心化信用。利用区块链技术形成了点对点的金融服务模式，让第三方中介机构在整个系统中的地位变得无足轻重。这种利用链上可审查和验证的可信数据作为评估贷款方信用的去中心化信用评分，解决了传统金融中对单一中央机构的依赖问题。2021 年 11 月，CreDA 平台正式推出了去中心化金融中的信用评级服务，通过多个区块链的数据来对用户信用进行评级，确定相应的额度。区块链的高度透明特点，让这套信用评级系统能够将真实可信的内容展现在所有人面前，确保最终结果能够被所有人接受。由于信用评级的重要性，它更需要公开、公平、透明。去中心化金融中的信用评级，个人或企业的链上数据并不会存储在中央服务器当中，这也使得这些数据集难被窃取和篡改。通过去中心化信用评级，整个金融领域都将获得更高的安全性和效率，让经济能够更好地发展。

灵活的智能合约帮助规范金融市场秩序。将传统的合同条款写入智能合约，智能合约在执行条款生效时实现自动履行合同，还能设定其他附加条件，如担保物权等。智能合约标准化、自动化的快速安全运行机制与金融交易具有高度的耦合性，提高了金融事项交易的效率，增加了金融的交易空间。智能合约在金融领域得到创新应用的同时，也面临许多法律问题，如交易各个主体之间信任缺失、无法信息共享等。平衡新技术的发展空间与国家监管之间的关系，是智能合约在金融领域合法性落地的基础。基于我国国情与智能合约的技术特性，"沙箱监管""事先备案""场景匹配及规则制定"等措施，都可以加强对智能合约在金融领域中的应用。

区块链技术的进入推进了全球的金融科技创新发展，而目前区块链金融也成了一种驱动新金融发展的朝阳行业。

从应用上看，区块链的应用推进了金融的创新发展，在金融的各个子领域都有很好的发展前景。在征信方面，传统征信模式在基础设施方面耗费了大量的资源，出于成本、稳健等因素考虑，距离大规模实际应用需要一定时间。而区块链技术具有去中心化、去信任化、时间戳、非对称加密和智能合约等特征，区块链下的信用数据呈现分布式存储，具有不可篡改、不可随意删除、可验证等优点。因此基于区块链的征信体系具有高扩展性容量，通过最高等级的加密算法可实现隐私保护，交易各方信任关系的建立不需要借助中介机构或者权威中心，因此信任建立成本几乎为零。

在数字货币方面，数字货币发行的最主要问题是信用保证问题。区块链技术的应用，首先极大降低了交易成本，数字货币的交易无须经过第三方金融中心来完成，可以有效避免"背后捅刀"式的支付成本，降低系统管理与优化费用、电费、广告费等成本；其次极大提高了安全性，数字货币采用分布式账本技术，黑客无法通过对单一中心节点进行攻击而造成系统崩溃等重大安全问题，能够实现替代第三方虚拟账户充当电子支付媒介；再次提高了服务品质，分布式系统比单机系统更可靠，不仅保证了文件和其他资源不被非法使用，而且提高了容错率。

在证券方面，传统的证券交易，需要经过中央结算机构、银行、证券公司和交易所这四大机构的协调工作，才能完成证券的交易，效率低、成本高，且这样的模式造成了强势中介，消费者的权利往往得不到保障。而区块链系统就可以独立地完成"一条龙"服务，买方和卖方能够通过智能合约直接实现自动配对，并通过分布式的数字化登记系统，自动实现结算和清算。

在网络借贷方面，区块链技术为借贷双方提供了一个以信任为基础的借贷关系支付网络。所有的交易和协议都公开透明地记录在账本上，为政府部门提供监管依据，大大节省了平台的组织成本，降低了执行借贷关系的监督和服务成本，控制了业务的风险并提高了工作效率。

在支付方面，区块链在其技术应用中发展是最快的。区块链技术可以实现信任的传递和信息的穿透，能够避免复杂的系统，在付款人和收款人之间实现更直接的付款流程，不仅有着低价、迅速的特点，而且还无须中间手续费，大幅度提升支付资金交易及清算效率。

在保险业方面，传统保险业中保险消费者和保险机构之间信息不对称问题突出。区块链技术减少了信息不对称，进而解决保险供给和需求双方存在的道德风险和逆向选择问题，借助开放性还可以提升大数据和云计算的运用，使得保险产品开发和定价更加精准；同时提升保险消费者的信任度，解决制约保险需求的信任问题，突破互联网保险发展对信任的刚性约束，减少保险公司交易信息丢失风险。

在供应链金融方面，传统市场上信息化不足、数据质量有待优化、授信难以扩展等多种问题制约着供应链金融的发展，区块链技术的应用可以很好地弥补现有供应链金融市场中存在的痛点问题。区块链技术的使用，可以确保数据可信、互认流转，传递核心企业信用，防范履行风险，提高操作层面的效率，降低业务成本。

在金融审计方面，对于需要大量数据储备的审计行业，区块链这种数据账本的形式不仅可以为数据的录入、提取、编辑提供最便捷的通道，而且可以为数据安全、有效提供强有力的保障。在数据共享的系统中，区块链还能帮助监督内部和外部环境，当出现问题时，智能合约会及时发出警告。

本研究报告第一章至第十二章的内容撰写，依次由徐殿月、李雪、孙玉琨、宋明慧、侯晓玥、葛俊伟、李甘琳、江漓源、时慧、卢荣会、徐琳、周希辰负责。

编著者

2022 年 12 月

目　　录

第 1 章　区块链概念及理论基础

1.1　区块链的基本概念

1.1.1　区块链的定义

区块链作为近年来兴起的概念，相关研究展开时间尚短，且自身学科交叉的属性较为突出，故目前对于区块链的定义还没有较为统一的叙述，不同的学科中和不同的应用场景下的定义都有着不同的侧重。

从单纯的信息技术角度，区块链可以概括为一种融合多种现有技术的新型分布式计算和存储范式，一种按照时间顺序将数据区块以顺序相连的方式组合成的一种链式数据结构，并以密码学方式保证的不可篡改和不可伪造的分布式账本（Distributed Ledger Technology，DLT）。从协议的角度出发，区块链是一种解决数据信任问题的互联网协议。从经济学角度，区块链是一个提升合作效率的价值互联网。

由于比特币是至今为止最广为人知也是最具代表性的应用，有部分学者在介绍区块链时强调二者的关联性，将其定义为比特币底层技术衍生出来的新型技术体系。

从广义上来说，区块链技术是利用块链式数据结构来验证与存储数据、利用分布式节点共识算法来生成和更新数据、利用密码学的方式保证数据传输和访问的安全、利用由自动化脚本代码组成的智能合约来编程和操作数据的一种全新的分布式基础架构与计算范式。[①]

1.1.2　区块链的构成

1.1.2.1　区块

区块是区块链的基本单元，区块的构成大致包括区块头和区块体。区块头主要包括一些签名信息，区块体主要包括一些交易信息。其中区块头可以拆分为以下部分：

（1）引自父区块哈希值的数据，用于实现该区块与上一区块的链接。

（2）挖矿难度、Nonce、时间戳，用于挖矿过程。时间戳使用数字签名技术，对每一次交易记录的真实性进行认证。每一个区块自产生开始便记录了时间戳。由于时间戳是直接写在区块链中的，和区块的其他任何部分一样受到哈希值的制约，所以具有不可篡改的特性。

[①]　引自《中国区块链技术和应用发展白皮书（2016）》。

并且，每一个时间戳会纳入前一个时间戳，依次相连，形成链条。

（3）Merkle（默克尔）树根数据，用于有效地总结区块中所有交易的数据结构。默克尔树（Merkle Tree）如图 1-1 所示，是一种应用了哈希函数的数据结构。默克尔树的最底层是一整份数据记录拆分而成的一系列小的数据块，每一个数据块有着自身唯一对应的一个哈希值。将相邻的两个数据块的哈希值合并为一个字符串，再求得其哈希值即"子哈希"（对于落单的哈希值直接求其子哈希）。对这一批子哈希再求其子哈希，如此层层推进，便可得到类似二叉树的一棵倒挂的树，相当于树根的便是最上面一层的单个哈希值，这个哈希值被称为 Merkle Root。

通过默克尔树，既可以直接通过 Merkle Root 判断整个文件的可信状况，又可以单独访问验证其任一分支，确定底层每个数据小块的安全性。在原始数据文件极大的情况下，能够十分便利地追溯到具体是哪个部分的数据存在问题，也便于单独下载所需部分的数据。

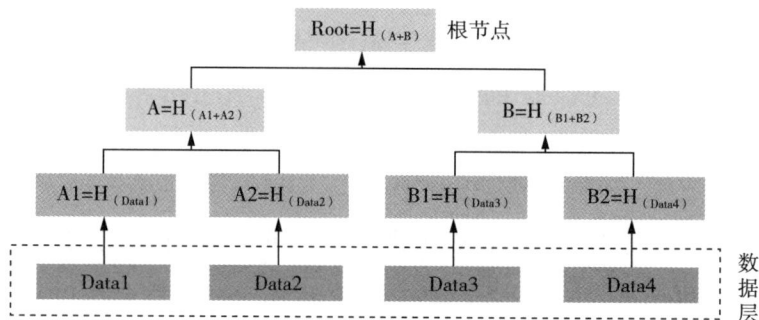

图 1-1　默克尔树

区块体的交易信息主要包括区块内的交易数量和区块存储的具体交易数据。

1.1.2.2　区块链

所谓区块链，按照字面意思就是由一个个区块串联而成的链，其将区块连接起来是通过结合了哈希函数的哈希指针（Hash Pointer）完成的。简而言之，哈希指针就是指向数据存储位置及其位置数据的哈希值的指针。[①] 哈希指针如图 1-2 所示，它不仅具备普通指针指示数据存储位置的功能，还包含一些数据信息以及与这些信息相关的密码哈希值，可以让使用者检验数据是否受损或者被篡改。

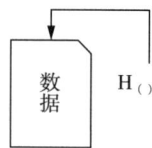

图 1-2　哈希指针

通过哈希指针构建的链表便是所谓的区块链（图 1-3）。

由于加密哈希函数的特殊属性，对区块链上任意的数据进行篡改都会导致该区块的数据与下一个区块的哈希值不匹配。即使篡改者继续篡改一系列区块中的哈希值以掩盖其篡改痕迹，但只要能够保证链表头部的哈希指针处于无法篡改的条件下，那么就仍然能检测出篡改痕迹。于是，无论区块链如何延伸、增加多少个区块，仅仅需要保护一个哈希指针，便能够基本上检测出任何的篡改行为。因此，链表头部的哈希指针又被称作创世区块（Genesis Block）。

---

① （美）阿尔文德·纳拉亚南，约什·贝努，等. 区块链：技术驱动金融［M］. 林华，王勇，等译. 北京：中信出版社，2016.

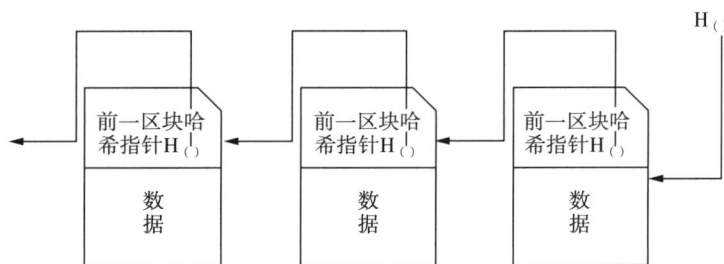

图 1-3　区块链

1.2　区块链的主要形式

区块链目前主要根据去中心化程度分为公有链（Public Blockchain）、联盟链（Consortium Blockchain）和私有链（Private Blockchain）三种形式。

去中心化是区块链的典型特征（图 1-4、图 1-5）。去中心化网络，也称为点对点网络，或 P2P（Peer-to-Peer）网络。在这个网络中，不存在中心化的服务器，各个节点的计算机地位平等，拥有相同的网络权利，通过特定的软件协议共享资源和信息。根据区块链具体的应用场景，并不是所有的区块链都是完全公开、完全去中心化的。

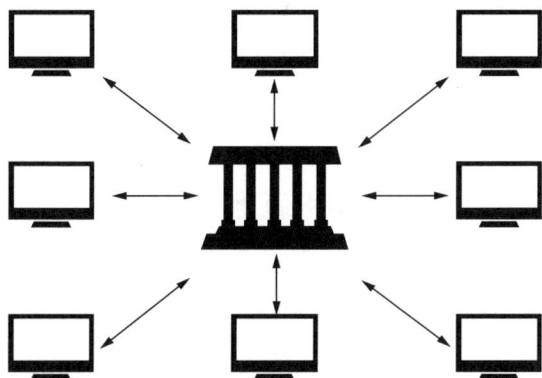

图 1-4　中心化

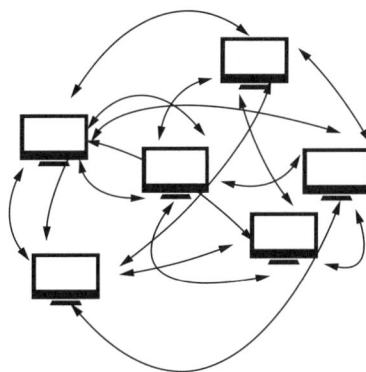

图 1-5　去中心化

1.2.1　公有链

公有链正如其名，是须注册、无须授权、完全对外公开、任何用户都可以自由访问的区块链。公有链强调去中心化，通常被认为是完全去中心化的。公有链通过密码学保证交易不可篡改，同时也利用密码学验证以及经济上的激励，在互为陌生的网络环境中建立共识，从而形成去中心化的信用机制。这种共识机制和激励机制是公有链得以维护运行的关键。

共识机制主要决定区块链网络中各个节点如何就某些数据的记录达成一致。公有链中的共识机制一般是工作量证明（PoW）或权益证明（PoS），用户对共识形成的影响力直接取决于他们在网络中拥有资源的占比。激励机制激励网络中各个节点积极参与区块链中区块的生成和验证工作，以保证区块链的稳定运行。著名的比特币其实就是一种对参与区块链网络维护的奖励。

公有链一般适合于虚拟货币、面向大众的电子商务、互联网金融等 B2C、C2C 或 C2B 等应用场景。目前，公有链最广为人知、影响力最大的应用就是比特币。比特币的区块链事实上是一套分布式的数据库，在其中加入比特币这种虚拟资产，并制定了相应的协议令其可以在数据库上安全地转移，并且无须信任第三方。以上特征共同构造出了比特币网络。除此之外，以太坊（Ethereum）也是公有链的一种重要应用。以太坊是可编程的区块链，允许用户按照自己的意愿创建复杂的操作，可以作为多种类型去中心化区块链应用的平台，通过其专用加密货币以太币（Ether，简称"ETH"）提供去中心化的以太虚拟机（Ethereum Virtual Machine）来处理点对点合约。

1.2.2 联盟链

联盟链仅限于联盟成员参与，区块链上的读写权限、参与记账权限按联盟规则来制定。因加入需要注册许可的区块链，也被称为许可链（Permissioned Blockchain）。

联盟链的共识过程由预先选好的节点控制。联盟链可有效帮助企业或个人在商业活动中解决结算问题，降低两地结算的成本和时间，适合于存证、溯源、监管等新基建场景及机构间的交易、结算等 B2B 场景。例如，在银行间进行支付、结算、清算的系统就可以采用联盟链的形式，将各家银行的网关节点作为记账节点，当网络上有超过 2/3 的节点确认一个区块，该区块记录的交易将得到全网确认。联盟链可以根据应用场景来决定对公众的开放程度。由于参与共识的节点比较少，联盟链一般不采用工作量证明的挖矿机制，而是多采用权益证明或 PBFT（Practical Byzantine Fault Tolerant）、Raft 等共识算法。联盟链对交易的确认时间、每秒交易数都与公有链有较大的区别，对安全和性能的要求也比公有链高。联盟链网络由成员机构共同维护，网络接入一般通过成员机构的网关节点接入。联盟链平台应提供成员管理、认证、授权、监控、审计等安全管理功能。银行同业间可以共享一个统一的账本，省掉对账的烦琐工作，交易可以做到接近实时的校验和确认、自动结算，同时监管者可以利用密码学的安全保证来审计不可篡改的日志记录。

联盟链应用领域包括数字版权保护、供应链溯源、跨境支付、物联网、医疗信息共享等。联盟链在数字版权保护应用方面的技术实现途径，为利用时间戳技术永久记录数字产品的原创信息，并通过分布式数据库和共识机制保证交易记录准确，以此实现不可更改及可溯源功能。但数字版权保护应用方面的缺陷主要体现为区块链的存储能力较为有限。联盟链在供应链溯源应用方面的技术实现途径为赋予商品不可更改的唯一标识，并将供应链上每个节点区块链化，最后由各节点维护共识验证，用分布式存储方式记录物流信息。但供应链溯源应用的缺陷主要体现为商品唯一标识不能完全杜绝伪造和嫁接，且部分商品唯一标识成本较高。

我国现有对区块链的实际应用几乎都集中在联盟链，百度、京东、阿里、腾讯这类公司开发了相应的区块链平台 BaaS（Blockchain as a Service，区块链即服务），如百度链、京东链、蚂蚁链和腾讯链等。CBDC（Central Bank Digital Currencies，央行数字货币）是最大的联盟链，我国的 CBDC 称为数字人民币。中国证券业协会推出了"中证链"这一证券行业联盟链，中证协已与海通证券、国泰君安、招商证券、广发证券、中国银河证券、浙商证券签订了联盟链合作协议。这六家公司作为首批加入"中证链"节点的证券公司，将与协会共同承担"中证链"服务行业的职能。

1.2.3 私有链

现有的私有链多由一些行业巨头企业架设。相较于完全公开、不受控制、依靠加密技术来保证安全的公有链而言，私有链可以创造出权限控制更为严格的系统，其修改甚至是读取权限可以仅限于少数用户。私有链仅在私有组织中使用，区块链上的读写权限、参与记账权限按私有组织规则来制定。私有链的应用场景一般是企业内部的应用，如数据库管理、审计等。也有一些比较特殊组织的情况，比如在政府行业中的一些应用：政府的预算和执行，或者政府的行业统计数据，这类一般来说由政府登记，但公众有权利监督。

私有链的价值主要是提供安全、可追溯、不可篡改、自动执行的运算平台，同时可以防范来自内部和外部对数据的安全攻击。

公有链、联盟链、私有链的区别，见表 1-1 所列。

表 1-1 公有链、联盟链、私有链的区别

特 征	公有链	联盟链	私有链
公开性	完全公开	部分公开	私有组织内部公开
参与者	任何人	注册的联盟成员	组织内少数用户
应用场合	数字货币等	金融机构联盟	企业等组织内部
运行效率	低	较高	高

1.3 区块链的架构与智能合约

从 2008 年中本聪以比特币的论文将区块链概念引入互联网视野至今，已经过去了十几年。在这期间，区块链技术不断升级更迭，目前较为通行的观点是将区块链架构上的演进分为三个阶段：首先是以可编程数字加密货币体系为主要特征的区块链 1.0 架构，以比特币为典型应用，实现了数字货币的发行和流通，在这个阶段我们可以认为区块链是一个支持数字货币合约的系统；其次是以可编程系统为主要特征的区块链 2.0 模式，其代表作就是以太坊，特点是更加灵活、能够支持自定义智能合约，通过智能合约推动多业务系统的协作，扩展了区块链的应用领域；最后是以可编程社会为主要特征的区块链 3.0 模式，实现了与物联网、云计算等技术的融合发展，试图在大规模协作领域提高行业的运行效率和管理水平。因此从整体上来说，区块链技术是具有普适性的底层技术框架，可以为金融、经济、科技甚至

是政治等各个领域带来深刻变革。各类区块链技术虽然在具体实现的角度上存在一定差别，但功能架构方面仍然存在天然的共性。

1.3.1 区块链 1.0 架构：基础架构

区块链因应用场景的不同而有不同的架构。比特币的区块链架构就是区块链 1.0 的典型架构。区块链 1.0 架构由自下而上的数据层、网络层、共识层、激励层和应用层组成（图 1-6）。每层分别完成一项核心功能，各层之间相互配合、彼此协调，实现一个去中心化的信任机制。

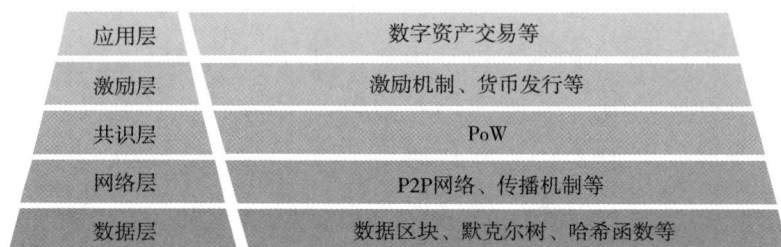

应用层	数字资产交易等
激励层	激励机制、货币发行等
共识层	PoW
网络层	P2P网络、传播机制等
数据层	数据区块、默克尔树、哈希函数等

图 1-6　区块链 1.0 架构

数据层是区块链通过使用各种密码学技术，例如非对称加密、默克尔树以及哈希函数等创建的数据存储格式，用以保证区块链数据的稳定性和可靠性。

网络层将区块链底层的 P2P 网络组织起来，并且快速地让交易在网络中扩散，以确保能够及时地验证交易的正确性。

共识层主要让整个网络中的高度分散的节点对交易和数据快速地达成共识，确保全网记账的一致性。

激励层的主要功能是提供一定的激励方式，去鼓励网络中每个节点积极参与区块链中区块的生成和验证工作，以保证区块链的稳定运行。

应用层提供用户可编程接口，允许用户自定义、发起和执行合约。

1.3.2 区块链 2.0 架构：智能合约

相较于区块链 1.0 架构，区块链 2.0 架构最大的特点便是合约层。合约层主要封装各类脚本、算法和智能合约，是区块链可编程特性的基础（图 1-7）。

区块链本质上是去中心化的分布式数据库，数据复制到整个网络的所有节点上，靠多数节点间的共识来保持数据的一致性。只要节点数目足够多、分布足够分散，就不会存在一个人或组织能够控制和决定所有节点的行为。有了区块链这个去中心化的基础平台，自治组织就可以定义各种组织规则，然后用计算机程序来表述并且在区块链网络上运行，这种区块链上的程序通常称为"智能合约"（Smart Contract）。智能合约中的"合约"是指用计算机代码确定下来的逻辑规则，发布到区块链网络后，形成一种不可更改的公开契约，所有人都可以监督契约的内容及其执行。而智能合约的"智能"，是指计算机程序能够根据各种不同的情况（即智能合约的调用参数以及节点的状态），做出不同的响应。

应用层	数字资产交易等
合约层	智能合约、脚本代码等
激励层	激励机制、货币发行等
共识层	PoW
网络层	P2P网络、传播机制等
数据层	数据区块、默克尔树、哈希函数等

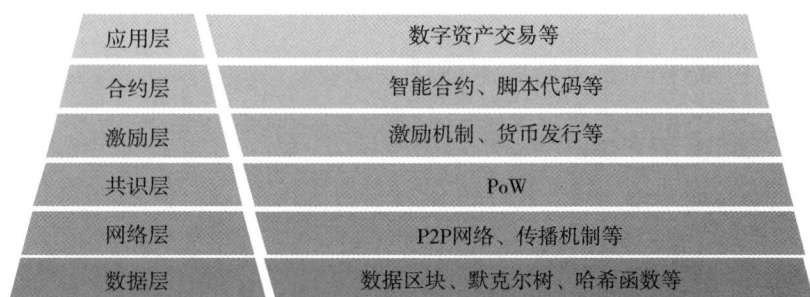

图 1-7　区块链 2.0 架构

DAO（Decentralized Autonomous Organization，去中心化自治组织）就是运行在区块链网络上的、体现组织规则的智能合约。DAO 是基于区块链核心思想理念（由达成同一个共识的群体自发产生的共创、共建、共治、共享的协同行为）衍生出来的一种组织形态。区块链网络保证了其去中心化特性，并通过铁面无私的机器执行智能合约来确保其自治性。

智能合约与传统合约（如法律合约）有相似之处，比如均需要明确合约参与者的权利、义务，违约方均会受到惩罚等。但是智能合约与传统合约相比存在着显著的区别，如下所述：

（1）解决信用问题。传统的合约制定，依赖于双方的了解信任，合约达成后的阶段也依赖于各方的诚实信用，或者引入第三方（如支付宝）来担保合约履行。但是智能合约因为链上的资源是真实透明的，合约履行也无须其他额外操作，使得"匿名信用"成为现实。合约缔结前无须进行信用调查，也无须第三方进行信用担保，从而实现交易成本的大大降低、交易效率的大幅提高。

（2）合约的准确执行。智能合约的所有条款和执行过程都是提前预设好的，并在计算机的控制下强制执行，因此所有的执行结果都是准确无误的，不会出现难以预料的结果。现今，智能合约的准确执行得益于密码学的发展和区块链技术的发明。

（3）较低的人为干预风险。在智能合约部署之后，合约的内容无法更改，合约中的任何一方都不能干预合约的执行。智能合约的数据无法删除、修改，而历史可以追溯，因此篡改合约或者违约的成本都相当高，这也就减轻了人为干预风险。

（4）去中心化权威。一般来说，智能合约不需要中心化的权威来仲裁合约是否按规定执行，合约的监督和仲裁都由计算机来完成。

（5）较低的运行成本。由于智能合约的执行不需要第三方权威的参与，能够大大减少合约履行和强制执行所产生的人力成本，提升了交易进行的效率，但要求合约制定者在合约建立之初就将各个细节确定下来。

智能合约的一种产物是 Token，与之相似的一个概念是 Coin。所谓 Coin 就是通过加密技术产生的数字货币，和现实世界中的货币十分相似。它们可以像普通货币一样参与到交易中去，并且同样具有价值、供给有限、可以分割、可以替换。而 Token 则是一种依靠区块链技术发行的可流通的加密数字权益证明，在功能上与 Coin 类似。它与 Coin 最大的区别是，Coin 只履行货币的职能，而 Token 还赋予其持有者一定的参与项目的权利。就好比如果我们购买了某个公司的股票，便能够一定程度上参与到该公司的事务之中去一样。

1.3.3　区块链 3.0 架构：生态与场景应用

区块链 3.0 架构涵盖了智能化物联网的各种应用场景，如图 1 - 8 所示。区块链技术可以搭建一个去中心、防篡改、公开透明的可信计算平台，从技术上为构建可信社会提供了可能。价值物联网是一个可信赖的实现各个行业协同互联、实现人和万物互联、实现劳动价值高效、智能流通的网络，将传统的依赖于人或依赖于中心的公正、调节、仲裁功能，按照大家都认可的协议交给可信赖的机器来自动执行。区块链与云计算、大数据和人工智能、5G 网络等新兴技术交叉演进，将重构数字经济发展生态，促进价值物联网与实体经济的深度融合。这里介绍 Libra 和 DCEP 两种运用实例。

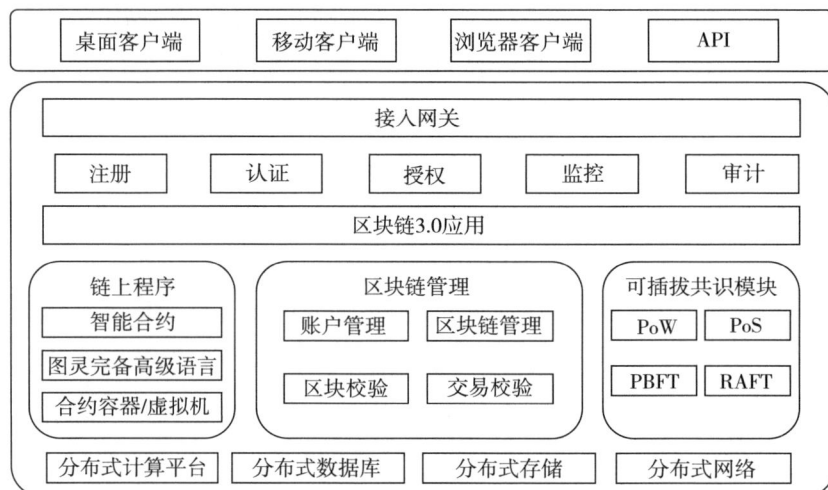

图 1 - 8　区块链 3.0 架构涵盖了智能化物联网各种应用场景

由原 Facebook（现改名"Meta"）2019 年推出的加密货币项目"Libra"（现改名"Diem"），运行过程几经波折。Libra 项目推出后，美国国会参议院举办的听证会对其态度较为消极，其中关于数据隐私和洗钱的问题被重点关注。最终于 2022 年年初由美联储会员银行 Silvergate Capital 以 2 亿美元收购其技术资产。Silvergate 是一家成立于 1988 年的美联储会员银行，从 2013 年起，Silvergate 致力于为区块链行业提供清算与支付方案。该银行于 2021 年与 Diem 达成战略合作，拟推出与美元挂钩的稳定币。Meta 出售 Diem 后，与 Libra 相关的项目只剩下一个加密钱包"Novi"。

DCEP（Digital Currency Electronic Payment），中国版数字货币项目，即数字货币和电子支付工具，是中国人民银行研究的法定数字货币，是 DIGICCY（数字货币）的一种。

数字人民币（Digital RMB）是由中国人民银行发行的数字形式的法定货币，由指定运营机构参与运营并向公众兑换，以广义账户体系为基础，支持银行账户松耦合功能，与纸钞硬币等价，具有价值特征和法偿性，支持可控匿名。数字人民币的概念有两个重点：

（1）数字人民币是数字形式的法定货币；

（2）与纸钞和硬币等价，数字人民币主要定位于 M0，也就是流通中的现钞和硬币。

数字人民币全面推广之后，将成为支付手段的一个重要补充，而不是现有某种支付手段的替代。这一点可以很清楚地通过与微信、支付宝等的对比看出来（表 1-2）。

表 1-2　数字人民币与微信、支付宝等的区别

	数字人民币	微信、支付宝
定位	与纸质人民币具有同等地位，是"钱"	付款时结算的中介，相当于"钱包"
使用条件	没有网络也可使用	必须有网络支持
接受度	全面推行后等同于人民币，商家不得拒收	商家可以拒绝使用
服务费	没有兑换的服务费	有提现费用等

1.4　区块链的共识机制

共识机制使区块链各节点在互为陌生的网络环境中建立共识，从而形成去中心化的信用机制。

区块链整个系统强调去中心化，在分布式记账的情境下，每一个节点都保留有一个账簿，每一个账簿都要对所有交易进行记录。但是，如果每个节点在新的交易信息产生之后同时进行记账，很容易产生信息不一致，从而造成记账混乱。为了解决这一问题，对于交易的记录，首先选择一个节点记录下正确的交易信息，然后其他人将在公频中广播的信息与这一记录进行对比，如果该记录被认定为准确无误，则其他人将该记录抄在自己的账簿上。因此需要在区块链中建造共识机制，以在哪个节点享有优先记账权上达成一致，也就是如何确立记账权的问题。为了解决这一问题，需要引入共识机制。尤其是公有链权力分散且没有出资人，因此必须有激励参与者对区块链进行贡献的工具，这是共识机制的另一重要作用。常见的共识算法一般包括工作量证明（PoW）、权益证明（PoS）、股份授权证明机制（DPOS）等。

工作量证明（Proof of Work）如其字面意思，是对某个节点完成了一定的工作量的证明。假设在区块链中，每当广播宣布一项交易信息，同时也给每一个节点出一道计算题，哪一个节点最先解出结果，则该节点获得优先记账的权利。由于计算题难度极高，为了节约精力，提高处理效率，当其中一个节点宣布已经计算出答案之后，其他节点便停止计算工作。此时，为了确保计算结果的正确，由其他节点对其运算结果进行验算。从提高效率的角度，这里的验算过程越简单越好。也就是说，对作为任务的计算题的要求是，具有计算难度十分大而验算却十分简便的特性。破译密码就符合这一要求：破译正确的密码难度很大，但给定答案却很容易验算其是否为正确答案。结合区块链的架构和工作原理，区块链中需要"破译"的，就是正确的哈希值，而寻找这个哈希值所要求的期望计算次数便是"工作量"。

人们经常看到的"挖矿"所描述的就是 PoW 的运行过程。各个节点自备有强大算力的计算机或者专门的挖矿机器，每当有新的交易信息被广播的时候，进行算力比拼，最先计算

出哈希值的人获得优先记账权，并获得一定的比特币作为奖励。在这个过程中，计算力主要被用于"证明该用户为区块链贡献了算力"，而并非用于"为区块链贡献算力"，从某种层面上来看，这样无形中浪费了相当大的算力，以及现实世界中的电能等能源。于是人们对其进行了改进，在 PoW 的基础上构建了 PoS 方式。

权益证明 PoS（Proof of Stake）就是"股权证明"，其原理与现实中的股权证明类似。在 PoW 机制中，人们维护区块链网络的动力主要来源于挖矿过程的比特币奖励。PoS 则是以持有虚拟货币的数量和时间对持有者分发利息作为激励，以替代挖矿的过程。而股权的证明写在创世区块中，之后的交易流通环节都靠着股权转让来进行。PoS 方式节约了挖矿过程所需要的算力和能源，达成共识所需的时间也因此缩短。另外，股权制度带来的另一个好处是降低了 51% 攻击的可能性。因为持有份额越多的人从这个系统中获得的利益就越多，攻击反而会导致 Token 失信从而贬值。但是另一方面，这又导致了系统容易产生垄断。

股份授权证明机制（DPOS）简而言之是一种通过投票达成共识的方法，类似于股份公司的治理。在使用 DPOS 机制的区块链中，见证人的职责类似传统合约中的公证人，对区块中的合约和签名进行验证。见证人由权益持有者投票选出，每个账户对一个见证人只可以投一票，得票最高的前 N 个见证人当选。这里见证人数量 N 也由参与投票的权益所有者决定。见证人履行生成新的区块等职责可以获得相应的报酬，如果见证人不作为，将跳过这个见证人由下一位见证人履行。而每过一个维护周期，见证人将洗牌重新选举。DPOS 机制能够极大地提升新区块产生的速度，大幅度降低系统维护的成本，并且维护好权益持有者的利益。但是这种机制仍旧没有跳出虚拟代币的约束。

1.5 区块链的密码技术

密码技术是区块链这一构想得以实现的技术基础之一。区块链依靠密码学技术完成整个架构，区块链的去中心化、不可篡改等特性都是依靠密码学实现的。

通常我们把密码学分为古典加密和现代加密。古典加密常见的是字母表移位，在加密传输中，其特点是强调方法不可泄露，一旦方法遭遇泄露，则原始加密信息可被获取与篡改；现代加密是伴随着计算机的发展出现的，其特点是强调秘钥的不可泄露，但加密方法可以公开。现代加密方法主要分为三类：对称加密、非对称加密和单向散列加密。

区块链中使用了很多加密算法，包括对称加密技术、非对称加密技术、哈希算法等。

对称加密技术，是采用同一个混淆因子（也叫密码），然后使用混淆算法对输入进行混淆，得到加密后的数据。之后，采用相同的混淆因子（密码）进行逆运算，可以得到原始的输入值。它的特点是加密和解密使用同一密钥，即私钥（Privatekey），发收信双方都使用这个密钥对数据进行加密和解密，要求解密方事先必须知道加密密钥。但如果有人在传输过程中截取了密文和密钥，就一样能解密出明文，这就导致了安全性问题。常见的对称加密算法有 DES、AES、3DES 等。对称加密技术如图 1-9 所示。

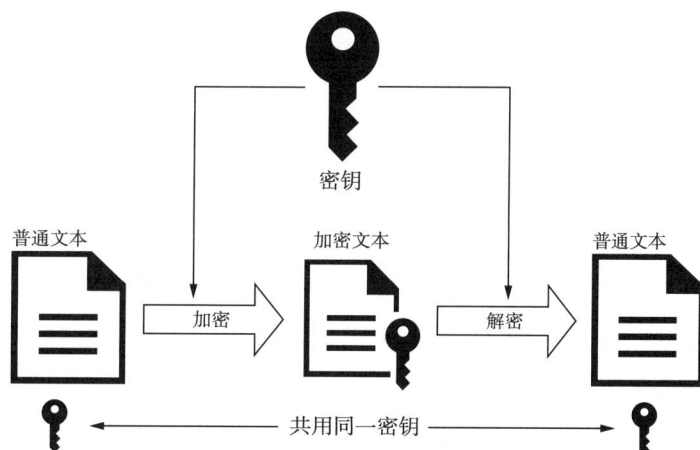

图 1-9　对称加密技术

非对称加密算法需要两个密钥：公钥（Public key）和私钥。公钥与私钥是一对，私钥可以推导出公钥而公钥不可以推导出私钥。如果用公钥对数据进行加密，只有用对应的私钥才能解密；如果用私钥对数据进行加密，那么只有用对应的公钥才能解密。简单地说是"公钥加密，私钥解密；私钥加密，公钥解密"。常见的非对称加密算法有 RSA、ECC 等。

在区块链中，数字签名就是基于上述非对称加密技术，不同点在于数字签名使用私钥生成一个签名，接收方使用公钥进行校验。比如上面用私钥解密得到明文后，用私钥进行签名进行回复，收到回复后用公钥解密得到的内容与数据相同即可证明签名正确。非对称加密技术如图 1-10 所示。

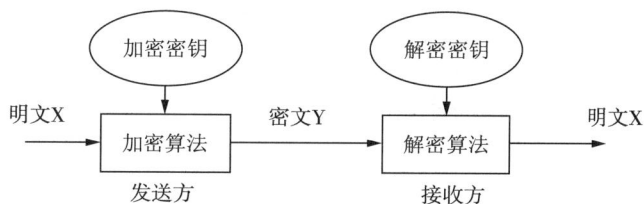

图 1-10　非对称加密技术

哈希算法是一种常见的单向加密算法，区块链得以成立很大程度上依赖于哈希算法。哈希函数又称单向散列函数，它是将任意长度的字符串转换为固定长度的输出值的一种特殊函数，这个输出值就是哈希值。所有哈希函数都有一个基本特性：如果根据同一函数得到的两个哈希值是不相同的，那么这两个散列值的原始输入也是不相同的。哪怕仅仅删改原始字符串中的一个字符，最后产生的哈希值也会相差甚远。如果把原始字符串比作一个人，那么哈希值就相当于这个人的指纹。正如可以通过指纹这一特征准确迅速地分辨一个人的身份，当要比对一份记录或是一份文件是否意外损坏了或是遭受了篡改，只需比对原始文件的哈希值与现有文件的哈希值，而不用将两个文件从头至尾完整比对一遍。这样一来，哪怕是存储规模达到数 G 的文件，也可以准确快速地记录和比对。并且，使用哈希函数的加密过程是不可逆的。即使知晓了哈希值，也无法解析出原始文件。这样就确保了原始数据的安全性。

如果把"任意长度的字符串"视为一个集合，"固定长度的输出值"视为另一个集合，那么，相对而言，后者的集合中包含的元素个数是少于前一集合的。这就导致必然存在两个不同的输入字符对应同一个哈希值的情况存在，这种情况就称为"哈希碰撞"（图 1-11）。

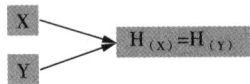

而如果对某一哈希函数，无法找到使输出的哈希值相等的两个输入值，则称该哈希函数具有"碰撞阻力"。在实际运用中，要求加密的哈希函数必须具有"碰撞阻力"。不然就可能会出现记录或者文件被整个替换但是仍然能够通过哈希值检测的情况。

图 1-11　哈希碰撞

然而实际上，不仅任何哈希函数都存在碰撞，而且必然能找到碰撞的方法。最简单的算法就是穷举，例如对一个输出 n 位由 1 和 0 组成的哈希值的哈希函数，选择 $2n+1$ 个数字分别计算其哈希值进行比对，由于哈希值最多有 $2n$ 种可能性，因此必然存在碰撞。只要一一比对，就一定能找到碰撞。但是在现有的计算机技术水平下，计算筛选碰撞的时间是天文数字，因此可以认为无法用这种方法实际查找碰撞。对一些特定的哈希函数，存在实际可行的算法测试碰撞。在多年的实践中，能成功检测到碰撞的哈希函数被剔除，不再使用在加密算法中。

哈希函数大致可以分为如下几类：

（1）加法 Hash，将输入元素一个个地累加起来构成最后的结果；

（2）位运算 Hash，利用各种位运算（常见的是移位和异或）来充分地混合输入元素；

（3）乘法 Hash，这样类型的哈希函数利用了乘法的不相关性，乘法哈希里最有名的就是 adler32，reactJS 的 checksum 校验就是使用 adler32 的改良版；

（4）除法 Hash，和乘法一样利用不相关性；

（5）查表 Hash，其中最有名的样例为 CRC 系列算法，尽管 CRC 系列算法本身并非查表，但查表是它的一种最快的实现方式；

（6）混合 Hash，混合 Hash 算法利用了以上各种方式。

第 2 章　区块链应用金融行业发展现状

2.1　区块链技术应用金融行业的发展背景

2.1.1　区块链助力金融创新相关政策加快出台

2.1.1.1　国外政策加快出台

2019 年 6 月，Facebook 发布 Libra 项目白皮书。Libra 作为一个超越主权范围的加密货币，对货币政策带来了巨大影响。CBDC 是由中央银行支持和发行的数字货币。随着加密货币变得越来越流行，世界各国央行发行 CBDC 的意愿也更加强烈。大西洋理事会的地理经济中心推出中央银行数字货币跟踪器，为全球中央银行数字货币研究提供最新的追踪信息，该 CBDC 追踪器分析显示，截至 2021 年 12 月中旬，世界上共有 87 个国家（其 GDP 占全球 GDP 的 90％以上）正在探索 CBDC，而这一数字在 2020 年 5 月只有 35 个。

目前，多国已全面推出数字货币。2021 年 3 月 31 日，东加勒比中央银行（ECCB）启用其央行数字货币 DCash，从而成为首个发行 CBDC 的货币联盟中央银行。在加勒比地区，包括巴哈马、圣基茨和尼维斯、安提瓜和巴布达、圣卢西亚和格林纳达都在实施数字现金系统。2021 年 10 月 25 日，尼日利亚推出 e-Naira，成为加勒比地区以外第一个发行 CBDC 的国家。此外，在全球四大中央银行（美联储、欧洲中央银行、日本银行和英格兰银行）中，美联储是唯一一家未承诺数字货币测试项目的央行。包括中国、法国和韩国在内的 14 个国家目前正处于 CBDC 的试点阶段，并准备可能全面启动。

2.1.1.2　国内政策加快出台

自 2019 年 10 月 24 日，习近平总书记在主持中共中央政治局就区块链技术发展现状和趋势进行的第十八次集体学习时，强调"把区块链作为核心技术自主创新的重要突破口，明确主攻方向，超前规划布局，加大投入力度，着力攻克一批关键核心技术，积极推动区块链技术多领域、多场景应用"以来，国内区块链产业进入高速发展阶段，这标志着区块链开始上升为国家战略。

（1）中央及各部委层面政策

截至 2021 年年末，我国累计出台了 23 项"区块链＋金融"中央及部委层面政策。其中，国务院出台了 10 项"区块链＋金融"政策，占比高达 43.48％，政策累计出台数量位居第一；中国人民银行出台了 6 项"区块链＋金融"政策，占比为 26.09％，政策累计出台数量位居第二；其他中央部门如国家发展和改革委员会、工业和信息化部、银保监会、证监会和商务部等也纷纷出台了"区块链＋金融"政策。中央及各部委关于"区块链＋金融"的相关政策（不完全统计），见表2-1所列。

表2-1　中央及各部委关于"区块链＋金融"的相关政策（不完全统计）

发布日期	部门	政策	与"区块链＋金融"相关内容
2017年1月29日	中国人民银行	中国人民银行正式成立数字货币研究所	该研究所涉及7个研究领域，包括区块链和金融科技领域，将积极开发由区块链提供技术支持的数字货币项目原型
2018年5月4日	国务院	《进一步深化中国（广东）自由贸易试验区改革开放方案》	建设金融业对外开放试验示范窗口。大力发展金融科技，在依法合规前提下，加快区块链、大数据技术的研究和运用
2019年7月6日	中国银保监会	《中国银保监会办公厅关于推动供应链金融服务实体经济的指导意见》	鼓励银行保险机构将区块链等新技术嵌入交易环节
2019年8月9日	中共中央国务院	《关于支持深圳建设中国特色社会主义先行示范区的意见》	支持在深圳开展数字货币研究与移动支付等创新应用
2019年8月26日	国务院	《关于6个新设自由贸易试验区总体方案的通知》	建立数字商务发展示范区。支持开展数据资产管理、安全保障、数据交易、结算、交付和融资等业务
2019年11月19日	中共中央国务院	《中共中央　国务院关于推进贸易高质量发展的指导意见》	推动互联网、物联网、大数据、人工智能、区块链与贸易有机融合，加快培育新动能
2020年6月1日	国务院	《海南自由贸易港建设总体方案》	着力推进政府机构改革和政府职能转变，鼓励区块链等技术集成应用于治理体系和治理能力现代化，构建系统完备、科学规范、运行有效的自由贸易港治理体系
2020年7月7日	中国证监会	《关于原则同意北京、上海、江苏、浙江、深圳等5家区域性股权市场开展区块链建设工作的函》	原则同意5家区域性股权市场参与区块链建设试点工作。试点区域性股权市场纷纷加快推动区块链登记托管系统建设
2020年8月12日	商务部	《全面深化服务贸易创新发展试点总体方案》	在京津冀、长三角、粤港澳大湾区及中西部具备条件的试点地区开展数字人民币试点。人民银行制定政策保障措施；先由深圳、成都、苏州、雄安新区等地及未来冬奥场景相关部门协助推进，后续视情扩大到其他地区
2021年3月11日	十三届全国人大四次会议通过	《中华人民共和国国民经济和社会发展第十四个五年规划和2035年远景目标纲要》	推动智能合约、共识算法、加密算法、分布式系统等区块链技术创新，以联盟链为重点发展区块链服务平台和金融科技、供应链管理、政务服务等领域应用方案，完善监管机制
2021年7月9日	国务院办公厅	《关于加快发展外贸新业态新模式的意见》	要"探索区块链技术在贸易细分领域中的应用；到2025年，形成一批国际影响力较强的外贸细分服务平台企业"，并将加快贸易金融区块链平台建设

发布日期	部门	政策	与"区块链＋金融"相关内容
2021 年 7 月 15 日	中共中央 国务院	《中共中央　国务院关于支持浦东新区高水平改革开放打造社会主义现代化建设引领区的意见》	构建贸易金融区块链标准体系，开展法定数字货币试点。在总结评估相关试点经验基础上，适时研究在浦东依法依规开设私募股权和创业投资股权份额转让平台，推动私募股权和创业投资股权份额二级交易市场发展
2021 年 10 月 21 日	中共中央 国务院	《成渝地区双城经济圈建设规划纲要》	培育超高清视频、人工智能、区块链等创新应用。在成都建设基于区块链技术的知识产权融资服务平台。依托贸易金融区块链平台，探索形成贸易金融区块链标准体系等
2021 年 11 月 6 日	国务院	《提升中小企业竞争力若干措施》	深入实施中小微企业金融服务能力提升工程，支持金融机构深化运用大数据、人工智能、区块链等技术手段，改进授信审批和风险管理模型
2021 年 3 月 25 日	国家发改委等	《加快培育新型消费实施方案》	加快制定并推动实施大数据、云计算、人工智能、区块链等领域相关标准，加强对新技术金融应用的规范
2021 年 1 月 25 日	工业和信息化部办公厅	《工业和信息化部办公厅关于组织开展 2021 年大数据产业发展试点示范项目申报工作的通知》	鼓励大数据在金融领域风控管理、数字货币等方面创新应用
2021 年 11 月 15 日	工业和信息化部	《"十四五"软件和信息技术服务业发展规划》	加快培育云计算、大数据、人工智能、5G、区块链、工业互联网等领域具有国际竞争力的软件技术和产品。加快区块链共识算法、加密算法、高效安全智能合约、分布式系统等关键技术研发；支持区块链底层技术平台、区块链服务平台等建设；加强金融科技、供应链管理、政府服务等重点领域应用
2021 年 9 月 28 日	中国人民银行办公厅等	《关于规范金融业开源技术应用与发展的意见》	探索自主开源生态，重点在云计算、大数据、人工智能、区块链等新兴技术领域加快生态建设，利用开源模式加速推动信息技术创新发展
2021 年 12 月 25 日	中国人民银行等	《成渝共建西部金融中心规划》	扩大跨境金融区块链服务平台试点。研究探索在区块链服务平台上推出更多改善中小企业金融服务、支持国际陆海贸易新通道建设的应用场景

数据来源：各部门官网，手工整理

（2）地方政策

为积极响应国家"大力发展区块链在金融领域的创新作用"的政策要求，各省也纷纷加快出台"区块链＋金融"政策。截至 2021 年年末，据不完全统计，各省累计出台了 55 项"区块链＋金融"政策。其中北京、上海、江苏、浙江和海南出台的"区块链＋金融"政策相对较多，对区块链技术在本省（市）金融领域的应用较为重视。同时，其他省份也开始出台"区块链＋金融"政策，积极探索区块链技术在金融领域的应用。

2016 年 12 月，北京市金融工作局、北京市发改委发布《北京市"十三五"时期金融业发展规划》，提出将区块链归为互联网金融安全的一项技术；2018 年 11 月，中关村科技园区管委会、北京市金融工作局和北京市科学技术委员会发布《北京市促进金融科技发展规划

（2018 年—2022 年）》，提出将区块链技术纳入北京"金融科技""发展规划"的范畴；2021 年 3 月 4 日，北京市证监局发布《关于开展资本市场金融科技创新试点（北京）项目申报工作的通知》，提出侧重于区块链等新一代信息技术对资本市场各类业务的科技赋能。

2017 年 4 月，上海市互联网金融行业协会发布《互联网金融从业机构区块链技术应用自律规则》，要求区块链技术服务实体经济，注重创新与规范、安全的平衡，明确金融稳定与信息安全的底线；2021 年 6 月 23 日，上海市人民政府办公厅印发《上海市战略性新兴产业和先导产业发展"十四五"规划》，提到要加快建设一批区块链服务平台，推动区块链在金融等领域示范应用，构建应用场景，形成区块链应用技术体系和产业生态。

2017 年 3 月，南京市人民政府办公厅发布《南京市"十三五"金融业发展规划》强调要以大数据、云计算、人工智能及区块链技术为核心，推进金融科技在征信、授信、风险控制等领域的广泛应用；2021 年 5 月 11 日，江苏省公证协会制定出台《区块链＋金融债权文书网上赋予强制执行效力公证暂行规范》，明确了"区块链＋金融债权文书网上赋予强制执行效力公证"的含义、金融机构范围等内容，并对相关业务经验予以总结，这是全国首个关于区块链网络赋强公证的业务规范。

2017 年 6 月，杭州市人民政府发布《关于推进钱塘江金融港湾建设的实施意见》，支持金融机构探索区块链等新型技术，开发基于产业链、供应链、区块链等的融资产品；2021 年 6 月 8 日，浙江省人民政府发布《浙江省金融业发展"十四五"规划》，提出将深化"移动支付"之省建设，争取数字人民币试点，鼓励和引导相关企业参与提供数字化、场景化、生态化的供应链金融解决方案。

2017 年 4 月，海南省人民政府发布《关于加快推进"互联网＋"行动的实施方案》，支持利用区块链技术驱动金融创新发展，开发基于区块链底层技术和应用平台的互联网金融示范应用；2021 年 10 月 15 日，海南省商务厅印发《海南省"十四五"贸易发展规划（征求意见稿）》，提出到 2025 年实现贸易新业态新模式蓬勃发展，大力促进与物联网、人工智能、区块链等相关的数字贸易发展。

2021 年 3 月 16 日，江西省人民政府办公厅印发《关于以新业态新模式引领新型消费加快发展的实施意见》，旨在着力补齐新型消费短板、以新业态新模式为引领加快新型消费发展。该文件指出，大力推进大数据、云计算、人工智能、区块链等技术发展融合，加快区块链在商品溯源、跨境汇款、供应链金融和电子票据等数字化场景应用；搭建基于联盟链的江西省金融业数据共享平台，充分发挥区块链技术在促进数据共享、优化业务流程、降低运营成本、提升协同效率、建设可信体系等方面的作用。

2021 年 9 月 28 日，黑龙江省人民政府印发《黑龙江省"十四五"科技创新规划》，指出要推动数字经济和实体经济深度融合，开展区块链同态加密、可控匿名性区块链隐私保护、区块链对称加密、基于区块链的客户识别（KYC）、区块链数据优化及存储、链间协同、区块链数据共享、共识框架构建、链上智能合约设计、基于区块链的社会公益场景应用、基于区块链小额跨境支付与智能证券等关键技术的研究。

2021 年 11 月 3 日，陕西省人民政府印发《陕西省"十四五"深度融入共建"一带一路"大格局、建设内陆开放高地规划》，旨在发挥陕西比较优势，深度融入共建"一带一路"大格局。该文件提到，开展跨境金融区块链服务平台扩容等试点工作，提升数字贸易便利化程度，依托自贸试验区开展数字贸易区块链应用。

全国各省（市）"区块链＋金融"政策出台情况，如图 2-1 所示。

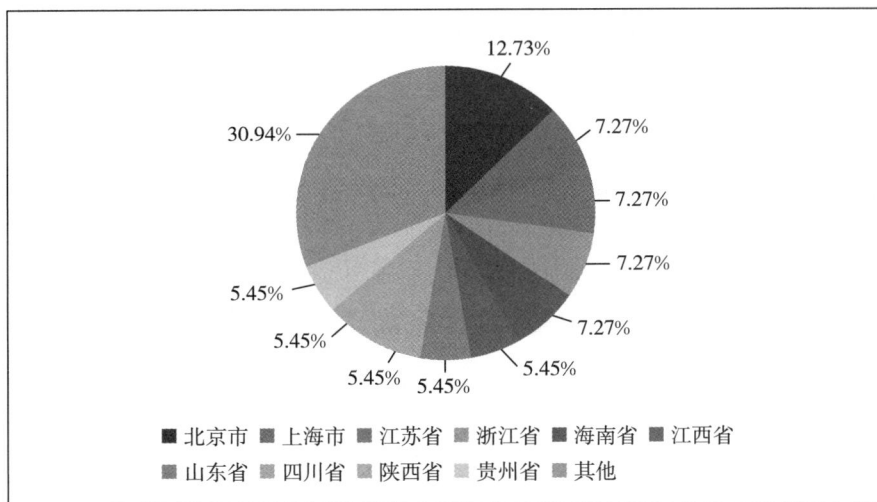

图 2-1　全国各省（市）"区块链＋金融"政策出台情况

2.1.2　金融机构数字化转型刻不容缓

数字金融成为 2022 年两会上的热议话题。我国金融业已进入全新数字时代，数字金融蓬勃发展。但金融创新往往风险和机遇并存，金融机构需要重视规范化发展。在金融机构层面，应加强用户信息、数据的保护，同时配合主管部门加强对违规交易的监管。

当前我国数字金融线上线下发展齐头并进，一些金融机构逐步形成了完善的数字金融生态，金融机构通过数字化转型获得新的发展动力。

在线下，智能化、场景化成为数字金融转型的主要方向。一方面，传统网点转型为智能化网点，智能化网点通过智能终端提升用户业务自助化水平，可自助化办理的业务越来越多，网点的"无人化"时代即将到来；另一方面，通过金融功能模块化，更多金融业务以功能模式嵌入线下数字场景当中，比如在新零售场景中结合消费信贷，金融机构通过数字金融转型，建立更多的金融功能服务入口，让金融业的服务内容更加多元化。

在线上，金融业不断拓展互联网流量渠道。一方面，传统金融机构都建立了自己在线业务办理渠道，提高用户获取金融服务的便利性，让金融服务和产品随处可见；另一方面，金融业和互联网企业深度融合，尤其是金融和互联网应用的融合。利用金融服务强大的流量变现能力，既为互联网平台企业找到了流量变现途径，也让金融机构获取了流量入口。

在中小微企业融资支持方面，金融业以数字金融谋求缓解中小微企业的融资困境。一方面，通过数字技术手段对中小微企业进行更加精准的风控定位和信用评级，以此来对中小微企业增信，提高中小微企业贷款额度；另一方面，金融机构通过数字技术融合推出全新金融产品，对接融资供需，比如，开展供应链金融来支持中小微企业依托链主企业开拓融资渠道，通过 ABS 债券在线销售来支持中小微企业发展。

当前，要全力推动金融业的数字化转型。数字金融推进的紧迫性在于，随着科技的发展，老百姓对于金融行业的需求正在发生根本性变化，传统金融的运营模式已不再适应数字化时代。比如，过去用户需要的金融服务包含公共缴费、现金业务等线下业务，但随着线上金融的发展，很多老百姓办理一般金融业务不再需要跑网点。

在数字时代，传统金融机构既要面对互联网金融企业的挑战，也要面对数字时代用户金融需求偏好的改变。面临严峻的金融市场竞争态势，传统金融机构只有依托数字技术在运营模式上全面突围，才有可能在未来的金融领域市场竞争中占据不败之地。

2.2 区块链技术与金融行业的耦合性

2.2.1 区块链创造了去中心化信用

金融关系的实质是借贷关系，信任是金融的基础和灵魂。商业银行是国家进行宏观调控的中介机制，在金融体系中发挥着至关重要的作用。商业银行通过吸收存款、发放贷款的方式赚取利息差，而商业银行能实现这种盈利模式的根源在于人们信任商业银行。然而 2008 年美国商业银行制造的信贷泡沫破灭，引发了史上最严重的一次全球金融危机。人们信任商业银行会保管自己的货币，然而商业银行却制造了信贷泡沫，人们开始对这种中心化的商业银行产生了质疑。

区块链技术重构了信用创造机制，利用共识算法使人们自动达成交易，即交易双方无须了解对方基本信息以及借助第三方机构的担保，就可以直接进行价值交换。区块链的技术特性保证了价值交换过程中的行为记录、传输、存储结果都是可信的，减少了其他为达成交易而产生的参与方数量，提升了交易可信度。

2.2.2 提高交易效率，降低交易成本

目前，互联网金融行业仍然面临着交易成本高和交易效率低的问题。随着信息技术的快速发展，传统金融行业正快速朝着互联网金融的方向发展，在信息技术的推动下，金融行业完成了许多令人赞叹的突破，但仍然有个问题亟待解决。即银行作为国家调控经济的重要中介，在金融体系中发挥着至关重要的作用，然而目前各银行之间都拥有着相互独立、自我管理和维护的中心化数据库管理系统，导致银行之间进行业务结算和清算时，需要进行繁杂的对账，进而耗费大量的人力和时间，从而降低了交易效率，提高了交易成本。

区块链是一种去中心化、不可篡改、可追溯、多方共同维护的分布式数据库，能够将传统单方维护的仅涉及自己业务的多个孤立数据库整合在一起，分布式地存储在多方维护的多个节点上，任意一方都无法完全控制这些数据，只能按照严格的规则和共识进行更新，从而

实现了可信的、多方向的信息共享和监督，避免了烦琐的人工对账，提高了业务处理效率，降低了交易成本。

2.2.3　提高稳定性，降低系统性风险

党的十九大报告明确强调："健全金融监管体系，守住不发生系统性金融风险的底线。"因此，防范化解重大金融风险是当前乃至未来金融工作的重中之重。然而我国金融机构之间的联系非常紧密，这意味着如果某个金融机构出现了危机，则很可能引起许多与该金融机构紧密联系的其他金融机构的危机，形成金融机构失败的连锁反应，严重的话可能会引发金融危机，如 2008 年美国次贷危机引起的全球性金融危机。

区块链具有分布式、去中介的特征。即使区块链上的一个或者若干个金融机构出现了问题，由于信息存储在区块链上的每一个节点上而非全部存储在中央处理器中，并不会导致其他节点上信息的缺失，其余参加者仍然能照常运行，区块链上进行的金融交易不会由于传输问题受到干扰，因此风险将会大大降低。区块链的分布式设计能有效避免传统中心化系统中的服务器超载、管理者失职、单点故障与攻击、单点腐败等风险。

2.2.4　区块链的公开、可追溯性有助于提升监管有效性

目前，国内外普遍面临着监管信息不公开、不透明的问题。信息不透明、不公开不利于金融监管机构实现监管信息收集与共享，对于交叉领域以及跨行业务的业务监管信息，无法共享又导致金融监管机构重复搜集信息成本的增加。及时、全面和客观的监管信息收集和分享是有效金融监管的重要前提。

区块链系统是开放的，除了交易各方的私有信息被加密外，区块链的数据对所有节点公开，监管机构可以作为一个节点加入区块链中，获得第一手数据信息并进行分享。并且区块链的所有信息都有时间戳证明，这就意味着在区块链系统里所有信息都可以溯源。区块链技术的公开性和可追溯性，使历史交易信息完整地被保留且公开透明，采用区块链模式下的分布式监管，将大大提高监管的透明性和科学性。

2.2.5　区块链的匿名性可以保护用户隐私安全

信息技术的快速发展加速了传统金融行业朝互联网金融方向发展的进程，许多线下的经济交易转向线上进行，线上经济交易正在繁荣发展。然而，我国目前的线上交易依然需要依靠第三方中介机构来完成，这也不可避免地带来了信息泄露的安全问题。我们进行线上经济交易时需要进行注册或登录，此时需要我们输入相关的身份信息以便进行身份验证，进而使我们的身份信息存储在第三方中介机构的中央存储服务器上。这必然会带来两个风险：一是中心化存储服务器存在着因故障或被黑客攻击而导致的系统崩塌风险，进而泄露用户的身份信息；二是第三方中介机构为获取个人利益而私自售卖用户身份信息的风险，也会导致用户身份信息的泄露。

区块链采用非对称加密机制，使用具有对应关系的"公钥"和"私钥"来实现交易过

程。发送方使用公钥进行加密，接收方通过配对的私钥解密和签名，双方无须公开身份来获取对方信任。区块链通过非对称加密技术实现了透明数据后的匿名性，能够保证用户在交易过程中只提供交易所需的信息，其他信息可以受到隐私保护。

2.3　区块链技术应用金融行业现状

2.3.1　全球"区块链＋金融"发展现状

2.3.1.1　全球"区块链＋金融"专利申请现状

在金融应用层，2021 年，全球区块链金融专利新增 276 件。截至 2021 年年末，全球区块链金融专利申请数量累计已超 2775 件。其中，中国累计申请区块链金融专利已超 1750 件，位居全球之首，专利申请数量高达全球总规模的 63%，是美国同期的 5.87 倍；美国累计申请专利 298 件，约占全球总规模的 10.7%，位居全球第二。

从时间上来看，在过去 10 年，全球的区块链金融专利申请可以分为四个阶段。

阶段一（2014 年之前）：每年新增区块链金融专利不超过 5 件。这个阶段所申请的专利主要围绕数字货币和支付场景，应用偏单一。

阶段二（2015—2017 年）：每年新增区块链金融专利申请数由 2015 年的 12 件快速增长到 2017 年的 260 件，年均增长率高达 365%。这个阶段，多个国家发布相关政策，鼓励区块链技术的发展和应用。在政策的刺激下，金融机构、互联网巨头和传统行业公司，或是成立区块链子公司，或是入股区块链创新企业，从而加快推进了区块链技术在金融领域的应用。大批区块链科创公司也相继成立，专注于区块链技术在金融领域的研发和应用。

阶段三（2018—2020 年）：区块链金融专利申请数量平均每年新增 700 件。2017 年年末，比特币价格大幅上涨，由年初的 965 美元涨至 14025 美元，最大涨幅超过 25 倍。这或许是造成 2018 年区块链金融专利申请数量爆发式增长的主要原因。此外，多国相继发布各项政策，加速推进区块链技术在金融领域的应用。2018 年，区块链金融专利申请数量高达 713 件，比 2017 年增长了 174%。在此阶段，区块链在金融场景分布上以数字资产和支付清算为主要研究方向。

阶段四（2021 年以后）：2021 年新增区块链金融专利申请数为 276，较 2020 年同比下降了 56.6%，这主要有两个方面的原因：一方面，区块链在金融领域高速发展后迎来了稳定发展期；另一方面，受到新冠肺炎疫情的影响，全球经济下滑严重，企业的经济状况也不容乐观，进而减少了对区块链的研发投入，造成了 2021 年各领域新增的区块链专利申请数量均大幅下降。

全球 2014—2021 年"区块链＋金融"专利申请数，如图 2-2 所示。

全球区块链金融专利受理数分布，如图 2-3 所示。

全球区块链在金融细分领域专利分布，如图 2-4 所示。

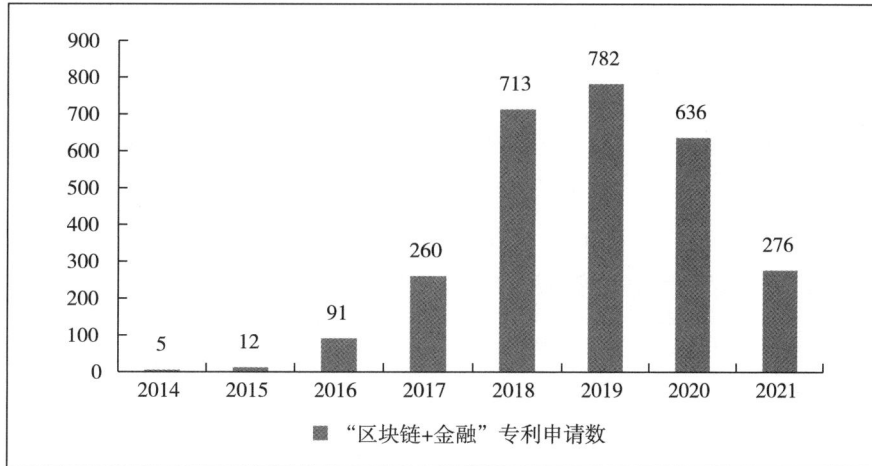

图 2-2　全球 2014—2021 年"区块链＋金融"专利申请数

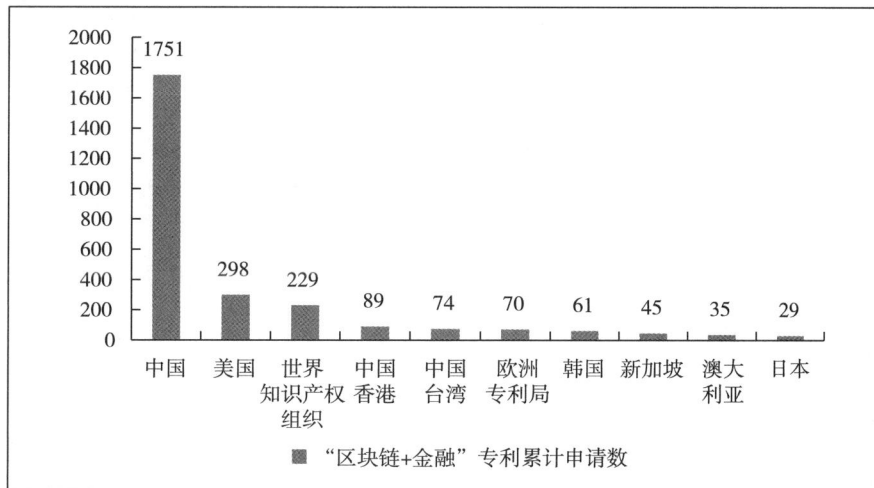

图 2-3　全球区块链金融专利受理数分布

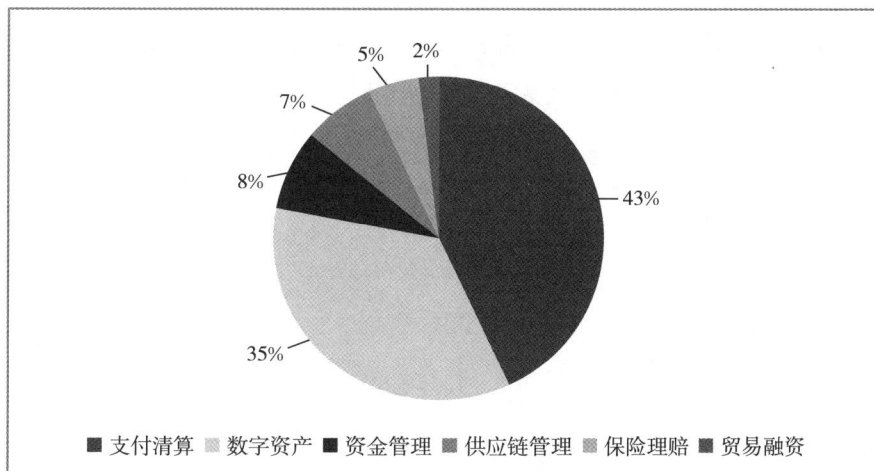

图 2-4　全球区块链在金融细分领域专利分布

2.3.1.2 区块链联盟生态稳步扩张

现阶段全球科技公司、金融公司和咨询公司为加快区块链布局，通常通过组建区块链联盟的方式，合作探索区块链技术及应用场景。各行业联盟纷纷成立，推进了区块链技术在不同行业的应用和发展，同时也产生了一定程度的辐射效应，吸引着更多的企业加入，促进了整个区块链生态的发展。国外主要联盟组织，见表2-2所列。

表2-2 国外主要联盟组织

名　称	发起时间	发起机构	现成员数	联盟宗旨
R3	2015年9月	R3CEV公司联合巴克莱银行、高盛、摩根大通等9家机构	近400家	推动全球金融市场中加密技术和分布式总账智能协议的应用，帮助区块链技术商业化落地应用
Blockchain in Transport Alliance（区块链货运联盟）	2017年8月	行业发起	近400家	降低成本，提高运输效率。推动新兴技术落地，发展区块链行业标准，交流与推广区块链应用、解决方案及分布式账本技术
Hyperledger（超级账本）	2015年12月	Linux基金会	近300家	让成员共同合作，共建开放平台，满足来自多个不同行业的各种用户的需求，并简化业务流程。实现区块链的跨行业发展和协作，并着重发展性能和可靠性，使之可以支持全球商业交易
Enterprise Ethereum Alliance（企业以太坊联盟）	2017年3月	摩根大通、微软、英特尔等30多家企业	200余家	致力于合作开发标准和技术，提高以太坊区块链的隐私、安全性和扩展性，使其更加适用于企业应用
INATBA（国际可信区块链应用协会）	2019年4月	欧盟	150余家	制定规范，促进标准和监管融合，以支持创新型区块链技术的开发和应用

数据来源：零壹智库

2.3.1.3 区块链投融资情况

据零壹智库不完全统计，2021年全球区块链累计投融资达1786笔，获投项目总数为1546个，总金额达3088.16亿元。其中，金融应用类1174笔，占全球区块链投融资事件数的65.73%；总额为2548.36亿元，占全球区块链投资总额的82.52%。金融应用成为重点投资领域。

2021年全球区块链投融资概况，见表2-3所列。

表2-3 2021年全球区块链投融资概况

项　目	事件总数	获投项目数	总金额（亿元）	金融应用类事件数	事件数占比（%）	金融应用类融资总额（亿元）	金额占比（%）
股权投资	1659	1424	2295.98	1093	65.88	1803.47	78.55
并购	64	64	524.87	41	64.06	505.32	96.28
上市	13	13	205.63	9	69.23	198.97	96.76
代币融资	50	45	61.68	31	62.00	40.60	65.82
合　计	1786	1546	3088.16	1174	65.73	2548.36	82.52

数据来源：零壹智库

2.3.1.4　"区块链＋金融"股权投资概况

金融应用类投资数量占各洲总数均超过 57％，投资金额占各洲总额均超过 58％。美洲金融应用类投资金额最高达 1075.58 亿元，其次为欧洲达 441.67 亿元，亚洲仅为 173.80 亿元。

2021 年区块链股权投资全球区域榜，见表 2－4 所列。

表 2－4　2021 年区块链股权投资全球区域榜

地　区	事件总数	总金额（亿元）	金融应用类事件数	事件数占比（％）	金融应用类投资总额（亿元）	金额占比（％）
美　洲	542	1289.75	365	67.34	1075.58	83.39
亚　洲	305	271.47	183	60.00	173.80	64.02
欧　洲	247	549.30	190	76.92	441.67	80.41
澳　洲	21	15.87	12	57.14	9.25	58.29
非　洲	12	2.01	8	66.67	1.42	70.65
其　他	532	167.59	335	62.97	101.76	60.72
合　计	1659	2295.99	1093	65.88	1803.48	78.55

数据来源：零壹智库

从全球范围来看，美洲、欧洲和亚洲地区是投资区块链技术最多的地区，其中以美国为核心的美洲是投资金额最大的地区，2021 年总投资金额近 1300 亿美元。金融应用是区块链投资的主要业务场景，在全球所有地区的占比均超过 50％。具体到国家层面，在数量方面，美国以 484 笔投资高居全球热点区域股权投资榜榜首，占美洲投资事件总数的 89.30％，占全球投资事件的 29.17％；中国紧随其后，但仍与美国相差近 5 倍。在金额方面，美国达 1167.73 亿元，其次为英国达 211.18 亿元，中国为 112.85 亿元。由于中国对区块链实施强监管，中国与美国存在 10 倍的巨大投资金额差距，且不敌英国、法国等国。

此外，由于区块链天然具有金融属性，几乎所有热点地区的区块链投资重点均为金融应用类企业。除越南及日本外，主要国家的金融应用类企业投资数量占比几乎均超过 50％，投资金额几乎达 70％及以上。2021 年全球区块链热点区域股权投资榜，见表 2－5 所列。

表 2－5　2021 年全球区块链热点区域股权投资榜

国　别	总　数	总金额（亿元）	金融应用类事件数	事件数占比（％）	金融应用类融资总额（亿元）	金额占比（％）
美国	484	1167.73	327	67.56	958.33	82.07
中国	97	112.85	50	51.55	69.65	61.72
新加坡	91	50.98	65	71.43	34.25	67.18
英国	88	211.18	76	86.36	192.04	90.94
加拿大	37	73.65	23	62.16	69.87	94.87
印度	32	31.71	19	59.38	28.78	90.76
德国	27	101.47	22	81.48	100.91	99.45
瑞士	25	48.89	13	52.00	8.17	16.71
法国	19	119.85	12	63.16	77.75	64.87
韩国	16	23.91	10	62.50	21.84	91.34
澳大利亚	16	12.24	9	56.25	6.38	52.12

（续表）

国　别	总　数	总金额（亿元）	金融应用类事件数	事件数占比（%）	金融应用类融资总额（亿元）	金额占比（%）
爱沙尼亚	12	2.40	9	75.00	1.80	75.00
日本	12	7.61	5	41.67	2.37	31.14
越南	12	15.43	4	33.33	1.68	10.89
以色列	11	15.68	7	63.64	3.50	22.32
巴西	10	22.65	8	80.00	22.34	98.63
荷兰	9	8.44	7	77.78	8.25	97.75
其他	661	269.33	427	64.60	195.58	72.62
合计	1659	2296	1093	65.88	1803.49	78.55

数据来源：零壹智库

2.3.2　中国"区块链＋金融"概况

2.3.2.1　中国区块链金融专利情况

在金融应用层，2021 年，中国"区块链＋金融"专利申请新增 224 件。截至 2021 年年末，中国"区块链＋金融"专利申请数量累计已超 1750 件，位居全球之首，专利申请数量高达全球总规模的 63%。

最主要的金融行业应用细分领域与全球情况相似，为数字资产和支付清算，区块链在该两个领域的专利量占整体的 73.9%；其次为资金管理和供应链金融，占比均为 9.0%；其余相关专利布局在保险理赔和贸易融资领域。

值得一提的是，中国"区块链＋金融"专利中有效专利仅 200 件，占比约 11.4%，另外有 1445 件，即 82.5% 的专利是在审专利，说明在中国"区块链＋金融"的创新活跃度较高，非常多的专利在持续申请中。

中国区块链金融专利申请趋势，如图 2-5 所示。

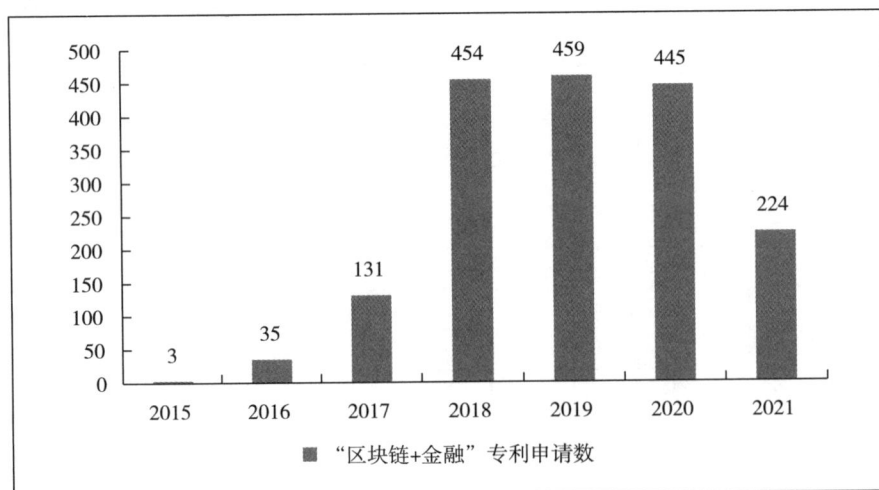

图 2-5　中国区块链金融专利申请趋势

中国区块链在金融细分领域专利分布，如图 2-6 所示。

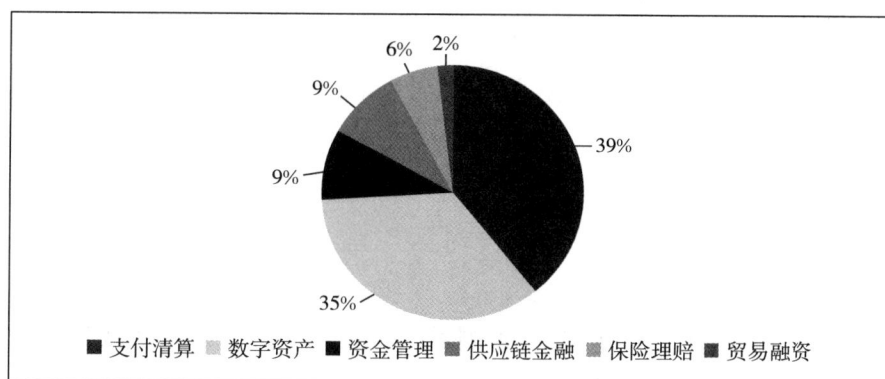

图 2-6 中国区块链在金融细分领域专利分布

中国区块链金融专利申请状态，如图 2-7 所示。

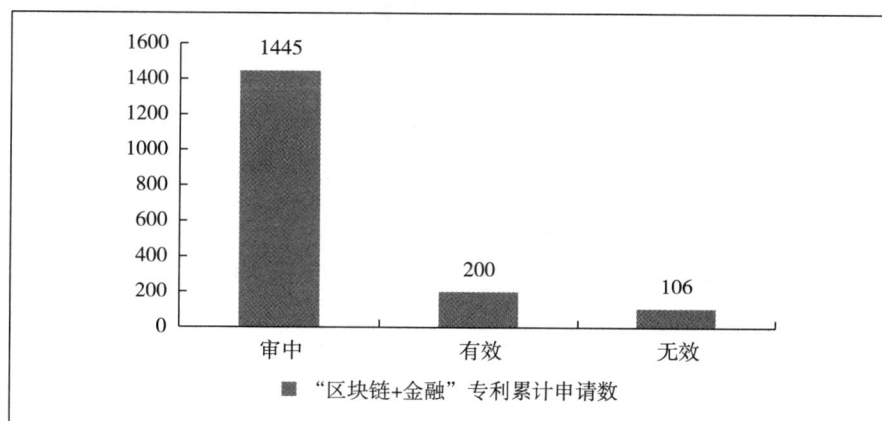

图 2-7 中国区块链金融专利申请状态

2.3.2.2 中国"区块链＋金融"信息服务备案现状

自 2019 年 2 月 15 日《区块链信息服务管理规定》正式实施以来，国家互联网信息办公室分别于 2019 年 3 月 30 日、2019 年 10 月 18 日、2020 年 4 月 24 日、2020 年 10 月 30 日、2021 年 6 月 18 日、2021 年 11 月 9 日公布了六批境内区块链信息服务名称及备案编号。截至 2021 年 11 月 9 日，境内区块链信息服务名称及备案编号已公布 1440 个。其中，金融领域累计共有 315 个区块链项目纳入，占区块链项目总备案数的 21.88％。

从第二批开始，"区块链＋金融"信息服务备案项目开始爆发式增长，区块链在金融领域的研发和应用进入快速成长期。我国区块链金融的快速成长主要有以下两个方面原因：一是政策推动。在此阶段中央和各地方政府相继出台相关文件，鼓励区块链技术在金融及实体产业中的发展应用。二是区块链和金融天然的耦合性。区块链的不可篡改、非对称加密及智能合约特征与金融行业存在着天然的耦合性，因此众多企业首先重点探索区块链在金融领域的研发和应用。

从第五批开始，"区块链＋金融"信息服务备案数开始回落，这透露出区块链技术从爆发期向稳定期过渡的趋势，导致这种现象的出现可能有以下几个方面的原因：第一，众多企业开始转向探索区块链在其他行业的应用。区块链在支付清算和数字资产等金融场景的研发和应用中已处于饱和阶段，新的金融场景研发方向尚不明确。同时，区块链在其他领域的研发在2021年得到进一步的重视，具有较高的增长空间，因此众多企业开始转向探索区块链在其他行业的应用，"区块链＋金融"的研发和应用项目数量开始回落。第二，受疫情影响，企业开始减少研发资金支出。由于受到疫情的影响，全球经济下滑严重，国内企业的经济状况也不容乐观。2021年，国内企业开始减少对区块链技术的研发资金支出，区块链备案项目数量大大减少。

从区块链应用的具体金融场景来看，我国境内备案的315个"区块链＋金融"信息服务项目，主要应用于供应链金融和数字资产金融场景。

"区块链＋金融"信息服务备案分布结构，如图2-8所示。

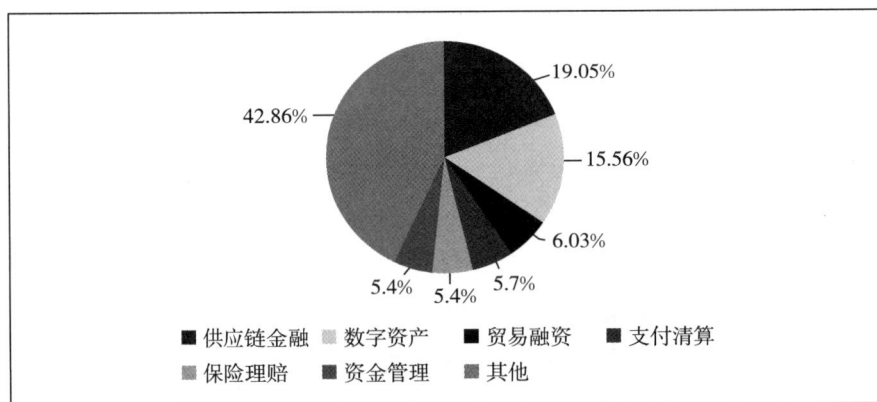

图 2-8 "区块链＋金融"信息服务备案分布结构

第 3 章　区块链应用数字货币行业发展现状

3.1　区块链应用数字货币市场综述

从全球数字货币的发展情况来看，自比特币诞生以来，迅猛发展的区块链技术极大地促进了全球私人数字货币和法定数字货币的产生。但是，国际上关于数字货币的定义并未统一，国际清算银行将数字货币定义为以数字形式表现的价值，透过数据交易实现流通、记账及价值存储等功能的货币。欧洲银行管理局认为，数字货币虽不与法定货币挂钩，也并非央行或公共当局发行，但被市场认可接受，也能以电子形式存储或交易。国际货币基金组织的报告指出，数字货币是以电子形式呈现，并以此实现价值交换、存储等多种功能的能够衡量价值的数字化表示。

3.1.1　数字货币起源

纵观货币的发展历程，金银贵金属是实物货币阶段的代表。但由于其难以携带，在我国北宋时期，伴随着造纸术和印刷术的进步，世界上最早的纸币——"交子"诞生，这极大地提升了金融的可转让性，它的出现标志着信用货币体系开始逐步建立。时至今日，全球货币已进入主权信用货币时代，信用由国家政府背书，而不再挂钩贵金属。

随着计算机网络技术的成熟，货币逐渐从有形货币阶段跨入无形货币阶段。无形货币包括电子货币、虚拟货币、数字货币等。电子货币一般可认为是法定货币的电子化，例如银行储蓄卡。虚拟货币可以分为广义虚拟货币和狭义虚拟货币。广义虚拟货币泛指一切无形货币，狭义虚拟货币"是基于网络的虚拟性，由网络运营商提供发行并仅应用在网络虚拟空间的类法币"，例如腾讯公司的 Q 币就属于此范畴。可以看到，电子货币是以有形货币为基础的，而狭义的虚拟货币仅能在特定虚拟社区使用。

数字货币由电子货币与虚拟货币演化而来，它无须实物载体，并可以广泛用于与真实的商品和服务进行等价交易。2008 年，中本聪在《比特币：一种点对点式的电子现金系统》一文中首次提出比特币的概念，指出比特币是基于 P2P 网络的一种去中心化的电子现金系统，交易双方可以绕开央行等第三方机构，通过比特币直接完成转账交易。比特币采用区块链技术，将交易信息存储在分布式账本中，具备去中心化、总量有限、交易安全、信息公开的超时代的特点。比特币的出现标志着一个新的数字货币时代诞生，给全球货币体系变革提供了一条新的思路。

3.1.2　数字货币发展现状

根据发行主体不同，数字货币可分为私人数字货币和法定数字货币。私人机构或者私人的金融主体、集团企业自行组织发行的属于私人数字货币；而法定的数字货币主要是由政府背书，指定相关中央银行发行的数字货币，这种数字货币的职能与其他传统法定货币相同，可以在市场中受法律保护地进行正常存储和交易。

3.1.2.1　私人数字货币

根据赋值方式的不同，私人数字货币可以划分为两类：一是基于区块链的原生代币，指依赖于区块链系统并在该系统内产生和使用的数字货币，又称加密数字货币；二是在区块链上发行运营，但以链外资产支持的数字货币，又称稳定币。

现在流行的比特币、以太坊等都是加密数字货币，加密数字货币存在去中心化、匿名化的特点，并无国家主权信用背书，内在价值为零，波动幅度较大。它们的价值仅来自公众认为它们能跨时间换取其他商品、服务或一定数量的主权货币，即价值共识。一旦人们失去价值共识，加密数字货币构建的贸易体系将瞬间崩塌。

稳定币以一系列法定货币计价的资产为储备资产，币值相对于加密数字货币更为稳定。稳定币可以由商业银行或非银行机构发行。由商业银行发行的典型稳定币如 JPM Coin，1枚 JPM Coin 的价值相当于 1 美元，存放在摩根大通（J. P. Morgan Chase & Co）的指定账户中。当一个客户通过区块链向另一个客户发送资金时，JPM Coin 将被转移并立即兑换成等值的美元，从而缩短了结算时间。由非银行机构发行的稳定币如 Libra，它最初由 Facebook 提出，由美元、英镑、欧元和日元这四种法币计价的一篮子低波动性资产作为抵押物。

然而，由于稳定币的发行方为非官方机构且不受国界限制，在无全球统一监管框架的限制下，未能有公信力确保储备资产的安全，未能明确储备资产管理的透明度，未能明确发行者和持币者的权责，这些使得稳定币饱受质疑。

根据 Coin Market Cap 网站统计，截至 2022 年 3 月 2 日，全球共有近 17960 种私人数字货币，总市值达到 19234.12 亿美元。2021.3.2—2022.3.2 数字货币总市值走势，如图 3 - 1 所示；2021.3.2—2022.3.2 主要数字货币市值占比，如图 3 - 2 所示。

3.1.2.2　法定数字货币

由于数字货币有利于促进经济全球化与经济发展，且私人数字货币给各国央行带来了紧迫感，虽然对私人数字货币态度模糊，但全球大部分国家都对法定数字货币予以较高的重视。目前，全球对于央行数字货币（CBDC）并没有一个统一的定义，大多是指央行发行的新形式货币，它有主权信用担保，并区别于实物现金以及央行储备资金或清算账户的资金。

2019 年，国际清算银行和支付与市场基础设施委员会对各个国家央行数字货币的研究现状进行了调查，共有 66 个国家的央行对此调查做出答复，这 66 个国家覆盖了全球 75%的人口、90%的经济产出。目前所涉及的研究大部分是概念性的，主要集中在主权数字货币的投放、重塑支付体系对国家的潜在影响等方面。

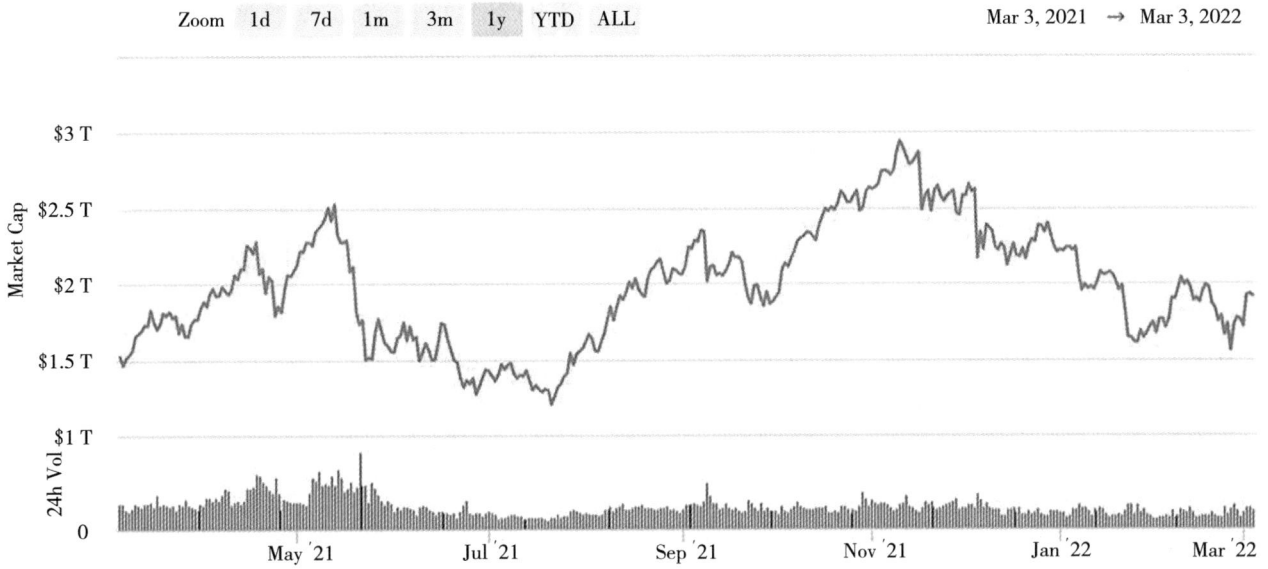

图 3 - 1　2021.3.2—2022.3.2 数字货币总市值走势

资料来源：https://coinmarketcap.com

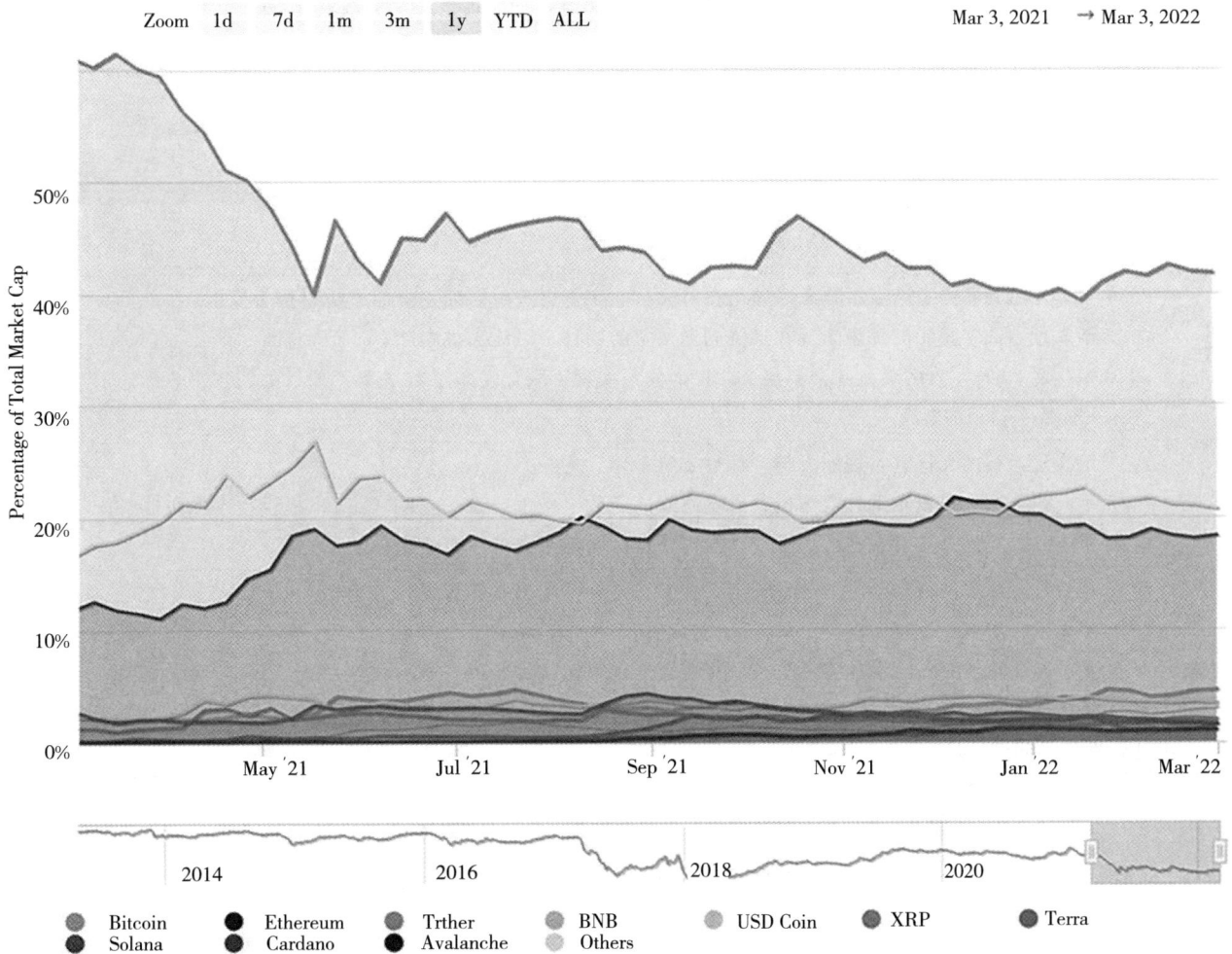

图 3 - 2　2021.3.2—2022.3.2 主要数字货币市值占比

资料来源：https://coinmarketcap.com

中国央行数字货币自 2014 年开始研发，目前已开放多批试点，发展速度处于世界前列。美国同样在准备进入央行数字货币的赛道，2020 年 3 月，数字美元的概念首次出现在经济刺激法案的初稿中，但却在最终草案中被删除。直到美国当地时间 2020 年 5 月 28 日，数字美元基金会与全球咨询公司埃森哲联合发布了数字美元项目的白皮书，详细介绍了美国央行数字货币的基本架构、发行目的和潜在应用场景等。

目前，全球主要国家银行数字货币研究现状见表 3-1 所列，主要包括中国央行 e-CNY、美联储的数字美元，还有加拿大中央银行基于区块链技术的支付项目 Jasper、新加坡金融管理局央行数字货币项目 Ubin、欧洲中央银行和日本中央银行联合开展的基于区块链技术的跨境支付项目 Stella，瑞典央行也与 IOTA 区块链公司合作研发了国家数字货币。英国、挪威、俄罗斯、菲律宾等国也均已声明有计划进行数字货币研究。可以预见，全球央行数字货币的竞争日趋白热化。

表 3-1　全球主要国家银行数字货币研究现状

国家	探索情况
中国	2014 年，中国人民银行成立法定数字货币研究小组，论证央行发行法定数字货币的可行性； 2017 年，中国人民银行正式成立数字货币研究所，并在国务院批准下，开展 DC/EP 的法定数字货币研发工作； 2019 年 11 月，央行法定数字货币已基本完成顶层设计、标准制定； 2020 年 4 月，央行法定数字货币推进试点测试； 2021 年 12 月 31 日，数字人民币试点场景已超过 808.51 万个，累计开立个人钱包 2.61 亿个，交易金额 875.65 亿元； 2022 年 1 月 4 日，数字人民币试点版 App 在安卓、苹果应用商店公开上架； 2022 年 2 月，北京数字人民币落地冬奥场景 40.3 万个； 2022 年 3 月，全国第三批数字人民币试点地区亮相
美国	2020 年 2 月，美联储主席表示，美联储正在对央行数字货币进行研究，但尚未决定是否推出； 2020 年 3 月，数字美元的概念出现在经济刺激法案的初稿，最终又被删除； 2020 年 5 月 29 日，数字美元基金会与全球咨询公司埃森哲联合发布了数字美元项目的白皮书，标志着美国正式进入央行数字货币的赛道
英国	2015 年 3 月，英国央行宣布规划发行一种数字货币； 2016 年，在英国央行授意下，英国伦敦大学研发法定数字货币原型——RS Coin 以提供技术参照框架； 2020 年 3 月，英国央行发表央行数字货币报告，探讨向数字经济转变的途径
瑞典	2017 年 9 月，瑞典央行启动 E-Krona 计划，探索法定数字货币在零售支付方面的可行性； 2018 年 4 月，瑞典央行宣布将与 IOTA 区块链公司合作，研发推出法定数字货币； 2020 年，瑞典央行宣布，预计将于 7 月份开展数字货币 e 克朗（e-krona）试点； 2021 年，瑞典央行发布的一项新研究显示，该国创建中央银行数字货币的计划可能比最初想象的要复杂。据估计，发行时间将推迟到 2026 年

3.2　区块链应用数字货币的典型案例

在当前已有的私人数字货币种类中，比特币和以太坊占据了一半以上的份额。除此之外，Facebook 于 2019 年开始筹划的 Libra（天秤币）虽未发行，却因其创新性备受世界瞩目。同时，中国央行的法定数字货币 e-CNY 已逐步在各大城市开始试点工作，并上线试点 App。本节将重点介绍上述四种数字货币。

3.2.1　比特币（BTC）

3.2.1.1　产品结构

数字货币的"鼻祖"——比特币，是一种基于密码学原理的、去中心化的、点对点货币系统，以其匿名性著称，其中的加密方法是使用哈希函数加密。比特币的区块链使用的是 SHA-256 哈希值算法，意味着哈希值是 256 位的字母数字字符串。在比特币网络中，由用户的公钥经过加密算法计算得出比特币地址，私钥则用于验证消息发布者的地址，进而给出消息签名，公钥可被视作是私钥和地址之间的桥梁，是交易验证的关键。

比特币的参与节点分散且数量庞大，当网络中发布了新的交易信息，则迫切需要其他节点对这一交易信息进行验证，串联到区块链中。因此，在缺乏权威中心运维的前提下，比特币利用工作量证明（PoW）的激励机制，使得网络中每个节点都愿意参与到区块验证和网络运维的工作中来。而节点运算验证区块信息的行为也正是新的比特币产生方式。PoW 共识算法的运行过程也被称作是"挖矿"，参与到挖矿的节点也被称作是矿工。矿工们想要挖到矿，也就是新的区块，便需要对网络中广播的交易进行验证写入新的区块，而新的区块中就含有比特币激励。区块的总数量由创始人中本聪确定，总量为 2100 万个，并由矿工在 2140 年前将其全部挖出，矿工在不同的地点将其挖出并分散持有与管理，也就是完全的"去中心化"。

比特币从表现形式上而言，是一串数字签名、一条加密的数据记录。其交易记录方式是一个带有时间戳的链式结构，如同一个完整的账本，里面记录了涉及这个比特币交易的历史各方交易数据。持有者拥有的所有比特币都会有上一次交易时上一个持有者签署留下的一个随机数列的数字签名，而当该持有者将比特币交易至下一个比特币持有者时，相应验证的数字签名也会附加在这个比特币末尾，以此形成一个完整的链条。

3.2.1.2　起源与发展

比特币的概念于 2008 年由中本聪提出于金融危机后全球市场流动性过剩阶段，并于 2009 年 1 月 3 日正式诞生。它依靠特定算法而非特定货币机构产生，这一概念颠覆了人们长期以来只有公共部门才能发行货币的认知。

比特币诞生之初，由于并不为世人所接受，价值十分低微。直到 2013 年下半年，欧洲多数国家对比特币的监管放松，比特币价格开启飞涨模式，截至当年 12 月份比特币价格突破 1147 美元/枚，超过当时国际黄金交易的价格。

2021 年 2 月 22 日，比特币价格线上突破 58000 美元/枚，当日晚间，受做空资金反扑，比特币一度跌破 48000 美元/枚。3 月 3 日，比特币日内涨超 5%，价格又突破 51000 美元。2022 年 3 月 2 日，比特币开盘价格 44357.62 美元/枚，总市值为 8333.62 亿美元，占据了 43.33% 的市场份额，头部效应显著。

图 3-3 展示了 2021 年 3 月 2 日—2022 年 3 月 2 日比特币的开盘（Open）价格变化，其中，2021 年 3 月 2 日的价格为 48668.4 美元/枚，均线以上代表当日价格高于此价格，均

线以下则相反。图 3-4 则展示 2021 年 3 月 2 日—2022 年 3 月 2 日比特币的市值变化，可以看出，近一年内比特币价格与市场份额已大不如前。

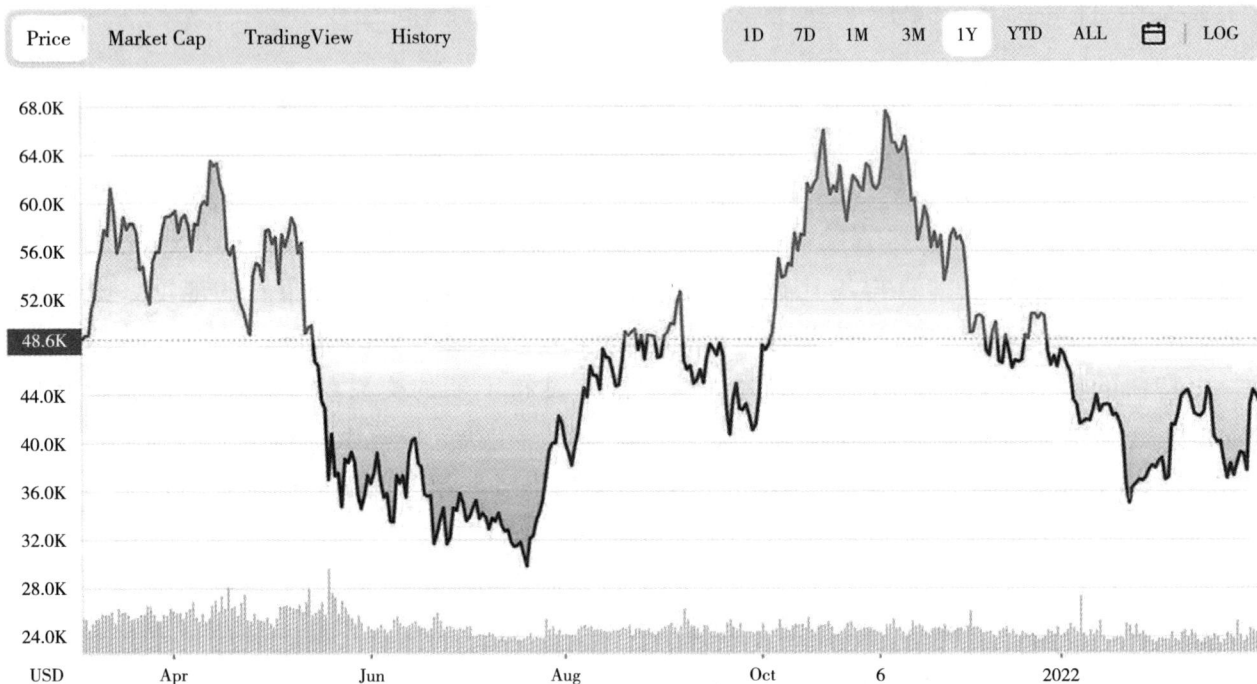

图 3-3　2021.3.2—2022.3.2 比特币开盘价格（以美元计量）变化

资料来源：https://coinmarketcap.com

图 3-4　2021.3.2—2022.3.2 比特币市值（以美元计量）变化

资料来源：https://coinmarketcap.com

　　比特币钱包可以管理比特币资产，包括余额查询、转账等。比特币官方提供的比特币核心钱包（Bitcoin Core），是目前最原始、最完整、最安全的全节点单币种比特币客户端钱包。但该钱包仅能存储比特币，无法存储其他币种，因此可以存放多币种的钱包被多数人所接受，如 im Token、Coinbase、币信等。Bitinfocharts 数据显示，截至 2022 年 3 月，比特币钱包数量超过 4000 万。

　　比特币分布情况，如图 3-5 所示。

Bitcoin distribution

Balance, BTC	Addresses	% Addresses (Total)	Coins	USD	% Coins (Total)
(0 - 0.00001)	3378694	8.04% (100%)	16.36 BTC	$683,648	0% (100%)
[0.00001 - 0.0001)	7958499	18.94% (91.96%)	344.32 BTC	$14,387,084	0% (100%)
[0.0001 - 0.001)	10444491	24.85% (73.02%)	4,000 BTC	$167,139,664	0.02% (100%)
[0.001 - 0.01)	10379668	24.7% (48.17%)	39,392 BTC	$1,645,949,857	0.21% (99.98%)
[0.01 - 0.1)	6426094	15.29% (23.47%)	207,401 BTC	$8,666,106,264	1.09% (99.77%)
[0.1 - 1)	2604385	6.2% (8.18%)	805,744 BTC	$33,667,401,399	4.24% (98.68%)
[1 - 10)	688030	1.64% (1.99%)	1,744,957 BTC	$72,911,658,961	9.18% (94.44%)
[10 - 100)	131042	0.31% (0.35%)	4,261,678 BTC	$178,070,882,985	22.41% (85.26%)
[100 - 1,000)	13697	0.03% (0.04%)	3,906,961 BTC	$163,249,297,265	20.55% (62.85%)
[1,000 - 10,000)	2191	0.01% (0.01%)	5,234,479 BTC	$218,718,633,118	27.53% (42.3%)
[10,000 - 100,000)	83	0% (0%)	2,148,041 BTC	$89,754,204,435	11.3% (14.77%)
[100,000 - 1,000,000)	4	0% (0%)	660,961 BTC	$27,617,734,850	3.48% (3.48%)

图 3-5　比特币分布情况

资料来源：https：//bitinfocharts.com

　　美国在线零售商 Overstock 于 2014 年开始接受比特币付款，同时接入 coinbase 的比特币支付服务。Overstock 只需要每笔支付给 coinbase 平台 1‰ 的手续费，能够有效降低传统银行支付的支付成本。但是，相比于传统金融资产，由于币值大幅波动，比特币已成为国际资本的投机对象，也正因为其价值波动幅度极大，无法成为全球通用的支付货币，导致市场影响力也正在下滑。时至今日，全球各国对比特币的态度仍不统一。2017 年 9 月，我国监管当局就对所有数字货币的交易实行严格监管，并关停多家数字货币交易所。

3.2.2　以太坊（ETH）

3.2.2.1　产品结构介绍

　　根据《以太坊白皮书》的描述，以太坊是一个受比特币启发的、去中心化的、基于比特币网络存在的一些缺陷而创新设计的一个公用区块链网络。其被设计成一个通用的全球性区块链，克服了比特币只适配数字货币应用场景、效率和资源浪费等固有问题，将应用场景扩展到商业环境，这个扩展的重要环节就是智能合约的加入。比特币被称为"全球账簿"，相应地，以太坊可以被看作一台"全球计算机"，它首次实现了区块链系统的图灵完备，可以在区块链上传和执行应用程序，并且程序的有效执行能得到保证，在此基础上首次实现了智能合约的功能，因而也可以将以太坊视作是数字货币和智能合约的集合。

　　以太币则是这个以太坊系统中所流通的数字加密货币，是在以太坊基础上用以支付交易手续费和充当运算服务的媒介。以太币不仅是一种去中心化的加密货币，它还能够在以太坊网络中充当智能合约的交易媒介，同时能够用以支付交易服务费和充当运算服务的媒介，以太币的这些功能进而推动了以太坊金融服务场景的落地。

3.2.2.2 发展现状

自比特币出现以来，各类数字货币虽然层出不穷，但能够占据市场主力的却不多，以太币是其中最突出的一支，它的市场份额和流通量仅次于比特币，被称为比特币 2.0。

以太币在 2014 年 7 月 ICO（首次币发行）发行价格约为 0.3 美元/枚，2016 年年初，以太坊的技术得到市场认可，以太币价格开始暴涨，吸引了大量开发者以外的人进入。2022年 3 月 2 日，以太坊开盘价格为 2972.47 美元/枚，当日跌幅为 0.75％，总市值 3534.22 亿美元，市值占比约 18.33％，在加密数字货币中排名第二。

2021.3.2—2022.3.2 以太坊开盘价格（以美元计量）变化情况，如图 3-6 所示。

图 3-6　2021.3.2—2022.3.2 以太坊开盘价格（以美元计量）变化情况
资料来源：https://coinmarketcap.com

以太坊可以应用多种行业和领域，比如资产交易、数字公证、P2P 借贷、互助保险等。2016 年，总部位于纽约的区块链创业公司 R3CEV 使用以太坊和微软 Azure 的区块链即服务（BaaS）发布首个分布式账本实验，对 11 家成员银行通过分布式账本上的代币资产进行模拟交易，以证明分布式账本在金融市场的适用性。2017 年 5 月底，联合国世界粮食计划署宣布利用以太坊区块链对在约旦的 1 万名叙利亚难民提供食物分发，有利于改善传统的难民援助方式所存在的漏洞，确保食物都能够到达难民手中。2021 年，"元宇宙"概念大火，其中，Axie Infinity 游戏就是一款建立在以太坊上的 NFT（Non-Fungible Tokens，不可替代代币）元宇宙项目。游戏中的资产就是一种代币，例如土地地块，用户可以将其出售，以ETH 计价其流通市值。据去中心化应用（Dapp）数据统计公司 Token Terminal 数据，Axie

Infinity 在 2021 年 7 月 15 日的收入以代币计价超过 820 万美元，已接近 6 月王者荣耀的 920 万美元日均收入，超过 6 月 PUBG Mobile 的 710 万美元日均收入。

2021.3.2—2022.3.2 以太坊市值（以美元计量）变化情况，如图 3-7 所示。

图 3-7　2021.3.2—2022.3.2 以太坊市值（以美元计量）变化情况

资料来源：https：//coinmarketcap.com

2021.3—2022.3 Axie Infinity 每日总收入变化情况，如图 3-8 所示。

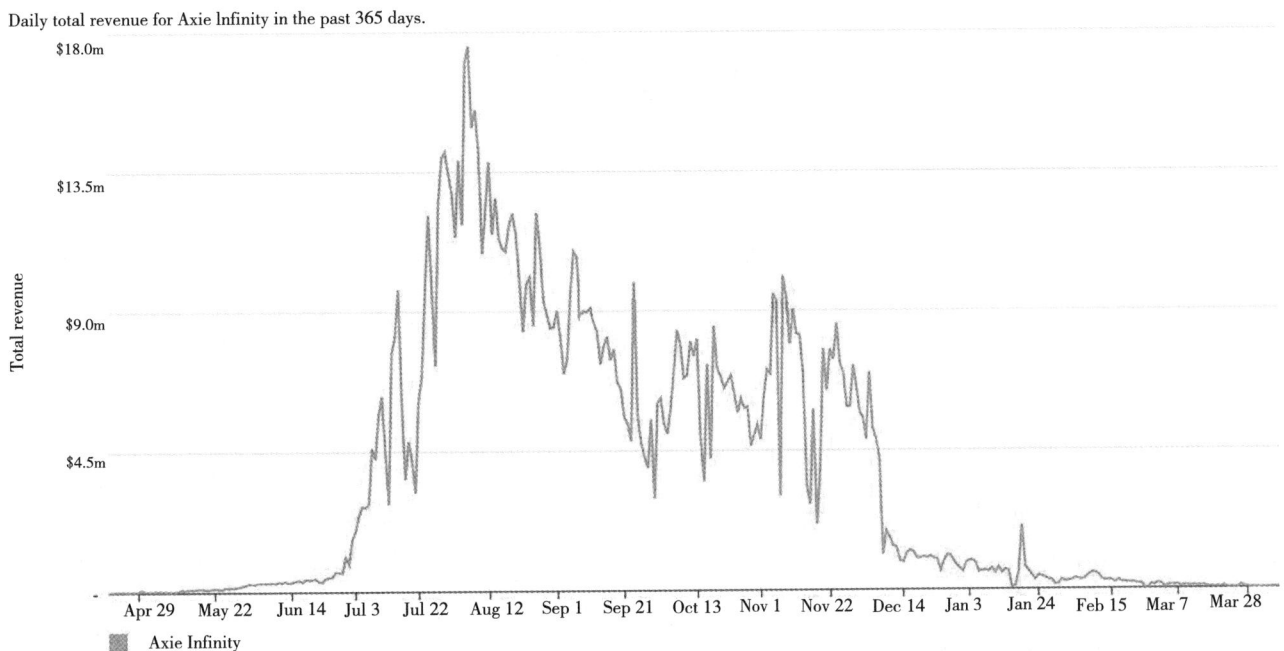

图 3-8　2021.3—2022.3 Axie Infinity 每日总收入变化情况

资料来源：https：//tokenterminal.com/terminal/projects/axie-infinity

3.2.3 Libra（天秤币）

3.2.3.1 产品结构介绍

2019 年 6 月 18 日，社交巨头 Facebook 发布了数字货币项目 Libra 的白皮书，白皮书给 Libra 确立的官方定位是"建立一套简单的、无国界的货币和为数十亿人服务的金融基础设施"，计划于 2020 年发行。在推出 Libra 的同时，Facebook 还开发出了名为 Calibra 的数字钱包，主要承担支付功能。按照 Facebook 的描述，Calibra 最主要的职能就是支持跨境支付与转账。

"Libra"的词义为天秤座，象征公正和公平，同时也是古罗马的货币计量单位，所以 Libra 币也被称作天秤币。从技术上看，Libra 可以简单理解为采用拜占庭共识算法的一种联盟链，它采用去中心化的 Libra 区块链底层技术。Libra 首次白皮书中的治理协会，如图 3-9所示。

图 3-9　Libra 首次白皮书中的治理协会

Libra 是一种稳定币，需要维持 1∶1 比例储备法定货币的价值，并由独立的托管人维护，定期进行审计。在此之前，美国区块链初创企业泰达公司已在 2015 年推出首个"稳定币"——泰达币，它通过 1∶1 锚定美元来维持币值稳定，但储备资产单一导致其不能有效分散风险、支付场景匮乏。与之不同的是，Libra 最主要的特点是与多种主要世界货币挂钩。Libra 采用 100％储备金发行方式，储备资产为一篮子货币的安全资产，主要由美元、英镑、欧元、日元等法币的现金银行存款和高流动性的短期政府债券构成。

Libra 发行与使用方法，如图 3-10 所示。如果要制造新的 Libra 币，经销商必须按 1∶1 的比例向储备中转入法定货币，相应的法币转换为储备。只有 Libra 管理协会有权力根据货币需求兑换情况发行货币和销毁货币，避免通货膨胀。储备资产由受监管的、具备高信用评级的托管机构分散保管，确保储备资产的透明、安全及分散。这样一来，就可以维持 Libra 加密货币的币值稳定。

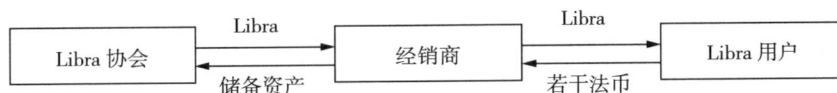

图 3-10　Libra 发行与使用方法

Libra 主要运用于快捷支付与结算方面，具有高效、低成本等特点。由于有着 Facebook 海量用户作为潜在投资者的背景支持，并对以往数字货币的技术进行发展创新，同时联合世界巨头公司为 Libra 赋予信用，致使 Libra 超越了以往数字货币的职能和技术，它弥补了比特币和泰达币的缺陷，可能成为私人数字货币的集大成者。由此，Libra 提出了一个将世界金融真正整合在一起的未来蓝图。

3.2.3.2　发展现状

Libra 项目对各国金融监管当局造成了极大的触动，不少监管部门负责人都认为 Libra 作为多中心机制的全球性项目，将给各国监管带来巨大挑战和不确定性，因此部分国家金融监管当局对其持反对意见。并且，由于之前 Facebook 的泄露数据事件使其陷入信任危机。在 Libra 面世后的四个月内，美国国会召开了三场听证会，结果不容乐观，Libra 面临着巨大的政治监管压力。此后，PayPal、Visa、eBay 等一系列重要合作伙伴先后退出 Libra 协会。

2020 年 4 月份，结合全球金融监管部门的建议，改进版的 Libra 白皮书 2.0 发布。Libra 新版白皮书是 Facebook 在参加美国国会听证会后做了适当修改，且吸收了瑞士、欧盟和美国监管层的相关意见之后发布的。与 Libra1.0 相比，Libra2.0 将自身定位为结算币，不再提"无国界的货币"，而是使用"全球支付系统"的提法。Libra2.0 将 Libra 分为两类：一是单货币 Libra，与单个法定货币 1∶1 锚定；二是多货币 Libra，通过智能合约按固定权重以多种单货币 Libra 为抵押而生成。前者用于国内交易，不具有计价功能，相当于本国货币的"影子货币"；后者仅用于跨境交易，避免对货币主权产生挑战。它欢迎各国监管部门的介入，希望能融入主流的主权货币体系。

2020 年 12 月 1 日，Facebook 官网宣布 Libra 更名为 Diem，Calibra 更名为 Novi，Diem 总部也将从瑞士搬回到美国。Diem 协会首席执行官 Stuart Levey 表示，改名是为了强调更简单、更完善的结构，Diem 在拉丁语中的意思是"Day（日）"，现在的目标是推出只锚定美元的数字货币。这样一来，Diem 将不再是 Libra 那样的新型超主权货币，而仅仅是作为美元附庸的一种稳定币，与泰达币并无太大区别。

2021 年 5 月，Diem 宣布与 Silvergate（Silvergate Capital Corp.）达成合作，计划发行 Diem 美元稳定币，然而，这一尝试仍未得到美联储的批准，Diem 的努力再次无果。同年年底，项目创始人 David Marcus 正式离职，整个项目的前景一片低迷。

Diem 官网上的声明，如图 3-11 所示。

≋diem

Statement by Diem CEO Stuart Levey on the Sale of the Diem Group's Assets to Silvergate

WASHINGTON, DC – The Diem Association today announced the sale of its intellectual property and other assets related to the running of the Diem Payment Network to Silvergate Capital Corporation ("Silvergate") (NYSE: SI). Diem Networks US ("Diem") CEO Stuart Levey issued the following statement accompanying the announcement:

"From the outset, the Diem project has been focused on leveraging the benefits of blockchain technology to design a better and more inclusive payment system. The members of the Diem Association and our outstanding team pursued this vision with determination and perseverance, motivated by the desire to deliver substantial benefits to consumers and businesses, along with a payments solution for those who are currently underserved or excluded altogether from the traditional financial system.

图 3-11　Diem 官网上的声明

资料来源：https：//www.diem.com/en-us

2022 年 1 月 31 日，在 Diem 官网上，Stuart Levey 正式发布声明，将出售集团资产给 Silvergare。声明提到，"尽管在网络设计方面给了我们积极的实质性反馈，但从我们与联邦监管机构的对话中可以清楚地看出，该项目无法继续推进。因此，最好的前进道路是出售 Diem 集团的资产"。Libra 项目自 2019 年首次提出历经近三年，即便步步退让，仍然黯然收场，彻底落下了帷幕。

3.2.4　数字人民币（e-CNY）

3.2.4.1　产品结构介绍

我国央行自 2014 年开始研究设计适用于我国经济发展情况的法定数字货币，到 2017 年年末，国务院批准人民银行牵头组织部分商业银行、有关机构共同开展数字人民币体系（DC/EP）的研发。在之后的两年内，我国基本完成了 e-CNY（数字人民币）的顶层设计、标准制定、功能研发、联调测试等工作。

（1）e-CNY 的发行（价值特征、法偿、双层投放与双层运营）

e-CNY 是一种具有价值特征的加密数字货币，由中国人民银行信用背书发行，它的本质是货币，具有官方所赋予的价值特征，属于央行对公众的负债。央行在发行数字货币的过程中坚持中心化的地位，拥有发行数字货币的最高权限。对数字货币坚持中心化的管理模式，一方面，可以通过央行背书为数字货币提供强有力的信用担保，确保央行数字货币具备同人民币一样的法律效力；另一方面，中心化的管理使得央行能够及时掌握数字货币的投放数量、投放领域及流通情况，更有利于央行精准实施货币政策和宏观审慎监管。

DC/EP 架构图，如图 3-12 所示。我国央行数字货币的发行将采取传统的中央银行—商业银行的二元模式。上层是中央银行对商业银行，下层是商业银行对普通用户。央行数字货币的投放基本上和现钞一致，都是中心化的投放机制。商业银行向中央银行申请数字货币业务，个人和企业向商业银行或其他商业机构申请兑换数字货币。在发行时，先由央行将数字货币发放到商业银行，同时等额扣减商业银行 100％的存款准备金，再由商业银行将数字货币兑换给公众。通过采取中央银行—商业银行的二元模式，一方面，央行可以充分利用商业银行各方面的资源、人才及技术优势，分散央行所承担的压力和风险；另一方面，也可以延续当前的货币体系，避免对商业银行存款产生挤出效应，导致"金融脱媒"。

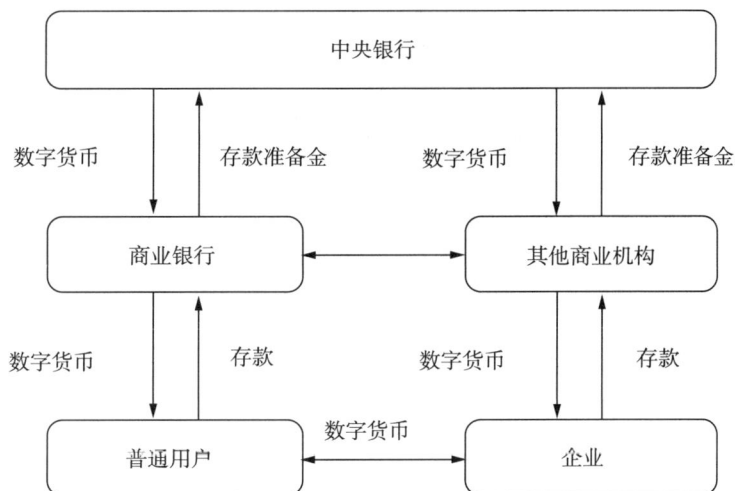

图 3-12　DC/EP 架构图

（2）e-CNY 的使用（替代 M_0、双离线、松耦合）

e-CNY 侧重于对流通中现金（M_0）的替代，是数字货币与电子支付相结合的一种法定数字货币，另外，央行数字货币和人民币都属于法币，具有无限法偿性。这意味着只要能使用电子支付，任何机构和个人都不能拒绝接受央行数字货币。

传统的电子支付方式如银行卡支付、互联网支付等，都是采用账户的紧耦合形式，即转账、支付和交易需要通过实名认证且与银行卡绑定，无法满足公众对匿名支付及离线支付的需求。而 e-CNY 在日常支付使用时无须绑定银行账户就能实现价值转移，这就实现了可控匿名，央行对于用户的交易数据有着完全的权限，各商业银行和商家需要经过用户的允许才有权限查看用户的交易记录及信息。一方面保护了数据安全和用户的隐私；另一方面也使得央行可以通过大数据分析追溯用户的交易信息及行为特征，打击洗钱、匿名操纵、恐怖融资等违法犯罪行为。

同时，e-CNY 采用"双离线"支付体系，即使收支双方设备在不具备网络的条件下也能进行支付交易，这在通信信号较差的偏远山区、地下人流密集区等场合展现出极大的环境适用优势。

3.2.4.2　发展现状

我国央行数字货币 DC/EP 起步较早。2014 年，我国央行成立了法定数字货币研究小组，从发行框架、流通环境、关键技术等多个方面论证央行数字货币研发的可行性。2016年 1 月，中国人民银行数字货币研究所成立，这是全球最早从事法定央行数字货币研发的机构。在 Facebook 发布 Libra 白皮书后，DC/EP 的研发进程迅速推进。

2019 年，我国相继在深圳、苏州、河北雄安新区、成都及冬奥场景开展了数字货币试点，为数字货币进入人们的日常生活积累经验。2020 年 4 月，央行在工作会议上提出了进一步深入推进法定数字货币的研发与推广。2020 年 8 月 14 日，商务部网站刊发《商务部关于印发全面深化服务贸易创新发展试点总体方案的通知》，在京津冀、长三角、粤港澳大湾区及中西部具备条件的试点地区开展数字人民币试点。10 月，增设上海、海南、长沙、西安、青岛、大连 6 个试点测试地区，其中海南是唯一的全省范围试点；同月，深圳则展开了首次数字人民币红包派发活动，向深圳市民发放了 1000 万元的数字人民币红包，我国法定数字货币时代正式开启。

2021 年 5 月 8 日，数字人民币接入支付宝，新增饿了么、盒马等三个子钱包，数字人民币 App 更新，钱包运营机构中的"网商银行（支付宝）"已呈现可用状态。2021 年 7 月，数字人民币试点已经有序扩大至"10＋1"，即"10 个城市＋1 个冬奥会场景"。截至 2021 年 12 月 31 日，数字人民币试点场景已超过 808.51 万个，累计开立个人钱包 2.61 亿个，交易金额 875.65 亿元。

2022 年 1 月 4 日，数字人民币试点版 App 已在苹果、华为、小米等系统应用商店公开上架。2022 年 1 月 6 日，数字人民币 App 再次升级更新，微众银行（微信支付）数字人民币钱包上线，腾讯接入数字人民币，开始提供服务。2022 年 3 月 2 日，最新版数字人民币 App 中，已对第三批数字人民币试点地区名单进行了更新披露。全国第三批数字人民币试点地区的具体名单将在近期公布，数字人民币试点正在持续开放中。目前，数字人民币的指定运营机构包括工商银行、农业银行、中国银行、建设银行、交通银行、邮储银行、招商银行、微众银行、网商银行等。

小米应用商店中的数字人民币 App 介绍，如图 3-13 所示。

图 3-13　小米应用商店中的数字人民币 App 介绍

资料来源：小米应用商店

目前来看，我国央行数字货币发展处于全球前列水平，这有助于我国在将来的数字货币竞争中抢占先机。e-CNY 不仅会进一步推动中国"无现金社会"的发展进程，为民众带来便利，更有助于人民币作为国际储备货币的属性的进一步提升，能给人民币的国际化之路提供正向的推动力和超车的机会，助力中国内地金融市场的进一步开放。

3.3　区块链应用数字货币的主要问题

3.3.1　币值稳定问题

数字货币被作为交易工具与价值交换，必须考虑其价值生成机制的问题。比特币之所以被热炒，在于其总数量设定了 2100 万枚的上限，这保证了其作为稀缺数字产品的特征，但也使它成了一种投机工具。一旦货币总量受限，随着经济的发展、GDP 的不断增长，将导致币值随之不断上升，货币流动性调节功能失效，就会引发宏观金融体系动荡。以 Libra 为代表的稳定币通过与主要货币挂钩的方法来维持币值的稳定，在一定程度上已经解决了这个问题，但如果始终盯住一篮子货币，币值是否稳定同样取决于主要货币的发行状况，如若美元发行量过多，同样会导致 Libra 贬值。而货币一旦币值不稳定，便很容易被作为投机品，难以作为支付工具落地使用。

3.3.2　冲击现有经济金融体系

货币的发行与使用，内嵌于一国经济和金融体系，涉及诸多方面。就目前来说，货币的发行和使用已经形成了一套成熟的体系，而数字货币的引入，必将使得全球金融系统在支付清算、资本流动等多个层面引发变革。

以比特币为代表的私人数字货币已经被证明会冲击现行金融和经济体系稳定，Libra 会弱化主权国家的资本管制，降低跨境支付成本，也会影响主权国家的汇率稳定性，为金融系统的稳定性带来压力，并且由于 Libra 的储备资产中以美元计价的资产占比高于 50%，不利于多极化国际货币体系形成。全球法定数字货币也处于起步阶段，其发行与推广使用同样存在诸多未知的风险，如可能影响货币流通速度、削弱货币政策有效性、降低金融监管效率等等。总之，数字货币要融入现有金融和经济体系并非易事，全球货币治理体系需要调整以适应数字货币发展带来的新变化。

3.3.3　底层技术安全性问题

加密数字货币所运行的底层区块链技术，其核心要素为：它是一种点对点网络，通过加密算法、分布式信息存储、分布式决策形成的共识机制。这种分布式共识依靠区块链存储信息：每一个区块都包含了区块链上的交易信息，对前一个区块的引用和揭秘，以及对后一个区块解密的验证。作为区块链技术发展的产物，加密数字货币因其技术稳定性和价值传输效用被推崇。但技术本身一定存在风险。

2017 年，Devops 无意间触发了未及时修补的 Bug，致使内部的代码库全部被删除，有 2.8 亿美元遭受冻结，经过后期的弥补仍然有大约 1.5 亿美元的损失。2018 年 4 月，Coincheck 平台出现漏洞，黑客乘虚而入，一夜蒸发 64 亿人民币，迫使大量 BEC 被抛售，使其价值瞬间蒸发，趋近于零。在信息化时代，一个小小的失误就可能使数字货币持有者倾家荡产，货币需要信用的支持，而加密货币的安全性将对币值的稳定性产生极大的影响，产生信用危机。

3.3.4 "空气币" 骗局

虚拟货币的盈利方式之一是 ICO（Initial Coin Offering），由于新币种拥有者少、价格波动大，在交易所的卖出价格很可能比发行价高得多。而 ICO 项目发起方利用资金所获得的传统数字货币，在交易所换回人民币等法定货币，再投入指定的技术项目中。

"空气币" 的概念在以太坊诞生后出现，由于 ERC-20 的代码开源，发行 Token 的代价很低。这些代币没有实体项目支撑，并且不会发布项目代码的进度，一些发行商甚至不会成立一个公司来进行管理，只要能人为宣传，形成市场，就可以通过误导和欺骗投资者获得大量资金。此类案件在我国曾多次发生，例如维卡币和五行币，项目方均以数字货币增值为名，诱骗社会公众参与，最后演变成传销骗局。空气币没有信用背书，也没有应用场景，除了相关的宣传炒作外对投资者并无价值。

3.3.5 监管难题

虽然数字货币提供了支付的便利性，但由于互联网操作的隐蔽性与便捷性，数字货币也为非法活动提供了一个隐蔽的平台，如出售赃物、洗钱、非法集资甚至人体器官买卖等等，暗网交易就常常使用比特币进行结算，比如在 "丝绸之路" 暗网上比特币的有关交易，大多数都与受管制物品和麻醉物品交易有关，直到 2013 年该网站被美国 FBI 关闭。在中国，有关当事人利用比特币转移违法所得的案件也曾有发生，罪名涉及信用卡诈骗罪、抢劫罪以及职务侵占罪等。数字货币的出现为金融监管系统带来了新的挑战。

目前，各国对比特币等数字货币态度不一，观点不同，监管标准存在差异，投入的监管力量很不均衡，缺少全球统一协调的监管机制，国际领域也没有成熟的机制盯住区块链上的暗网交易。以比特币为例，coindance 数字货币交易平台将全球国家对于比特币的监管态度分为五类：legal（合法的）、alegal（不被法律约束或禁止的）、restricted（禁止的）、illegal（非法的）以及一些未知区域（unknown）。统计显示，截至 2022 年 3 月 2 日，在全球 257 个国家和地区中，未限制比特币交易的国家和地区有 132 个。

从目前的各国政府针对私人数字货币监管发布的文件来看，美国、日本、新加坡对私人数字货币还是持比较开放的态度，而中国、俄罗斯对私人数字货币持相对谨慎的态度。我国早在 2014 年便出台相关文件，禁止一切比特币等加密货币的市场行为；2017 年 9 月，中国人民银行又联合七部委发布了《关于防范代币发行融资风险的公告》，不但严禁各种代币发行融资活动，也严禁各金融平台及第三方支付机构从事与代币发行融资有关的业务。

目前，国际上很多国家，如英国、俄罗斯、西班牙、印度和新加坡等国都积极探索"监管沙盒"，寻找区块链的创新监管。其中，英国的"监管沙盒"机制受到各国追捧，它是英国金融行为监管局针对金融科技首次创建的机制，是指在可以控制的场景内实施监管，使得新产品可以在真实的市场环境中进行迭代验证，通过事前约定风险补偿机制，让使用者在受保护的前提下接触新产品。

区块链技术还存在缺乏法律实体、现有的法律与制度规范适用难度大、技术标准与法律责任承担主体不明的缺陷，数字货币法规体系滞后，缺少金融监管的标准和规范，现有法规对于数字货币的金融纠纷缺少细化性职责划分并难以作出解释。对于公共部门数字货币，各国央行数字货币属于国家信用背书的数字支付工具，现有的银行法规可能无法全面涵盖数字货币的新特征；对于私有部门的数字货币，基于区块链和数字代币的联盟网络交易导致监管难度加大、监管成本增加。因此，在对基于区块链的数字货币的监管方面，需要积极探寻立法，施行分类监管，法律与政策结合应对。

3.4　区块链应用数字货币的发展趋势与展望

货币并没有终极形态，它必然会向着更加便捷、高效、安全的方向演进。而随着金融科技的发展与支付方式的转变，数字货币在互联网技术的保障下，能够为数字经济提供一个强有力的全员覆盖、全时交易、全程交易、全域交易、实时记账的货币基础。因此，尽管数字货币可能还存在价值不稳定、监管难题等问题，它已经迎来了迅猛发展的时期。数字货币的发展与应用符合货币演化的规律，与时代背景相契合，经过进一步技术的突破、监管机制的探索以及法律体系的完善，未来的数字货币应用场景将进一步深化，以安全高效、快速便捷的方式服务社会，促进全球经济的复苏与发展。可以预见，数字货币成为未来货币的主流形式是大势所趋。

目前，数字货币的发展主要可以分为两大方向：第一是各国央行研究的法定数字货币；第二是私人数字货币，包括比特币、以太币、莱特币等。这种法定数字货币与私人数字货币共存的局面在短期内将不会改变，原因在于两点：首先，私人数字货币是顺应市场需求自发形成的，且这种需求并未因私人货币的波动而消亡，这说明私人数字货币的存在目前是有一定的必要性的；其次，私人货币的出现是金融科技促进货币领域创新的一种机制和体现，在这种机制的作用下，私人数字货币将继续创新性发展，而不会在法定数字货币出现的同时销声匿迹。

在法定数字货币方面，全球主要经济体货币当局对发展法定数字货币逐渐重视，研发投入也不断增加。我国数字人民币已进入试点阶段，美国、日本、欧盟等地区将对法定数字货币的潜在风险进行评估并根据所得结果决定法定数字货币的具体发行与推广政策，由于美元、日元和欧元在国际货币体系中具有重要影响力，因而未来一定时期全球法定数字货币发展有望在充分评估各类风险的基础上稳妥推进，这对法定数字货币的发展无疑有着积极作用。

另外，市场经济条件下，数字货币也具有公共物品属性，如果缺少必要的规范，将可能导致数字货币领域出现"劣币驱逐良币"现象。法定数字货币与现有主权货币类似，以政府信誉为信用基础，相对于私人数字货币而言拥有较高的信用度，更容易为各类市场主体所接受，这也有助于推进法定数字货币发展。总体而言，数字货币的发展趋势可以概括为以下三个方面。

3.4.1 健全相关监管法律法规

合法与规范是数字货币未来发展的前提，完善的法律保障体系有助于解决"监管难题"，避免数字货币对金融体系产生不利影响，对数字货币的发展有着积极作用。

由于私人数字货币更易影响金融系统稳定性，往往更难得到政府的认可，法定数字货币则与现有主权货币类似，由中央银行发行，更容易为各类市场主体所接受。目前我国数字货币的法律主体地位仍不清晰，现行的法律法规都是以传统实物货币为参照物的，不能完全适用数字货币的运行和管理要求。英国对金融科技采取"监管沙盒"制度，通过检测英国数字货币的使用程度定期评估其风险，以确保货币和金融稳定。俄罗斯在 2021 年推出《数字金融资产》法案，预示着数字货币与 ICO 监管体系落地，为数字资产提供了法律依据。

未来，应设立专门针对数字货币的法律法规，对数字货币的监管采取包容审慎的原则，积极将区块链、云计算、人工智能等各种金融科技转化为监管科技，应用到数字货币的监管中，构建基于大数据的数字货币监管框架，以确保数字货币安全为重点，以守住不发生系统性金融风险为底线，有效防范可能由数字货币引发的系统性金融风险。

3.4.2 丰富应用场景与功能

发展数字货币，关键在于提升其应用性。应用需求是数字货币最为基础性的需求，引入更多的交易场景，增大数字货币的交易需求，也有助于减少币值波动问题。

以比特币为例，正是由于其接纳用户少，市场接受度较低，难以作为支付手段被大范围使用，最终成为投机产品。中国的 e-CNY 目前已开放三批试点城市，并逐步在汽车消费、不动产登记、高速公路等多场景推广。

未来，需要加大宣传力度，让大众对数字货币有清楚、理性的认知和判断，完善数字生态，推动数字货币跨平台流通和跨境使用，提高数字货币的普惠性。在现有交易应用场景中不断拓展交易规模，如作为支付功能的交易场景不断提高其支撑的商家和消费者群体的数量、交易额的规模，同时不断创造出新的应用场景，进而实现综合发展、持续创新。除了关注国内应用场景需求外，还要进一步考虑到数字货币作为国际货币的应用场景需求，以满足国内外各种经济发展形态和日常生活中多种支付、结算、流通场景的需要。

3.4.3 加强底层技术创新研究

区块链技术是构造数字货币的基础技术，加强技术研究能够减少技术安全性问题。

目前，我国在央行数字货币研发和试点中走在世界前列，但仍处于不断发展和完善的过程中。从交易安全的角度，区块链当前的加密形式是 256 位的 Hash 签名法，在传统计算机体系下，这种加密方式很难破解，而量子算力会给区块链的加密系统带来威胁。另外，作为交易需求的数字货币，在零售场景下，高频小额交易将对分布式记账技术的算力带来挑战，数字货币的运行稳定性需要做大量的试点和方案论证。

各国、各部门之间应加强合作，兼收并蓄包括区块链在内的各种成熟技术，克服技术难题，提升技术安全性能；并在国际货币基金组织、国际清算银行等国际金融组织的框架下，推进国际数字货币和跨境数字支付的监管与治理的协调机制的构建，引领更多参与方的多样化、多维度金融合作。

第4章　区块链应用支付清算行业发展现状

随着科学技术的进步和金融市场的蓬勃发展，区块链技术得到了广泛关注。区块链技术正在以"区块链＋"的形式不断延伸到数字货币、数字政务、供应链金融、工业互联网等多个领域，其中基于区块链技术的数字货币因去中心化、匿名性等特点，在支付清算领域具有极大潜力，其点对点的传输模式能有效改善当前支付清算耗时长、费用高等问题。支付清算系统是经济金融活动的基础性支撑，是用以实现债权债务清偿及资金转移的一种金融安排。支付清算是一种典型的多中心场景，与区块链特性匹配度较高，是区块链应用热度及成熟度仅次于数字货币的金融领域，其中尤其以跨境支付领域为典型代表。因此，本章主要介绍区块链在支付清算领域的应用、产品及优势等。

4.1　区块链应用支付清算市场综述

4.1.1　国内支付清算行业发展现状

《中国支付清算行业社会责任报告》及《中国支付产业年报》显示，当前我国支付清算市场主体类型多样、创新迭出。2020年，我国支付服务参与主体类型不断丰富，主要包括银行业金融机构、非银行支付机构、基础设施运营机构、关键服务提供者。其中银行业金融机构是我国支付服务的"主力军"。截至2020年年底，我国共有银行业金融机构法人4604家、营业网点22.67万个（图4-1），这是我国支付服务创新发展和普惠深化的基石。非银行支付机构是支付产业数字化转型的"排头兵"。截至2020年年底，非银行支付机构法人合计232家、设立分公司1689家，从业人员4.97万名（图4-2）。基础设施运营机构是我国数字经济的"接线员"。2020年我国基础设施运营机构数量统计，如图4-3所示。关键服务提供者是跨境支付信息网络的"关口"。金融网关信息服务有限公司由中国境内环球银行金融电信协会（SWIFT）与4家中资机构合资成立，作为我国境内与境外金融信息网络之间的一个关口，金融网关向用户提供金融网关服务，保障SWIFT境内用户合法权益和业务连续性。

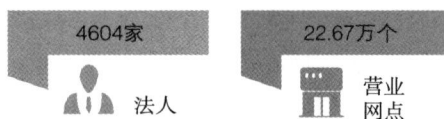

图4-1　2020年我国银行业金融机构数量统计　　图4-2　2020年我国非银行支付机构数量统计

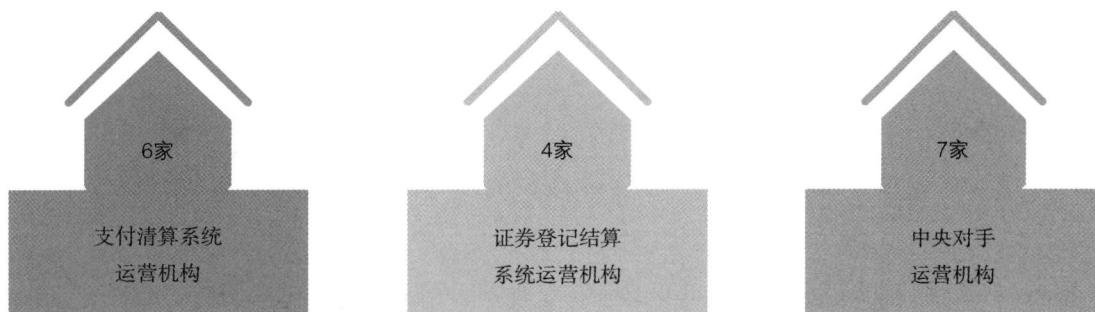

图 4-3　2020 年我国基础设施运营机构数量统计

此外，我国支付清算市场支付业务保持增长，并呈现局部分化趋势。2020 年，全国银行业金融机构共办理非现金支付业务 3547.21 亿笔，金额 4013.01 万亿元，同比分别增长 7.16% 和 6.18%。非银行支付机构共办理包括网络支付、银行卡收单、预付卡交易等业务 10779.73 亿笔，金额 455.87 万亿元，同比分别增长 12.40% 和 14.62%。

同时，我国国内支付清算市场票据业务量总体保持下降趋势。2020 年，全国共发生票据业务 1.49 亿笔，金额 123.78 万亿元，同比分别下降 21.57% 和 7.50%。其中，支票、银行汇票和银行本票业务量整体呈下降趋势，实际结算商业汇票业务量呈增长态势。银行卡业务量小幅增长，互联网支付业务增速较快，移动支付业务稳步增长，预付卡业务出现萎缩。2018—2020 年全国票据业务规模，见表 4-1 所列。

表 4-1　2018—2020 年全国票据业务规模

	2018 年	2019 年	2020 年
笔数（亿笔）	2.22	1.90	1.49
金额（万亿元）	148.86	133.81	123.78

2018—2020 年全国银行卡业务规模，见表 4-2 所列。

表 4-2　2018—2020 年全国银行卡业务规模

	2018 年	2019 年	2020 年
笔数（亿笔）	2103.59	3219.89	3454.26
金额（万亿元）	862.10	886.39	888.00

2018—2020 年互联网支付业务规模，见表 4-3 所列。

表 4-3　2018—2020 年互联网支付业务规模

	2018 年		2019 年		2020 年	
	银行业金融机构	非银行支付机构	银行业金融机构	非银行支付机构	银行业金融机构	非银行支付机构
笔数（亿笔）	570.13	700.51	781.85	682.54	879.31	959.34
金额（万亿元）	2126.30	50.15	2134.84	51.87	2174.54	54.53

2018—2020 年移动支付业务规模，见表 4 - 4 所列。

表 4 - 4 2018—2020 年移动支付业务规模

	2018 年		2019 年		2020 年	
	银行业金融机构	非银行支付机构	银行业金融机构	非银行支付机构	银行业金融机构	非银行支付机构
笔数（亿笔）	605.31	4722.83	1014.31	7066.07	1232.20	7842.11
金额（万亿元）	277.39	167.89	347.11	254.53	432.16	301.12

2018—2020 年预付卡业务规模，见表 4 - 5 所列。

表 4 - 5 2018—2020 年预付卡业务规模

	2018 年	2019 年	2020 年
发卡量（亿张）	2.25	2.23	0.84
充值金额（亿元）	785.12	726.89	551.95

4.1.2 国际支付清算行业发展现状

目前国际支付清算主要依托银行电汇、专业汇款公司、信用卡及第三方支付等方式，BIS 外汇市场调查报告显示，截至 2019 年，全球日均外汇交易量高达 6.6 万亿美元，较 2016 年同比增长 29%。现有跨境支付体系以环球同业银行金融电讯协会（SWIFT）和外汇持续连接清算系统（CLS）为主导，代理支付模式下涉及多个中介，存在着支付时间长、成本高和透明度低等问题。并且，以 SWIFT 为代表的报文系统是电报通信时代的产物，数字经济时代需要构建与之相适应的新型支付清算系统。

4.1.2.1 SWIFT 系统

SWIFT 系统成立于 1973 年 5 月，总部设在比利时的布鲁塞尔，数据交换中心设立在美国纽约。SWIFT 系统为全球超过 200 个国家和地区的 11000 多家银行和证券机构等提供服务，两个国家（地区）银行间的跨境支付在传统代理行模式下，交易信息必须通过 SWIFT 系统发送代码、接收代码，解码之后方可进行资金结算。SWIFT 名义上作为中立的非营利性国际银行间组织，实际则成为美国"长臂管辖"的工具。通过设立在纽约的数据交换中心，美国监管机构可以看到全球跨境支付中资金的流向。2001 年，美国"9·11"事件后，美国财政部授权海外资产办公室通过 SWIFT 监测恐怖融资渠道，切断非法资金链。2005年，美国通过 SWIFT 数据中心监测到澳门汇业银行帮助朝鲜洗钱，2007 年美国制裁澳门汇业银行，其他银行被迫中断与其进行的金融交易，直接导致汇业银行出现挤兑风险。2012年，美欧为制裁伊朗的核工业，将伊朗银行从 SWIFT 中剔除，隔绝伊朗同他国的金融信息通道。2015 年乌克兰危机时期，欧洲一度威胁将俄罗斯逐出 SWIFT 系统作为制裁手段。SWIFT 系统的金融通信安全问题引起了包括俄罗斯、中国、欧洲等主要经济体的警觉。为应对 SWIFT 系统的金融通信风险，俄罗斯已构建本国的金融信息系统 SPFS，中国的人民币跨境支付结算系统 CIPS 系统 2015 年上线，欧洲建立了 INSTEX 贸易结算系统。INSTEX可以绕开美元进行贸易结算，即结算资金由本国进口商付给出口商，资金只在国内周转。

2020 年 4 月，欧洲利用 INSTEX 系统与伊朗进行了第一笔用于防疫的物资交易。

4.1.2.2　CLS 系统

当涉及外币的跨境支付结算时，发起银行首先要从外汇市场获得待支付的货币，通常采用 CLS 系统进行清算结算。CLS 系统类似一个可信的第三方，不同于中央结算方，CLS 计算货币交易的净支付和净支出，允许银行以流动性有效的方式结算外汇交易资金。CLS 系统通过款款对付（PVP）解决了传统外汇交易中的 Herstatt 风险问题，然而面对不同市场以及服务窗口的限制，CLS 持续连接系统目前仍存在一定的功能约束。主要体现在：（1）CLS 主窗口服务时间有限，需要与其参与的 RTGS 系统开放时间相协调，并不能全时域满足即期交易；（2）受限于各国央行 RTGS 系统参与 CLS 的运营能力，CLS 目前仅支持 18 种不同的货币向 60 家结算银行提供 PVP 结算；（3）CLS 系统需要与各国实时支付系统对接，需要大量的跨司法管辖区的法律和操作规程。

CLS 组织架构包括清算成员行和第三方成员行，第三方成员行只能经由清算成员行向 CLS 系统提出交易指令并进行清算。因此，CLS 系统尚存在清算会员行破产的风险传染问题。2008 年金融危机期间，CLS 银行清算了与雷曼兄弟关联的大部分交易，雷曼作为第三方成员行其清算业务由花旗银行代理，继而雷曼兄弟破产后的交割风险由花旗银行承担。在极端环境下，如果 CLS 银行的清算行破产，那么由此产生的清算风险以及传染问题还需要审慎评估。

此外，《2021 全球支付行业研究报告》显示，2020 年，在新冠肺炎疫情令社会和全球经济陷入动荡之际，BCG 的支付模型表明，支付行业收入增长或将遭遇腰斩，年均复合增长率将从 2015 年至 2019 年的 9% 跌至 2019 年以后的 4%。然而，尽管全球交易量在疫情暴发的最初几个月内迅速下滑，但各国政府推出的刺激措施和中美等主要市场的快速复苏阻止了支付业务进一步萎缩。总体而言，2019 年至 2020 年全球支付收入按百分比计算仅小幅下滑，同比保持在约 1.5 万亿美元的水平。

支付作为所有上层经济活动的支柱，背后是各个国家的一系列金融机构提供相应的支付服务。在一个国家内，是用该国的本币完成支付，通过各自国家内部的支付系统。主要国家支付清算系统，见表 4-6 所列。

表 4-6　主要国家支付清算系统

国别/组织	系统简介	结算类型	启动年份
比利时	ELLIPS	RTGS	1996
加拿大	LVTS	NET	1997
法国	TBF	RTGS	1997
德国	ELS	RTGS	1992
西班牙	SLBE	RTGS	1997
中国香港	CHATSHKD	RTGS	1996
	CHATSUSD		2000
意大利	BI-REL	RTGS	1997
日本	BOJ-NET	RTGS	1988
	FXYCS	NET+RTGS	1989

（续表）

国别/组织	系统简介	结算类型	启动年份
荷兰	TOP	RTGS	1997
瑞典	RIX	RTGS	1986
新加坡	MEPS	RTGS	1997
瑞士	SIC	RTGS	1987
英国	CHAPS	RTGS	1984
美国	CHIPS	NET	1970
	Fedwire	RTGS	1970
欧盟	TARGET	RTGS	1999
中国	大额支付系统（HVPS）	RTGS	2005
	小额批量支付系统（BEPS）	NET	2006

各国支付清算系统，如图4-4所示。

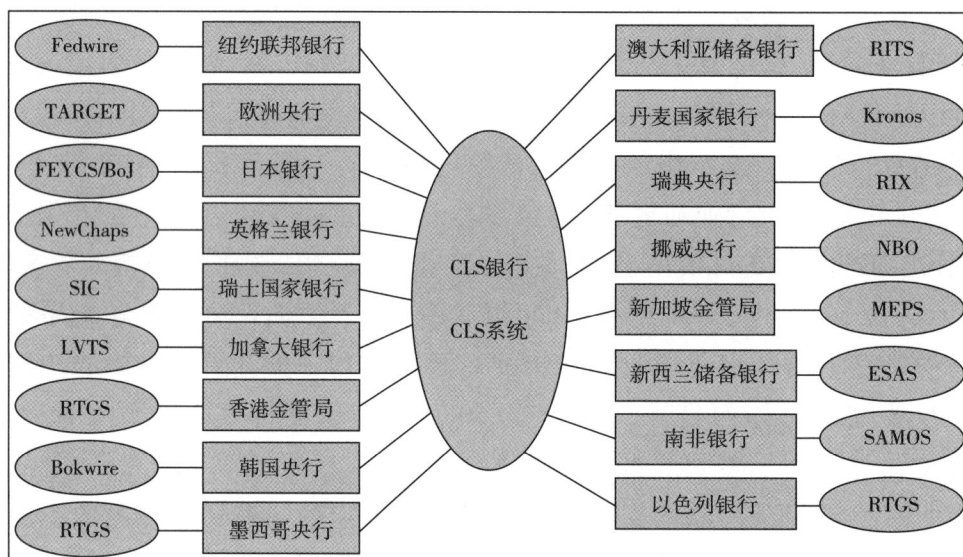

图4-4　各国支付清算系统

4.1.3　区块链在支付清算行业内的应用

4.1.3.1　在跨境支付中的应用

跨境支付涉及诸多环节，传统的跨境支付结算中包含了大量的信息修改以及信息查询等内容，需要每个环节的工作人员及时沟通，避免信息出现问题，这导致了跨境清算支付的周期较长，而且在此过程中容易出现信息篡改、交易透明度较低等问题。

区块链在跨境清算支付时的典型例子是Ripple的分布式账本清算，银行可以通过Ripple直接进行资金的转移，在资金转移的过程中银行客户不会受到任何影响。这种支付方式极大程度地缩短了跨境清算支付的成本，缩短了清算支付周期。通过共享账本境内银行在确定账户资金符合法律后，可以直接进入境外代理银行的账户，通过境外清算网络将资金发放到收款人手中，提高了跨境支付清算的工作效率。

4.1.3.2　在个人转账中的应用

区块链在个人转账中的应用主要通过 Ripple 实现，在个人转账时首先要注册 Ripple 钱包，设置账户信息以及支付密码，在注册的过程中钱包会生成私钥，不需要实名制认证。然后，在系统中设置信任网关，网关的主要作用是保障资金在转账过程中的安全性，目前国内有 RippleChina、RippleCN 等安全性较高的网关可以选择。网关设置结束后需要进行充值，在转账时要保障账户中有资金，资金充值时可以选择信誉度较高的平台进行充值。最后，在转账的过程中对方要输入转账的账户以及转账的金额，完成转账服务。而且 Ripple 钱包中充值的金额可以赎回，极大程度上保障了资金的安全性，可以及时地进行支付清算工作，降低了转账过程中的时间，提高个人转账的效率。

4.1.3.3　数字票据中的应用

传统支付中需要进行纸质票据的交易，而且交易的双方还需要辨明票据的真伪，对票据上的数额进行清算与核对。区块链的应用实现了电子票据的交易，在交易的过程中能够核对票据中的信息，校验交易的真伪。区块链的使用降低了记账时的工作量，降低了票据清算时的成本。同时，区块链数据伪造时需要篡改大量的数据信息，而且区块链通过保密技术导致了伪造数据需要消耗大量的成本。区块链的数据库可以对票据的贴现、再贴现等兑换记录进行追溯，理清票据之间的逻辑关系，提高票据的透明度。

目前，区块链在企业中也有所应用，区块链票据系统中存储了各企业之间的交易信息，不同企业占据了区块链的不同阶段，区块链使用最新的算法对节点中的交易信息进行计算，完成了承诺环节，生成对应的数据块。数据块中存储了企业交易的时间，并且数据块不需要信任中介。在交易金额支付清算的过程中通过密钥对数据信息进行解锁，增强了数据信息的安全性。利用区块链的程序能够避免一定程度的风险，提高了清算支付工作的质量。

4.2　区块链应用支付清算的典型案例

4.2.1　瑞波支付结算网络——Ripple

4.2.1.1　基本介绍

Ripple 是跨境支付区块链应用最早也是最成熟的解决方案。Ripple 由 Ripple 实验室（RippleLabs，Inc.）于 2012 年开发出来，是一个开源的用于金融交易结算的互联网协议。

Ripple 通过 RippleNet 连接银行、支付服务供应商、数字化货币交易平台和企业，使用数字货币 XRP 为全球支付提供流畅体验。RippleNet 作为 Ripple 的核心，是一个共享的公开数据库，数据库中记录着账号和结余的总账，任何用户都可以阅读这些总账，也可读取 RippleNet 中的所有交易活动记录。RippleNet 中所有节点通过共识机制修改总账，且可以在几秒之内达成共识。

Ripple 的用户进行交易转账时有两种模式可供选择，即网关模式与 XRP 模式。网关是法定货币进出 RippleNet 的关口，任何可以访问 RippleNet 的商家都可以成为网关。用户进行外汇交易时，无须通过中间人或货币兑换所，RippleNet 会找到最有效的途径来撮合交易，也没有最低数额的限制。XRP 是 Ripple 在 RippleNet 中发行流通的数字货币。如果两个交易对手间没有公用的货币及其相应的网关组合，那么就可使用 XRP 作为媒介货币。在 XRP 的使用客户中，银行可按需获得实时流动性而无须在银行往来账户中预存款项，支付服务提供商可使用 XRP 降低汇兑成本，提供更快的支付结算服务。截至 2020 年年底，RippleNet 已进入 40 多个国家，不少全球知名银行都在参与 Ripple 的技术测试与相关合作。

Ripple 的服务模式，如图 4-5 所示。

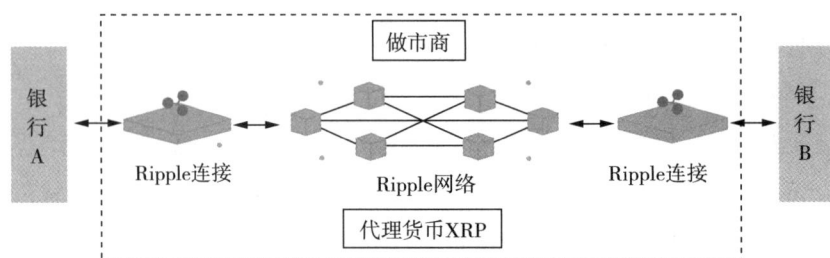

图 4-5　Ripple 的服务模式

基于 Ripple 的区块链跨境支付流程，如图 4-6 所示。

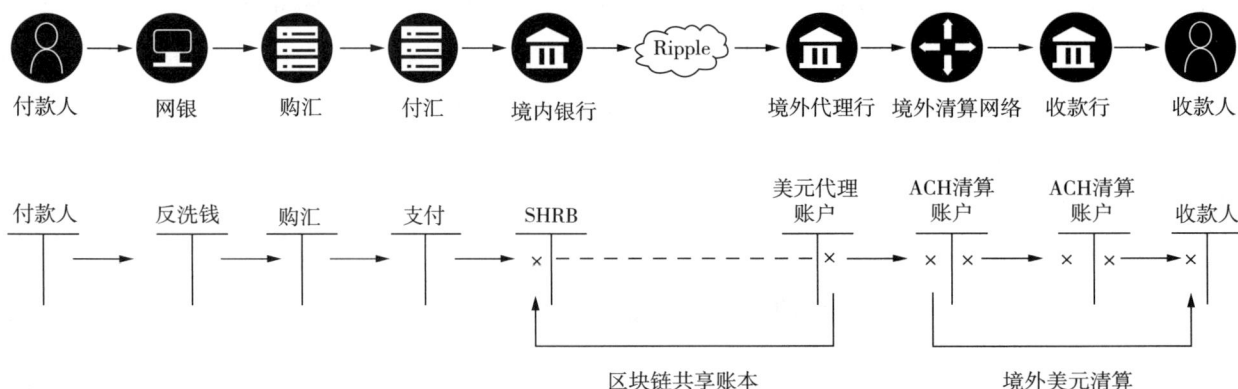

图 4-6　基于 Ripple 的区块链跨境支付流程

4.2.1.2　Ripple 的特点

第一，解决了跨境支付信任建立难的痛点。区块链的技术优势是去中心化或者半中心化，通过数字加密、分布式共识来建立分布式节点的信用关系，形成去中心化的可信任的分布式网络，从而解决跨境支付节点之间信任建立难、信任建立成本高的问题。

第二，提升业务效率并降低成本。区块链利用庞大的去中心化网络，实现了多节点的合作协同，解决了跨境支付原有的支付效率问题。同时依靠区块链建立起来的统一的支付网络，可以快速智能搭建支付路径，以极低的成本快速完成跨境支付。实现跨境支付的业务效率提升并同时实现了业务成本的降低。

第三，技术妥协融入了现有的金融支付结算体系。Ripple 没有盲目地坚持技术信仰，而是根据金融行业实际业务监管需要做出了重要妥协。首先，Ripple 网络提出不需要代币的

X-Current 支付模式，打消金融机构对货币脱媒的担忧；其次，Ripple 网络也提供功能满足金融机构对跨境支付反洗钱和反欺诈等监管的诉求，确保基于区块链的支付结算基本在监管方面与现行支付方式保持一致。

第四，提供端到端的跨境支付解决方案。Ripple 不仅搭建了基于区块链的支付网络，同时也为金融机构的接入开发了专有的软件套件，实现了区块链开箱即用功能。需要加入 Ripple 网络的金融机构，仅需按照 Ripple 提供的部署说明开展软件部署，即可完整地融入 Ripple 网络中开展基于区块链的跨境支付，极大地降低了金融机构接入开展业务的门槛。

4.2.2　新加坡金融管理局 Ubin 项目——ProjectUbin

4.2.2.1　基本介绍

为促进产业共识，强化市场主体对 DLT 技术及其潜在优势的理解，2016 年 11 月，新加坡金融管理局与 R3 及部分商业银行等机构推进合作项目——ProjectUbin，探索将 DLT 技术应用于支付和证券清结算环节。作为多阶段项目，ProjectUbin 的最终目标是探索开发基于中央银行发行的数字代币的更为便捷、高效的新一代支付系统。

Ubin 的合作方几乎都是全球顶级的机构，和金融相关的机构包括：淡马锡（Temasek）、美银美林、瑞士信贷集团、星展银行、汇丰银行、摩根大通、三菱日联金融集团、华侨银行、新加坡交易所、大华银行、花旗银行、渣打银行；技术上的合作伙伴包括埃森哲、R3 联盟、IBM、ConsenSys、微软；其他的参与者还包括了咨询机构和央行，包括德勤、纳斯达克、英国央行、加拿大央行、毕马威等。

Ubin 项目分为六个阶段（图 4-7），2019 年，新加坡金融管理局宣布了 ProjectUbin 的最新进展，并发布了前四个阶段的总结报告和后两个阶段的目标。第一阶段：法定货币 SGD（新加坡元）数字化。在该阶段，新加坡金融管理局和 R3 联盟探索了使用央行数字货币（SGD 的代币化版本）进行银行间支付的情况。第二阶段：国内银行间结算。在该阶段，新加坡金融管理局和新加坡银行协会探索了使用分布式账本技术的银行间转账，并调查了特定的实时全额结算系统的功能，比如队列处理和付款死锁的解决方案。第三阶段：将分布式账本技术运用在"付款交割"上。在该阶段，新加坡金融管理局和新加坡交易所合作，在两个独立的区块链平台上实现国内的付款交割结算，以处理代币化的资产。第四阶段：跨境结算的"对等支付"。该阶段的目标是评估跨境"付款交割"的可行性。第五阶段：目标运营模式。该阶段的目标是评估分布式账本对现有监管框架和市场流程的影响。第六阶段：跨境的"付款交割"和"对等支付"。该阶段的目标是使用之前所获经验来执行支付和证券的跨境结算。

阶段一：　　　阶段二：　　　阶段三：　　　阶段四：　　　阶段五：　　　阶段六：
法定货币SGD　国内银行间　基于DLT的DvP　跨境结算支付　目标运营模式　跨境支付和
数字化　　　　结算　　　　　　　　　　　　　　　　　　　　　　　　　跨境DvP

图 4-7　Ubin 项目的六个阶段

ProjectUbin 阶段一原型架构，如图 4 – 8 所示。

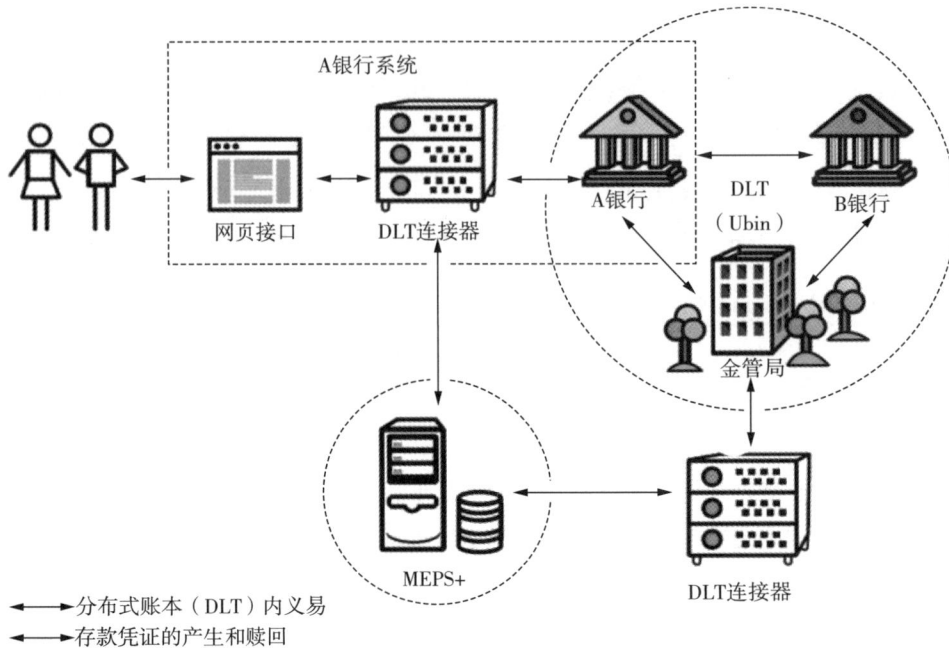

图 4 – 8 ProjectUbin 阶段一原型架构

阶段二 DLT 下 RGTS 原型所需实现的功能，如图 4 – 9 所示。

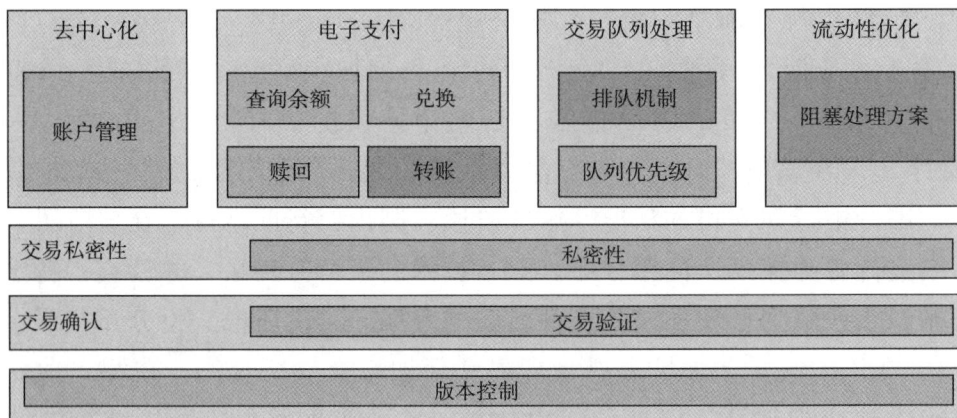

图 4 – 9 阶段二 DLT 下 RGTS 原型所需实现的功能

从 2016 年至今，ProjectUbin 总共对外发布了五份报告，分别是《ProjectUbin 基于分布式账本的 SGD》《ProjectUbin：重构 RTGS》《ProjectUbin：基于 DLT 的 DvP 券款对付》《跨境银行间支付和结算：数字化转型的新机遇》和《Ubin 项目第五阶段：实现广泛的生态系统机遇》。每份报告包括但不限于介绍项目需要解决的问题、原型的规则设计、原型对现实世界带来的影响以及进一步完善项目时未来需要考虑的问题。2020 年 7 月 13 日，新加坡金融管理局（MAS）与淡马锡携手发布的第五份报告，也标志着 Ubin 项目第五阶段的顺利完成。

4.2.2.2　ProjectUbin 的特点

第一，提高支付清算效率。从理论层面来看，依托区块链技术特性，网络中的节点对于重要信息的维护达成一致意见，无须额外的人工对账操作，交易处理速度得以加快。此外，通过智能合约的应用，能够减少人为干预因素，进一步提高合同的执行效率，由此带来支付清算整体效率的提升。新加坡金管局分别在 R3Corda、Hyperledger Fabric 和 Quorum 平台上开发了三个原型，成功地在去中心化的环境中，引入了流动性节约、系统排队管理、僵锁处理等 RTGS 系统核心机制，实现了银行间支付与结算功能，同时兼顾了隐私保护。

第二，提升业务流程透明度。区块链系统中的信息可以实时同步给参与者，在提升交易记录透明度的同时，有效降低逻辑冲突产生的概率。区块链网络中的全部历史交易记录公开、透明、可追溯，具备权限的系统参与者能够审查到交易信息创建的具体时点，动态掌握交易全貌。

第三，强化系统弹性及稳健性。由于大额支付系统对稳健性的要求极高，提高系统操作弹性是区块链技术最具吸引力的优势。Project Ubin 的操作弹性来自其分布式的技术特征。由于每个节点维护的账本是相同的，因而可以有效降低数据存储环节中"单点失败"导致的风险。随着系统参与者数量的增加，系统弹性还可不断提高。在大部分区块链系统中，任何一笔交易在被记入账本之前，系统中的多数参与者需对交易状态形成一致意见。因此，在对区块链系统进行攻击时，同样需要取得多数参与者的一致同意，加大了成功实施网络攻击的难度。此外，系统参与者通过加密技术和电子签名，验证身份和交易的真实性，行使账本读写的权利，也有助于提升区块链系统的稳健性。

4.2.3　众享比特区块链对账平台

4.2.3.1　基本介绍

除了建构全新的跨境支付系统或大额支付系统，区块链也可以用于解决支付结算中特定业务环节的痛点。众享比特区块链对账平台从银行间联合贷款的业务切入，以区块链搭建各方可信任的机构间资金对账平台，通过智能合约实现准实时的对账处理。

北京众享比特科技有限公司是一家技术驱动型公司，深耕分布式网络和区块链技术，为国内外众多行业客户提供高品质的产品和综合区块链解决方案服务。公司总部位于北京，在上海、南京、深圳、广州、南宁、徐州、长沙、合肥、杭州等地设有分支机构。

对账平台是金融机构之间、金融机构与大客户之间最常见的中后台业务，是资金支付结算中的一个非常关键环节。传统的对账模式是两个机构以异步处理的方式各自生成业务记录文件进行逐笔比对，并以事前约定的差异处理方式来流程处理差异。传统的对账模式下一般需要 T+1 日才能完成 T 日的对账，时效性差且易出错。

针对这一痛点，众享比特推出了基于区块链技术的对账平台，通过区块链技术实现了线上交易资金环节的实时账本信息登记，并利用智能合约完善资金交易的准实时对账功能，从而快速有效地完成对账，且数据的准确度更高。

众享比特区块链对账平台方案，如图 4 - 10 所示。

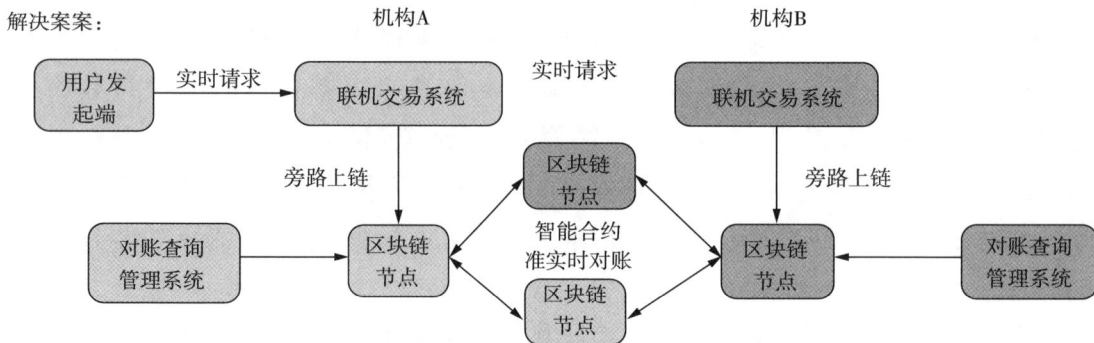

图 4 - 10　众享比特区块链对账平台方案

4.2.3.2　众享比特区块链对账平台的特点

第一，准实时对账，提高处理效率。传统的对账具有过程烦琐、时间消耗大的问题，而区块链技术点对点交易的特性解决了这一问题。联机交易系统在成功处理请求后，旁路将数据上报到区块链，依托智能合约，准实时对账处理，提高了对账效率。

第二，降低错误率。在区块链模式下，每笔交易都采取实时验证的方法，依托智能合约实现精准的对账处理，保障数据的真实性。众享比特区块链对账平台的业务数据与对账结果均记录在链上，不可篡改，将人工操作产生的错误率控制在一定的范围内，同时使得交易档案的一致性也得到了保证。

第三，确保数据安全。数据是各机构重视的资产，数据的隐私与安全是机构、监管和用户重视的问题。众享比特区块链对账平台通过联盟链，让各机构把需要对账的部分数据上链，对账参与双方或多方关系对等，数据存储在区块链上，运用数字加密技术让双方或多方数据在可控范围内共享，确保了数据安全；另外，该平台还搭建了对账查询管理系统，便于查询数据及异常情况。

4.3　区块链应用支付清算的主要问题

4.3.1　国外区块链技术与支付清算融合现状

在社会发展的推动下，越来越多的国家将区块链技术与支付清算进行了有机融合，区块链技术的诞生，可改变传统的支付系统，实现资金交易双方直接交易，不涉及第三方清算机构，这将带来传统支付系统难以达到的优势。

国外关于区块链支付清算的应用逐步发展，以 Ripple 为代表的区块链技术可以实现实时跨境支付清算，极大地降低了跨境转账延时，减少了总结算费用。与此同时，Facebook联合数十家支付、电商和科技公司正积极打造全球区块链支付生态系统 Libra2.0。近年来，区块链支付清算在国际领域的应用现状见表 4 - 7 所列。

表 4 - 7　区块链支付清算在国际领域的应用现状

时　间	机构名称	区块链应用研究
2016.04	英国央行	联合伦敦大学进行加密法定货币实验项目 RSCoin
2016.06	加拿大央行	探索区块链大额支付、清算、结算而发现的 CADCoin
2016.09	欧洲央行	联合日本央行开展区块链跨境支付项目 Stella
2018.11	新加坡金管局	与加拿大银行，英格兰银行联合研究基于区块链的银行间大额支付系统
2019.02	摩根大通	基于区块链技术的银行间结算项目 JPMCoin
2019.06	瑞银集团	联合巴克莱、纳斯达克等数十家金融公司开发区块链技术结算系统，以促进跨境交易
2019.06	Facebook	发布数字支付工具 Libra 的白皮书 1.0
2020.01	泰国暹罗商业银行	泰国暹罗商业银行（SCB）与 Ripple 合作创建由区块链支持的移动应用程序，可提供即时、低成本的跨境支付
2020.04	Facebook	发布数字支付工具 Libra 的白皮书 2.0，定位于全球支付系统
2020.07	新加坡金管局	多币种支付网络 ProjectUbin 带有付款交割（Dvp）、有条件支付、第三方交易以及支付担保在内的功能

4.3.2　国内区块链技术与支付清算融合现状

国内关于区块链支付清算的应用也逐步发展，基于区块链技术构建的数字票据交换平台、跨境支付平台相继落地。招商银行基于区块链技术运行的跨境支付业务将原来的六分钟报文传递周期缩短到秒级，蚂蚁金服、交通银行、中国银联等也在积极打造基于区块链技术的支付清算应用系统，区块链支付清算在国内的典型应用见表 4 - 8 所列。

表 4 - 8　区块链支付清算在国内的典型应用

时　间	机构名称	区块链应用研究
2017.02	中国人民银行	成功测试基于区块链技术的数字票据交易平台
2017.01	中国银行	上线基于区块链的电子钱包（BOCwallet）
2018.01	上海票据交易所	数字票据交易平台实验性生产系统投产并成功运行
2018.06	蚂蚁金服	基于区块链的电子钱包跨境汇款服务在香港上线
2018.08	中国银联、中国银行	国内商业银行将区块链应用于个人跨境汇款业务
2018.09	数字货币研究所	成功测试区块链贸易融资平台
2019.03	国家外汇管理局	跨境金融区块链平台
2020.07	数字货币研究所	数字货币研究所与科技公司合作探索多平台生态建设
2020.07	交通银行	金融区块链平台"海运费境内外汇划转支付场景"

4.3.3　区块链技术在支付清算行业的优势

4.3.3.1　资金流动效率高

基于区块链技术的支付清算系统可实现点对点的资金交易，不再依赖于第三方清算机构服务，实现了自动实时交易、资金实时清算，不存在日切、轧差、对账等环节，使得资金流动效率大幅提高。

4.3.3.2 稳定性强

虽然传统支付清算系统的处理中心都采用了集群技术以及多地多中心的架构，但仍然存在数据同步不及时、备用中心不能无缝接管等难题。基于区块链技术的支付系统的去中心化特征极大地提高了支付清算系统的稳定性，每个参与节点都持有完整的数据副本，均可记账、存储数据，部分节点数据丢失或损坏对整个系统的运转、数据库的完整和信息更新没有任何影响。

4.3.3.3 成本低廉

基于区块链技术的支付清算系统架构不需要集中部署服务器群，可以节省处理中心采购服务器、组建网络、开发系统、建设机房以及后期维护管理等成本。每个参与节点不再依赖于第三方清算机构以及代理银行，不用缴纳手续费，直接点对点交易，可以长期节省服务费用。

4.3.3.4 安全可靠

区块链技术中每个数据区块之间呈链式结构，后一个区块的块头存储的是前一个区块数据的 HASH 值，在控制一半以上节点之前，在任何节点上对数据的篡改都是无效的，充分保证了交易数据的传输及存储安全。区块链技术通过分布式数据库的形式，使每个参与节点都能获得一份完整的数据库副本，交易数据丢失的可能性极小，充分保证了数据的安全。

4.3.3.5 无须对账

传统支付清算系统各参与者在业务日终后需与第三方清算机构进行对账，而基于区块链技术的支付系统可实现点对点的资金交易，不再依赖于第三方清算机构，每个参与节点都拥有一份完整的数据库副本，不存在不同节点交易数据不一致的情况，可省去不同节点之间对账的环节。

4.3.4 区块链技术在支付清算行业存在的问题及风险

区块链技术在支付系统中的运用虽然有很多优势，但也存在着风险与不足，在其发展及应用的过程中仍然需要不断改进和创新。

4.3.4.1 监管风险

基于区块链技术的支付系统实现了点对点的交易，导致金融监管当局可能难以对支付清算进行全面监管，而针对区块链技术的支付清算监管方式以及相关法律法规尚未出台，金融监管当局无法轻易地在支付领域中运用区块链技术，其广泛应用还存在着很多不确定性。

4.3.4.2 制度风险

我国现行支付管理制度中还未出现针对区块链技术的条款，区块链技术的运用可能存在新的法律挑战。如在支付领域中，某些信息是不能公开存储的，但是根据区块链数据同步的原则，所有的节点都会同步存储这些信息，这是否合规尚存在疑点。

4.3.4.3 隐私泄露风险

基于区块链技术的支付系统中的各参与节点都拥有一份完整的数据副本，并共同维护数据的完整性，区块链中记录交易数据的全局账本在网络中是透明的，虽然无法直接通过观察交易记录推测出交易中用户的身份信息，但通过聚类分析，仍有可能推测出同一用户的不同账户，一旦某一笔历史交易与交易者真实身份关联，交易者的隐私就存在泄露的风险。

4.3.4.4　密码破译风险

虽然区块链使用了很多不同的密码技术，但是安全是相对的，当前安全并不代表着未来仍然安全。由于基于区块链技术的支付系统交易数据是公开的，一旦密码被破译，将会出现巨大的灾难，可能会导致整个链条的崩溃，给支付领域乃至整个社会造成重大影响。

4.3.4.5　系统升级困难

区块链中各节点的权利和义务不存在差异，一旦在某个节点部署，其代码就会在每个节点同时运行。若某个节点部署的智能合约有缺陷，则会影响到整个系统而不是单个节点。为及时修复缺陷避免风险，支付系统需及时升级维护。而智能合约的修改需要半数以上的节点支持，这就导致修复或完善缺陷非常困难，但是支付系统不可能永远不升级或不维护。

4.3.4.6　效率瓶颈

虽然区块链技术可以确保交易信息本身的安全，但由于采用分布式存储，全网中的每一笔交易都需要其他节点来认证并记录，这会导致交易效率低下，与支付领域中日益剧增的交易量对效率的要求相矛盾。

除此之外，还可能存在以下风险：可能出现用户私钥丢失后无法对账户的资产进行任何操作的情况，而私钥的补发非常困难；由于支付领域使用公有链的可能性不大，联盟链或私有链参与节点相对是有限的，攻击者可通过伪装大量的无用节点以达到控制超过全网一半的记账节点的目的从而篡改交易记录。

4.4　区块链应用支付清算的发展趋势与展望

4.4.1　推动区块链技术与现有支付清算系统形成有机融合的支付清算体系

区块链技术的特征是去中心、去信任中介，提高支付清算的周期，但目前支付清算领域中心化是不可避免的，所以在区块链技术未来应用时，可以增加多个"中心"，以避免中心化的影响。联盟链的方式可以解决部分中心化的问题，以各银行的网关节点作为记账节点，探索区块链网络为组网的方式，将更多的金融机构、银行机构纳入其中，形成多元化中心。相关机构需加大研发力度，选择更加科学的技术路线，建设新型支付体系，与中心化的支付系统在功能上形成互补的关系，而不是产生替代效应；还需建立相应的支付结算监督机制，避免引起资本的剧烈波动，为推进人民币国际化创造有利的支付生态环境。

4.4.2　加强区块链技术在支付清算领域的跟踪研究以保障资金安全

因为信息技术的发展，区块链的应用受到了全球的广泛重视，所以世界各地需要对区块链不断地深入研究。尤其在清算支付中的应用更需要不断地完善，增加区块链的应用范围和应用行业，增加区块链技术的应用场景。区块链技术在支付清算领域中需要补全该技术中存在的短板，要深入该技术的前沿领域进行跟踪研究，制定区块链技术的使用标准。而且区块链技术在使用的过程中无法对交易双方进行实名制的跟踪与调查，所以在未来支付清算的领域中，需要研究区块链如何在保全支付双方安全隐私的基础上，追踪到具体的交易人身上，最大限度地提高交易双方的安全，保障资金的安全性。

4.4.3　完善安全监管构建区块链支付网络风险防范机制

虽然区块链在支付清算中的应用取得了一定程度的进展，但目前在应用时还有诸多不完善的因素，需要加强区块链的安全监管。监督与管理部门需要对区块链在支付清算领域中的应用进行实时的监测，及时发现支付清算中存在的安全隐患；在管理方式上要结合国外的监督管理经验与我国的实际情况，从而制定规范的支付清算标准，提高区块链技术在我国支付清算领域中应用的安全性。

第 5 章　区块链应用票据业务行业发展现状

票据是指出票人依法签发的由自己或指定他人无条件支付一定金额给收款人或持票人的有价证券。中国的票据市场日趋成熟，票据的规模不断扩大，其融资功能也越来越为人们所关注。总的来说，票据市场服务实体经济的能力不断增强，服务中小微企业的导向突出，票据市场的总量稳步发展，票据载体呈现电子化。同时，银行票据市场和商业票据市场存在分化，银票在票据市场上占据主导地位，供应链金融的高速发展推动了商票的发展。然而，目前我国企业在使用票据融资方面还面临诸多瓶颈：第一，由于中间商众多，融资成本加大，同时中小微企业持有的票据金额小、期限短，由中小银行承兑的票据长期以来融资都比较困难，传统金融机构因风险和成本等因素一直以来对具有类似融资需求的中小微企业缺乏足够的支持与服务。第二，票据交易过程中存在着一定的风险，某些居心叵测之人，利用现行票据监管的不明确之处，制造虚假贸易背景，一票多卖、背书不连续性等问题经常发生，严重地制约了票据市场的发展。区块链技术凭借其安全可靠、强大稳定的去中心化网络和链式结构或可解决当前票据交易中的某些问题。

5.1　区块链应用票据市场综述

我国票据市场经过多年的探索与研究发展壮大，现行制度与管理经验已相对完善。票据业务作为重要的融资工具，能够帮助中小企业和民营企业尤其是存在融资困难的企业提供大大的融资便利。我国票据市场的整体特征为：

（1）票据市场服务实体经济的能力不断增强。票据承兑发生额占 GDP 的比重从 2001 年的 11.58％上升至 2021 年的 21.18％；用票企业家数达到 318.89 万家，同比增长 17.72％；企业用票金额达到 95.72 万亿元，同比增长 15.75％。

（2）票据市场服务中小微企业的导向突出，有力支持中小微企业稳健经营、健康发展。2021 年，中小微企业用票企业家数达到 314.73 万家，占比 98.70％；中小微企业用票金额达到 69.10 万亿元，占比 72.19％。

（3）票据市场的总量稳步发展，但增速有所下降。在外部环境更趋复杂严峻、国内经济向好基本面没有改变的背景下，票据市场总体运行稳定，票据承兑及贴现业务稳步增长（图 5-1）。根据上海票据交易所数据，截至 2021 年，我国票据市场累计承兑 24 万亿元，累计贴现 15 万亿元。但业务增长速度在逐年下降，其中票据承兑额年均增速由 2018 年的 24.88％

降低到 2021 年的 9.09％，贴现额年均增速由 38.83％下降到 11.8％。① 2021 年来票据业务增速放缓的一部分原因是受疫情的冲击，实体经济融资需求较弱，票据承兑规模偏小。

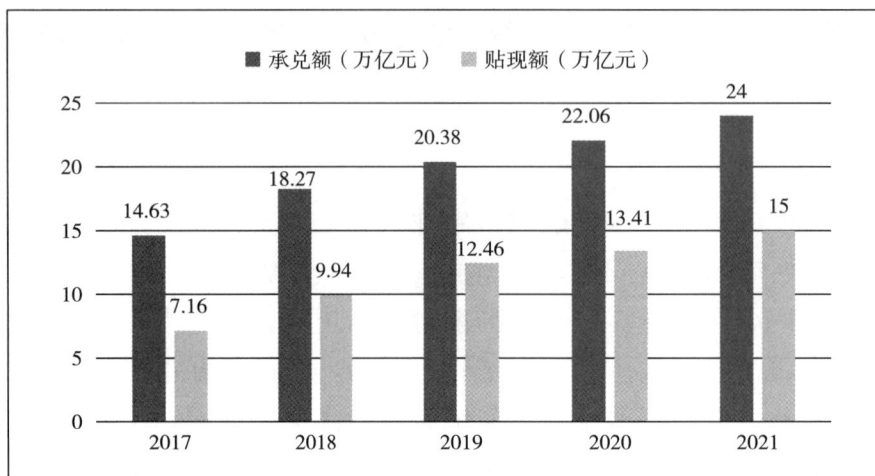

图 5-1　2017—2021 年票据市场承兑额、贴现额

　　（4）票据载体呈现电子化。2016 年 12 月 8 日，上海票据交易所成立，全国统一的票据交易平台正式上线运行，从纸票贴现后的电子化入手，对所有纸质票据和电子票据进行统一登记、托管、报价、交易、清算、托收，构建全国统一的票据市场。截至 2022 年 4 月 20 日，接入电子票据系统（ECDS）的参与者共有 103690 家，占比约 98％。近些年来，电子票据已取代纸质票据占据市场主导地位。

　　进一步地看，其中较为广泛的银行承兑汇票对应着银行信用，商业承兑汇票对应着商业信用。因此，票据市场根据信用主体的不同，主要分为银行票据市场和商业票据市场。

5.1.1　银行票据市场

　　银行相关的票据业务主要包括银行本票、银行汇票和银行承兑汇票。市场上以银行承兑汇票为主，银行承兑汇票是指由付款人向其开户银行申请，由该银行签发出票给收款人，并经银行审查同意进行承兑的商业汇票。银行承兑汇票到期后，银行按照协议约定模式完成扣款，在扣款时，支持从出票人账户扣款，也支持与客户约定的指定付款人账户扣款的方式，在收到他行寄来托收的银行承兑汇票审核无误后，完成付款。

　　一般而言，银行票据市场存在以下特征：

　　（1）重要的短期融资工具

　　目前银行承兑票据为我国企业短期融资发挥了十分重要的作用（图 5-2），未贴现的银行承兑汇票与社会融资规模的变化密切相关。票据作为一种标准化的金融工具，成为我国企业特别是中小型企业的重要融资和理财手段，已经成为信贷市场、同业市场、理财市场跨市场交易的重要标的资产。自 2009 年推出电子票据以来，票据市场逐渐成为一种相对便捷、

① 数据来源：上海票据交易所

门槛较低的融资工具，通过发行、流通、再贴现等一系列的法律法规，使票据的支付、承兑、结算、融资等功能得以完善。

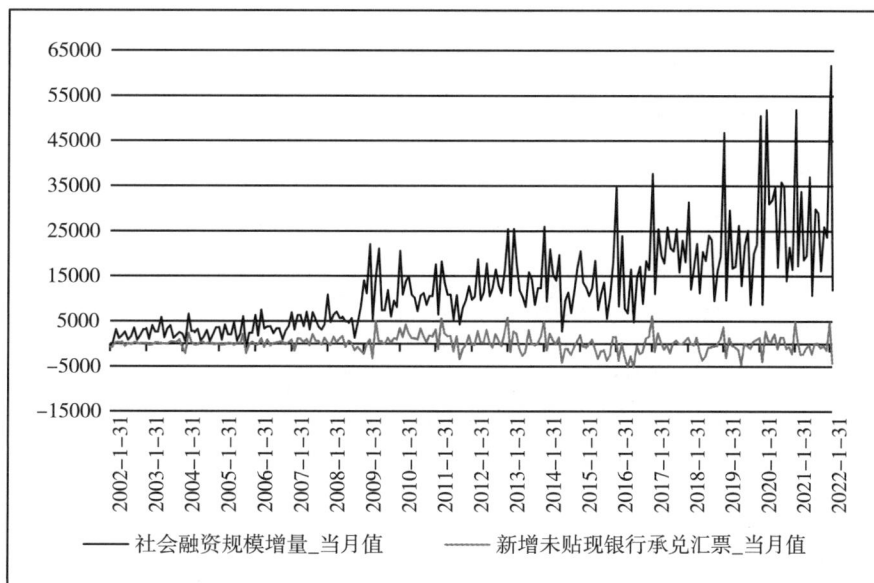

图 5-2　银行承兑汇票增量

（2）在票据市场上占据主导地位

国内票据市场近年来不断扩容，结构上以银票为主、商票为辅，商票发生额规模较银票而言相对较小，银票和商票承兑额如图 5-3 所示，银票和商票贴现额如图 5-4 所示。

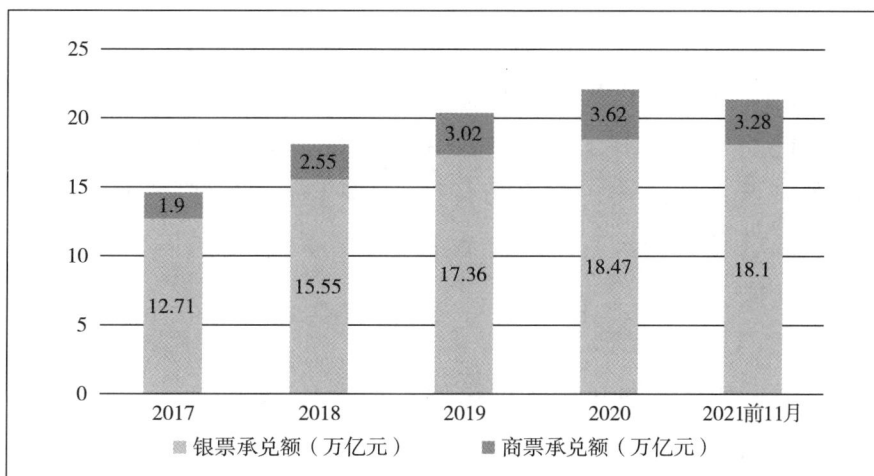

图 5-3　银票和商票承兑额

在承兑市场，截至 2021 年 11 月末，国内票据市场承兑余额在 21.37 万亿左右，银票规模达到 18 万亿，商票规模相对较小，承兑额仅约 3.28 万亿，仅占比约 15%，承兑市场以银票为主；在贴现市场，截至 2021 年 11 月末，国内票据市场承兑余额在 13.15 万亿左右，银票规模达到 12.07 万亿，商票规模相对较小，承兑额仅约 1.08 万亿，仅占比约 8.2%。综合来看，票据市场以银票为主体。

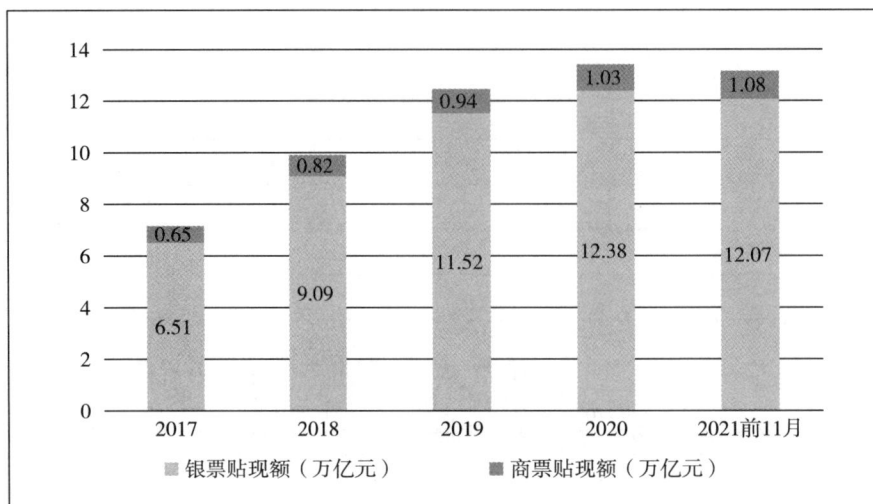

图 5-4　银票和商票贴现额

5.1.2　商业票据市场

商业票据市场主要是指依托核心企业的信用的票据市场。商业票据是指金融公司或某些信用较高的企业向收款方开出的具有付款承诺的一种支付凭证。电子商业汇票系统自 2010 年在全国推广，标志着我国商业票据业务从此进入电子化时代。

商业票据市场存在以下特征：

（1）市场占比低

据统计，截止 2021 年 11 月末，商票承兑额仅约 3.28 万亿，仅占比约 15%。商票的占比较低，主要原因是：一方面，市场最大资金主体——商业银行对企业商票授信不充分，授信银行无法追踪最终持票人，导致没有办法提供商票融资服务；另一方面，公开市场主要注重长期资产，对商票缺乏充分认知，而且市场监管部门对商票创新监管上没有达成一致，信息不对称，商票资金信息和资产没有统一平台匹配，对商票主体信息难以获取，导致商票的信用度低，市场认可度低。

（2）业务逐渐增长

2020 年 1 月 15 日，上海票据交易所推出商业汇票信息披露平台，鼓励首批试点参与机构通过平台按日披露票据承兑信息、按月披露承兑信用信息，此举是票据市场走向公开透明的第一步。2020 年 9 月 18 日，人行等八部委发布《关于规范发展供应链金融、支持供应链产业链稳定循环和优化升级的意见》（银发〔2020〕226 号），明确"加快实施商业汇票信息披露制度"，并提出建立商业承兑汇票与债券交叉信息披露机制。得益于 2020 年各方积极推动商业承兑汇票发展，2020 年年初上海票据交易所上线了商业汇票的信息披露系统，以及建立了供应链票据平台，商票的开票量和贴现量增长较快，市场占比提升。根据上海票据交易所数据，2020 全年商票签发金额 3.62 万亿元，同比增长 19.77%；商票签发金额占比 16.39%，较上年提升 1.55 个百分点。

5.1.3　票据业务的发展方向

5.1.3.1　大力发展标准化票据

国务院常务会议、上海票据交易所 2021 年度下半年工作会议以及 3 年发展规划（2021—2023 年）均提及"标准化票据"，表明标票是未来政策支持方向。2021 年 6 月，上海票据交易所发布 2021—2023 年发展规划，明确提到要继续推动标准化票据相关工作，包括支持基础资产的配套服务、"供票＋标票"模式、标票交易流通服务等，显示监管仍意在拓宽企业票据融资渠道，打通票据市场和债券市场；2021 年 8 月，上海票据交易所召开下半年工作会议，强调要继续完善标准化票据业务配套机制；2021 年 9 月，国务院常务会议首次提出引导金融机构开展票据贴现和标准化票据融资，以加大对中小微企业的支持力度，显示标准化票据仍是未来政策支持的方向（表 5-1）。

表 5-1　标准化票据的相关政策

时　　间	部　门	文件/会议	内　容
2021.06.01	上海票据交易所	上海票据交易所发布发展规划（2021—2023 年）	推动标准化票据相关工作，做好标准化票据基础资产相关配套服务，支持金融机构以供应链票据为基础资产推进标准化票据业务；会同其他基础设施做好交易流通服务，推动完善创新产品制度；及时调整完善供应链票据平台接入规则，规范系统接入工作；完善标准化票据、跨境人民币贸易融资转让服务平台、票付通、贴现通等创新业务规则，推动市场参与者合规参与创新业务，提升票据市场服务实体经济的作用
2021.08.04	上海票据交易所	2021 年下半年工作会议	积极推动供应链票据平台和跨境人民币贸易融资转让服务平台建设，完善标准化票据业务配套机制，探索完善各类业务创新
2021.09.01	国务院常务会议	部署加大对市场主体特别是中小微企业纾困帮扶力度等	引导金融机构开展票据贴现和标准化票据融资，人民银行提供再贴现支持，缓解中小微企业的占款压力

资料来源：上海票据交易所

5.1.3.2　推进供应链票据，助力供应链金融

2019 年 6 月，中国人民银行行长易纲在第十一届陆家嘴金融论坛上演讲时指出，"支持上海票据交易所推进应收账款票据化"。2019 年下半年，在中国人民银行指导下，上海票据交易所积极推动应收账款票据化工作，并启动供应链平台建设。2020 年 4 月，供应链票据平台成功运行。2020 年 6 月，中国人民银行、银保监会、国家发改委等八部委联合发文《关于进一步强化中小微企业金融服务的指导意见》（银发〔2020〕120 号），提出推动供应链信息平台与商业汇票基础设施互联，加快商业汇票产品规范创新，提升中小微企业应收账款融资效率。同月，中国人民银行发布《标准化票据管理办法》。一系列政策、措施的出台，为促进票据在中小微企业供应链融资中的运用，解决规模以上工业企业应收账款较高、小微企业融资难问题，提供了强有力的政策支持，也为供应链票据和标准化票据指明了发展方向。

5.2 区块链应用票据业务的典型案例

5.2.1 浙商银行的数字汇票平台

5.2.1.1 案例背景

浙商银行是我国首个将区块链技术运用于票据业务的商业银行。浙商银行于2016年12月搭建基于区块链技术的移动数字汇票平台，为客户提供移动端签发、签收、转让、买卖和兑付移动数字汇票等功能，并在区块链平台实现公开安全记账。2017年1月3日，浙商银行基于区块链技术的移动数字汇票产品正式上线并完成了首笔交易。当日，杭州的某消费者通过数字移动汇票App，在杭州大型数码城百脑汇，成功购买了1600元的数码产品；同时该商户也成功收到了该平台的首张数字移动汇票，并在未来可选择持有到期兑付或者转让使用。这也标志着时下热门的"区块链"概念在银行核心业务中终于实现落地应用。

5.2.1.2 具体应用方案和效益

（1）业务模式

在场景设计上，移动数字汇票平台同时支持企业与个人用户于移动端在线签发、签收、兑付、转让、出售及质押（图5-5）。申请人发起移动汇票签发，也可由收款人发起出票，付款人扫码验证后进行支付；客户在该平台签发汇票时，由客户授权支付额度。浙商银行在结算时，通过系统自动拆分交易金额；收款人签收，浙商银行从申请人账户扣款；在兑付环节，将移动汇票对应的资金兑付至持票人银行账户；持票人将移动汇票转让，支持受让人当面扫码交互与手工输入受让人的收款信息两种转让方式；在出售环节，持票人将定日付款型、票面带息的移动汇票挂牌出售，持票人也可将持有的未兑付的移动汇票质押给浙商银行，以获得贴现。

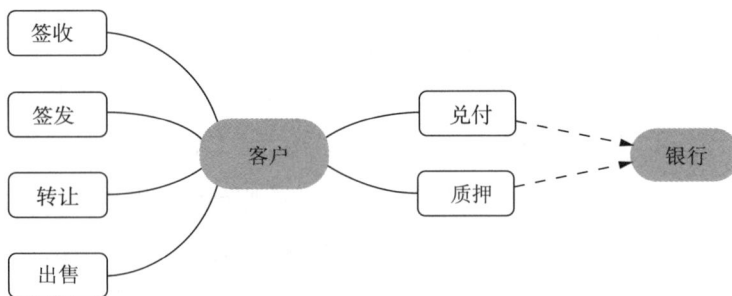

图5-5　浙商银行的移动数字汇票平台

（2）技术构架

浙商银行移动数字汇票平台的核心构架分为三大模块：区块链技术底层模块、移动数字汇票平台应用层模块、企业网银应用模块。其中区块链底层位处数据处理层与网络层，负责实现区块链的基础技术支撑，包括密钥管理、智能合约、区块信息监控等相关技术，平台记账依据共识机制，以保证账本数据真实可靠。移动数字汇票平台基于区块链底层技术，保障移动汇票平台以及相关 App 功能的实现。移动端平台 App 应用支持扫码方式，便利浙商银行客户或其他行客户签收、出票、转让、管理汇票。同时平台可调用核心系统进行账务处理，支持短信平台服务。企业网银与移动汇票平台对接，便捷支撑企业客户签发与兑付汇票，并支持经办人进行认证与转让授权。此外，平台已为监管机构预设接入点，便利监管机构实时监管。

（3）效益分析

数字汇票平台带来的效益主要有以下两点：信用增信和便利交易。首先，票据信息与状态记录在区块链平台，原先人工核查、鉴别票伪的任务由电脑程序自动解决。同时，分布式多节点构架与共识机制将汇票流转过程中的交易数据前后相连构成不可篡改的时间戳，可提升移动汇票流转的安全性与不可抵赖性。其次，移动汇票平台的便利性体现为移动汇票平台同时支持 App 功能与企业网银功能。移动支付与二维码支付便于汇票的当面支付，对于银行，减免了客户柜面办理程序，减轻了营业网点的压力；对于客户，将便利自主付款，使得汇票保管更便捷。

5.2.2　简单汇的供应链票据应用平台

5.2.2.1　案例背景

TCL 集团为降低产业生态圈内合作企业资金成本，优化生态圈融资环境，构建合作共赢、互利互惠的伙伴关系，建立了"简单汇"供应链票据平台。"简单汇"依托于上海票据交易所建设运营的票据系统，由具有资质的供应链金融平台为企业提供供应链票据的签发、承兑、背书、融资、到期处理、信息服务全周期、一站式管理服务。供应链票据解决了传统票据无法实现拆分流转的难题，实现了核心企业信用的多级传导。供应链票据 1 分起开，自带贸易背景，金额可自由组合，能有效降低企业融资成本。"简单汇"供应链票据业务自 2020 年 4 月 24 日启动以来，合作金融机构数、登记企业数、票据业务数不断增长，累计交易规模于 2021 年 10 月 26 日突破 100 亿。根据供应链平台排名，"简单汇"目前在 10 家与上海票据交易所直连的供应链平台中连续两个月排名第一。其中，包括总发生额、签发发生额、背书发生额、贴现发生额、服务企业数量等各项指标均位列第一。

5.2.2.2　具体应用方案和效益

（1）业务模式

"简单汇"平台将应收账款转化成"金单"，"金单"是指核心企业通过"简单汇"系统，以电子签名的方式，承诺在指定日期支付确定金额货款给供应商的易流转、可拆分、秒融资、可追溯的应收账款债权凭证。"简单汇"平台业务模式如图 5-6 所示。首先，"金单"要求核心企业在"简单汇"线上平台确定应收账款的真实性，这一步也叫开单。开单的电子商票由一级供应商持有，供应商有三种操作方式：一是可以持有到期获得的相应利息与本金；二是可以在平台上转让给其他供应商；三是可以向金融机构贴现融资。"简单汇"平台已与工商银行、农业银行、光大银行实现直连对接，可以保证"金单"具有高效的融资效率。从平台视角来看，"简单汇"平台业务流程从以下几个方面进行：首先由核心企业 TCL

线上平台审核供应商或经销商的融资资质，为确保风险可控，申请融资条件为与 TCL 合作一年以上且合同往来流水不低于 10 万元的融资资质，审核通过后，再确认订单真实性随后开单商票；再由 TCL 集团委托 TCL 财务管理公司根据企业资质进行评级，确定信用额度后向上下游企业提供贷款或票据贴现。贷款会发放到经销商和供应商开立在财务公司的专项账户中，到期后财务公司可从该账户进行划扣本息。

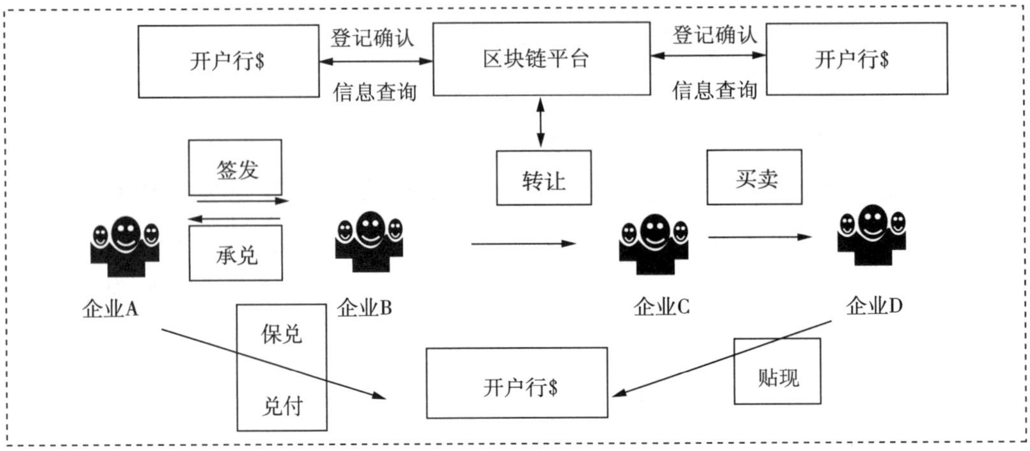

图 5-6 "简单汇"平台业务模式

（2）技术架构

"简单汇"的供应链票据平台的核心构架分为三大模块：区块链技术底层模块、简单汇平台应用层模块、金融机构应用模块。区块链底层位处数据处理层与网络层，负责实现区块链的基础技术支撑，包括密钥管理、智能合约、区块信息监控等相关技术，平台记账依据共识机制，以保证账本数据真实可靠。"简单汇"平台通过与工商系统自动校验、人脸识别等技术实现企业实名认证，通过与税务系统自动校验、ORC 识别等技术对贸易背景核验，核心企业在核验通过的贸易背景基础上签发数字债权电子凭证，数字凭证的签发、流转以及对应的贸易背景信息加密后写入区块链，利用区块链去中心化、防篡改、安全可靠的特性提高数据的可信度，供应商持有的数字债权电子凭证进行融资时，金融机构可以从本地区块链节点获取交易数据与贸易背景信息并进行快速验证，再加上"简单汇"通过与中国人民银行征信中心动产融资统一登记公示系统直连实现应收账款转让自动查询、智能查重与自动登记，帮助金融机构提高登记与查询效率，降低人工操作风险，从而帮助供应商快速获取融资。

（3）效益分析

"简单汇"供应链票据平台带来的效益有以下两方面：一方面，缓解中小企业融资约束。从 TCL 上下游产业链来看，其涉及的半导体与电气设备行业包含的大小企业中 98％属于制造业，截至 2021 年年底，与 TCL 相关联的合作企业就超过 15000 家，其中中小微企业占比超过 95％，这也使得"简单汇"服务的企业绝大多数是融资较为困难的中小微企业。而"简单汇"平台使得小微企业可以将持有的大量应收账款转换为链条上的应收账款债权凭证，拓宽小微企业融资渠道，降低小微企业融资费用。另一方面，降低人工成本。"简单汇"供应链票据平台，基于区块链存储供应链融资过程的交易数据无法篡改、去中心化的特点，各参与主体都能自动获取链上真实可靠的数据，并能够实现数据的多次传递。在传递的过程中，也不会导致信息传递的强度衰减，有效缓解了应收账款融资过程中的信息不对称。通过对基础数据的多次分析，向用户传递可靠、可追溯的数字资产凭证，减少因人为操作带来的低效率高成本的问题。

5.3 区块链应用票据业务的主要问题

5.3.1 票据业务存在的问题

5.3.1.1 贸易背景造假

票据业务中的贸易背景问题正是票据合规风险产生的原因。我国票据法明文规定：相关票据签发、取得和转让必须具有真实的贸易背景关系。但由于商业银行间竞争的加大，银行员工受业绩考核的压力影响，在审核环节上有所松懈；再加上外部犯罪分子各种造假手段层出不穷，以及企业对财务管理的忽视，导致企业收到交易方签发的票据时，只关注票据的票面金额、到期日等，会忽略对票据真伪的查验，这就使得企业收到伪造变造票据的风险大大增加。

5.3.1.2 审核成本高

审核成本与内部程序不完善、人员过失、系统故障或外部事件冲击等问题密切相关。我国票据业务诈骗案件时有发生，业务创新速度的加快，在互联网与票据业务结合，为票据业务规模扩张提供便利的同时，也为票据的审核增加了难度。

5.3.1.3 一票多卖和背书不连续

一票多卖的现象已经在中介机构中盛行。一些中介机构与中小金融机构利用银行同业间的信任和信用，用票据清单以短期代持或短期回购的方式"一票多卖"，从银行套取资金，或用于票据周转，或用于投资，更为严重的是用于炒股或配资。在经济不景气和资本市场大幅波动的情况下，造成重大损失，漏洞不断扩大。背书不连续是指票据转让的背书形式在背书人签章或背书人名称填写等项上欠缺及前后顺序的不衔接，可能会导致企业丧失票据权利。

5.3.1.4 票据中介增加了企业的票据融资成本

票据中介处在企业和银行之间，阻碍了两者的正常交易，使交易过程变得烦琐、交易费用增加。企业和银行之间的信息传递都需要通过中介，这就使中介极易利用自己的特殊位置扰乱市场，牟取私利，增加了企业的票据融资成本，从而引发一系列票据风险问题。

5.3.2 区块链技术在票据市场的适配性

通过分析我国票据市场现状和票据业务存在的问题，不难发现，我国票据市场的规模和波动幅度相对较小，影响范围有限。同时存在着贸易背景造假、审核成本高、一票多卖、背书不连续等问题。而上述问题多是与票据流程相关，比较容易运用区块链技术去改造。我国票据市场为区块链技术的应用提供了一个较好的外部环境，区块链技术在金融领域中面临的两难境地似乎可以在票据市场中找到一个突破口。

（1）我国票据业务将会去中心化，能够降低审核成本和票据融资成本。区块链技术在发挥去中心化作用的同时，非对称加密算法使去信任化得以实现，保障了票据的安全性。与传统票据业务相区别，基于区块链技术搭建的系统是没有中心数据库的，一方面省去了与中心数据库及中心服务器相关的建设及维护费用，降低了票据业务的审核成本；另一方面也杜绝了由中心数据库及服务器给票据业务带来的风险。在区块链技术搭建的网络中，每个节点都有着所有数据的完整备份，仅控制个别节点无法给整个系统带来危险，更不会影响系统的正常运行。又因为所有节点都有记录的完整备份，故不存在中心化模式下，数据定期反复备份及保存的工作，节省了审核成本。同时，利用区块链技术去中心化的优点，能大量减少票据中介的存在，降低费用，从而使交易过程变得简单，有效降低企业的票据融资成本。

（2）我国票据业务将会拥有极高的可验证性，遏制一票多付和贸易背景造假等问题。在区块链技术网络中，票据交易及票据本身都是可验证的。这来源于几方面：第一个方面是区块链技术保证数据的完整性和透明性。所有网络中的交易，自第一笔诞生之时就被所有节点记录存储，所有的节点都会在之前已有的交易基础上，自动对后来产生的交易进行验证。这一验证有效地遏制了传统票据业务的操作风险及合规风险，例如一票多付或重复质押的情况就将不复存在。这种可验证对于信用风险更是有着明显的抑制作用，因为历史数据的完整性和透明性，信用评估的可靠性得到了提升，最大限度地降低了违约的可能性。第二个方面是区块链技术的时间戳特性。区块链技术拥有不可更改的时间戳，加盖时间戳的票据可以追根溯源、保证票据的唯一性。也就是说，在登录区块链票据系统之后，登录者可以查询到众多交易信息并对相关信息追根溯源。票据和区块链技术相结合后，系统中的信息不可篡改且透明度高，这很好地解决了票据业务中的虚假票据和"一票多卖"等问题。

（3）区块链技术的智能合约特性将会给予票据业务可控性，遏制票据背书不连续的现象。在票据的区块链交易中，不仅当事人意志体现为一串串代码，整个交易的程序也由代码控制。当事人通过嵌入式程序化合约将协商确定的权利和义务转换为计算机语言，并写入区块链程序，合同便依条件的成熟而自动履行。利用区块链技术生成智能合约，交易一旦开始就进入自动模式，期间这些票据也将确保不会挪作他用，到期后更是自动强制执行合约，不存在背书不连续或者是虚假背书等问题。

5.3.3 区块链应用票据业务行业发展现状

5.3.3.1 参与主体

2016年，上海票据交易所的成立减少了票据市场参与主体的限制，使得票据交易参与主体多元化成为可能。根据《票据交易管理办法》可知，市场参与主体包括银行、企业和上海票据交易所等。自实现参与主体多元化以来，一半以上的区块链票据业务由银行主导并成功实现落地。

5.3.3.2 应用情况

票据市场规模大、参与方众多，而且业务链长，是区块链技术极佳的应用场景。在区块链技术架构下，可实现数字化票据融资方案，也可实现核心企业信用在供应链体系的穿透，为所有参与供应链的企业获得核心企业的高信用支持，从而缓解末端供应商、分销商的融资难、融资贵问题。

目前已经有较为成熟的"区块链＋票据"模式技术平台，主要是以上海票据交易所平台为全国性平台，银行和企业主导的民间平台（表 5-2）。只有几家商业银行实现了区块链票据业务的落地，如浙商银行、赣州银行、贵阳银行、江苏银行、兴业银行等，但是以上主体数量与我国数千家银行基数相比还存在较大的差距。同样，运用区块链技术在票据业务的企业数量也非常少，主要是一些科技型的服务企业如磁云科技等，或者是具有较长供应链的龙头企业如美的集团、TCL 集团等。目前，区块链技术在票据市场的应用范围仍较有限，未来仍有较大的推广空间。

表 5-2　我国区块链基于票据业务的应用汇总

平台性质	应用的单位	技术平台名称	发布时间
全国性平台	上海票据交易所	数字票据交易平台（ECDS）	2016 年 12 月
银行平台	浙商银行	数字汇票平台	2016 年 12 月
银行平台	赣州银行	票链	2017 年 3 月
银行平台	贵阳银行	区块链票链	2017 年 7 月
银行平台	江苏银行	苏银链	2017 年 10 月
银行平台	兴业银行	兴享供应链金融平台	2019 年 9 月
企业平台	美的集团	美的区块链票据应用平台	2017 年 4 月
企业平台	磁云科技	磁云唐票	2018 年 4 月
企业平台	TCL 集团	简单汇	2020 年 4 月

资料来源：各平台官方网站

（1）上海票据交易所主导的官方平台

上海票据交易所的数字票据交易平台（ECDS）。根据中国人民银行的安排部署，上海票据交易所会同数字货币研究所，组织中钞信用卡公司、工商银行、中国银行、浦发银行和杭州银行共同开展基于区块链技术的数字票据交易平台建设相关工作。平台采用的是 SDC 区块链技术，同时运用密码学技术、拜占庭协议等科技手段。具体而言，该数字票据平台由四个平台构成，分别是上海票据交易所、公司、金融机构和风控。2016 年 12 月 8 日数字票据交易平台实验性生产系统成功上线试运行，工商银行、中国银行、浦发银行和杭州银行在数字票据交易平台实验性生产系统顺利完成基于区块链技术的数字票据签发、承兑、贴现和转贴现业务。

（2）银行主导的民间平台

浙商银行的数字汇票平台。2016 年 12 月，浙商银行与趣链科技共同完成了基于区块链的移动数字汇票平台建设。采用 RBFT 共识算法，设计了基于 SVP 的准入机制，改进了虚拟机性能等诸多核心技术，为客户提供移动端签发、签收、转让、买卖和兑付移动数字汇票等功能，并在区块链平台实现公开安全记账。2017 年 1 月 3 日，浙商银行基于区块链技术的移动数字汇票产品正式上线并完成了首笔交易。

赣州银行的票链业务。基于区块链和互联网技术的赣州银行的票链在 2017 年 3 月 15 日正式上线，是一款新型票据融资产品。由深圳区块链金融服务有限公司基于客户所持有的银行承兑汇票，提供成本低廉、快速安全的融资服务，满足中小微企业客户的融资需求。实现以下五个方面的优势：第一，采用互联网模式，线上处理，高效便捷，资金最快当天到账。第二，应用区块链技术，交易信息不可篡改，可追溯，诚信度高。第三，银行票据托管，银行网点严控操作风险，安全可靠。第四，后台集中处理，降低运营费用，节约企业融资成本。第五，服务遍布全国，随时随地享受融资服务，而且票链业务操作流程简便、快捷，经平台注册、上传票据、银行验票后，资金即可到账。

贵阳银行的区块链票链。2017 年 7 月 10 日，区块链票链由贵阳银行、深圳区块链金融服务有限公司合作推出，基于中小微企业客户持有的银行承兑汇票，提供不限金额、不限期限、快速安全融资服务的新型互联网票据融资产品。区块链票链采取互联网运营模式，线上处理，高效便捷，资金最迟 T+1 到账；借助区块链技术，实现交易信息的不可篡改，全程可追溯；由银行验票保管，银行网点严控操作风险，安全可靠；由平台集中处理，降低运营费用，节约企业融资成本；服务遍布全国，中小微客户随时随地享受融资服务。而且，区块链票链业务操作简便，通过平台注册、线上申请、预约验票后，资金快速到账。

江苏银行的"苏银链"票据开展跨行贴现业务。2017 年 10 月，江苏银行落地拥有自主知识产权的"苏银链"平台，平台秉承先进性、安全性、可靠性、成熟化、平台化、可视化原则，基于 fabric 框架重构底层架构，提升并发效能，集成国密加密，实现可视化运维管控。企业客户登录到江苏银行"融联创"合作银行的网银后，可以向任意一家"融联创"合作银行发起贴现申请，并且申请信息不会被任何第三方所篡改，最大限度地保证了信息的安全性。客户所登记的信息将会被记录在"苏银链"的分布式账本中，并发送给贴现银行，从技术上排除了数据被篡改、被伪造的可能性；另外，贴现办理银行通过将票据实物信息与区块链上的信息进行对比，能够提高票据业务的真实性与合规性。

兴业银行"兴享"供应链金融平台。2019 年 9 月，"兴享"平台上线，平台运用"互联网＋核心企业＋中小企业"服务模式，聚焦应收账款融资办理过程中操作环节烦琐、风险高的痛点，通过线上化的信息传递和确认，大幅提升应收账款融资业务的办理效率和便捷程度，有效缓解中小企业融资难、融资贵和融资慢的困扰。通过科技赋能，不断升级线上供应链金融服务。目前已形成涵盖票据承兑、票据贴现、票据池、信用证、应收账款、电子信用证、电子保函等业务在内的综合型线上供应链融资解决方案。

（3）企业主导的民间平台

美的区块链票据应用平台。2017 年 4 月，杭州复杂美科技有限公司联合美的集团财务有限公司，打造美的金融区块链票据应用平台，促使美的金融票据实现承兑信息发布，以及票据智能转让、智能贴现、供需自动撮合三大功能。通过这套系统可以更好地管理美的集团供应链上的中小企业以及与其相关的业务服务。

磁云科技的"磁云唐票"平台。2018 年 4 月，慈云科技通过搭建应收账款交易平台，以数字票据的方式，来实现产业集群中小企业便捷开展应收账款融资服务。采用区块链架构，利用其去中心化存储、不可篡改、可追溯的特点来实现供应链体系内核心企业的信用传递（图 5-7）。平台主体有核心企业、供应商（1 级到多级）、资金方等角色，核心企业在平台对其供应商的应付账款进行确权，形成债权凭证"唐票"，持单人根据自身的需求，"唐票"在平台内可以进行灵活流转，也可以在资金方进行融资。在"唐票"流转交易过程中，各类交易主体信任平台、供应商信任核心企业、资金方信任核心企业。平台将核心企业的信用在其供应链条上实现无缝传递。

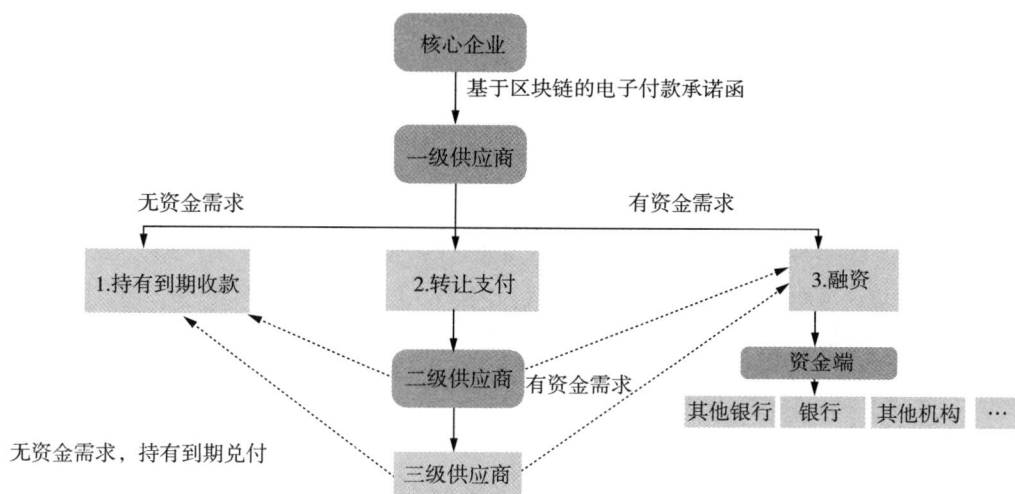

图 5-7　磁云唐票的应收账款债权凭证多级流转示意图①

TCL 集团的"简单汇"。"简单汇"是 TCL 集团发起成立的供应链金融平台，通过多年的发展，"简单汇"服务企业已从电子制造业进一步扩展到通用设备、建筑、化工等多个领域。多年的产业实践下，平台在审核贸易背景方面具备一定优势，推动其成为资质较好的供应链金融平台。2020 年 4 月，"简单汇"成为与上海票据交易所合作的首批供应链平台。"简单汇"供应链票据业务全流程均可在线上操作，上海票据交易所与供应链票据平台直连，信息能直接推送登记，且供应链票据平台与 ECDS 系统连接，因此"简单汇"企业客户可直接在供应链票据平台实现供应链票据的签发、转让、贴现等功能，票据到期由上海票据交易所代理自动发起提示付款。

5.4　区块链应用票据业务的发展趋势与展望

5.4.1　区块链技术将与多技术融合服务票据业务

区块链将会深化与云计算、AI、物联网等技术的融合程度，保障上链数据的真实性。区块链所存储的不是数据内容，而是经过加密运算所得的哈希值，也正是因为区块链技术拥有分布式存储、加密运算等特点，可保障数据上链后难以篡改，然而区块链难以独立解决上

---

① 图片来自磁云数字官网

链之前源头数据的可信度问题。一些源头数据的真实性，如贸易背景问题数据真实性仍需要人工尽职调查、信息安全技术、物联网、AI 等技术共同合作。对于审核人员来说，仍应合理运用客户业务管理系统，对资产规模与申请贴现金额匹配情况、大额连号票据贸易关系、企业经营能力等信息运用大数据和物联网技术判断，对贸易背景严加审核，坚决不能办理没有真实性贸易背景的票据。

5.4.2　区块链技术会深化在票据业务中的应用场景

我国区块链票据业务的发展规模较为有限，具体表现在业务落地的主体数量及业务落地场景两个方面。虽然区块链技术具有优势，票据市场也开始了区块链票据业务的探索，但是，真正实现业务落地的主体数量有限。只有几家商业银行实现了区块链票据业务的落地，以上主体数量与我国数千家银行相比还存在较大的差距。另外，区块链技术对落地应用的要求较高，造成区块链票据业务的落地场景有限。区块链的落地需要满足多方参与、复杂交易等条件，才能发挥出优势。

然而，我国已有的区块链票据业务的应用场景仍较为单一，票据市场中超过五成的区块链票据业务落地于银行，并未真正面向整个票据市场，因此具有局限性。相关机构可以考虑将自有区块链平台与上海票据交易所的供应链票据业务进行对接，将电子债权凭证的交易规则、法律权责与电子商业承兑汇票进行串联，从而达到扩大适用场景、嫁接市场的目的。

5.4.3　区块链技术会继续与票交所紧密结合

上海票据交易所与区块链的结合，有助于推动票据业务健康发展，分布式记账功能是区块链技术对于现有金融领域技术的重要核心之一。当前无论是票据交易所还是证券交易所，都是通过中央结算机构、银行、券商等交易机构协同作业才可以完成交易，效率低下，成本也高。而区块链技术通过分布式记账这种形式，可以对现有的交易模式进行一次全面的升级。票据交易所目前的模式仍类似于之前的证券交易所，将数据集中统一至票据交易所，将导致海量的数据处理压力产生，使得系统不堪重负。而如果在此能运用区块链技术，将每一个参与主体看作是一个分布式账簿，系统则由所有电脑组成一个公共总账本链，就可以实现真正的信息共享，提高运算效率。另外，通过借助区块链技术建立企业信用体系，可以促进票据市场更加公开透明，增强票据的流通能力，有望扭转目前国内绝大多数是银行承兑汇票，只有少数是商业承兑汇票的现状。

第 6 章　区块链应用供应链金融行业发展现状

6.1　区块链应用供应链金融市场综述

6.1.1　供应行业发展现状

供应链金融是一种独特的金融服务方式，它是指将供应链核心企业与上下游配套企业作为一个整体，依托于供应链核心企业，对单个企业或上下游多个企业进行资金与物流的管理控制，以促进供应链上核心企业及上下游配套企业"产—供　销"链条的稳定运转，降低整个供应链的运作成本，形成互利共存、良性互动、持续发展的产业链生态。相较于一般的金融服务，供应链金融降低了融资风险，因为它将中小企业的风险转化为整个供应链的风险，即：将不可控的单一风险转化为可控的整体风险，同时实现了整体信息最大化和风险最小化，为我国经济发展增添了巨大动力。

根据安信证券研究中心的统计数据，近年来我国供应链金融市场规模呈现持续上涨态势，按资产余额计算，我国供应链金融市场规模从 2015 年的 15 万亿元增长至 2019 年的 23 万亿元，复合年均增长率为 11.3%，预计 2024 年市场规模将达到 40 万亿元，2019 年至 2024 年的预计复合年均增长率为 11.8%。另外，按照供应链金融的质押物性质及交易场景的先后顺序，供应链金融的主要模式分为应收账款融资、存货质押融资和预付账款融资三种方式。其中，应收账款融资和预付账款融资属于债权融资，存货质押融资属于物权融资。我国当前供应链金融总体呈现以应收账款融资为主导的融资形式。

中国供应链金融市场规模，如图 6-1 所示。

尽管供应链金融市场当前呈现良好的发展态势，但其中仍存在一些痛点问题，如配套企业资金需求与征信缺失的矛盾、数据鸿沟以及信息孤岛等问题，这些问题严重阻碍了供应链金融市场的发展。在这种背景下，"区块链技术＋供应链金融"应运而生，其优势主要体现在以下两个方面：

第一，可以建立多方合作的信任环境。供应链金融需要一个传统中心化的治理结构来进行多方合作，获取各方数据。区块链技术可以凭借自身技术特性，助力供应链金融创造更多场景并建立信任环境。在此基础上，区块链分布式账本、加密账本、智能合约等技术，也为供应链金融中存在的问题提供了新的解决方案。

第二，可以改善业务运转效率。以区块链智能合约技术为例，预先设置好程序，在运行过程

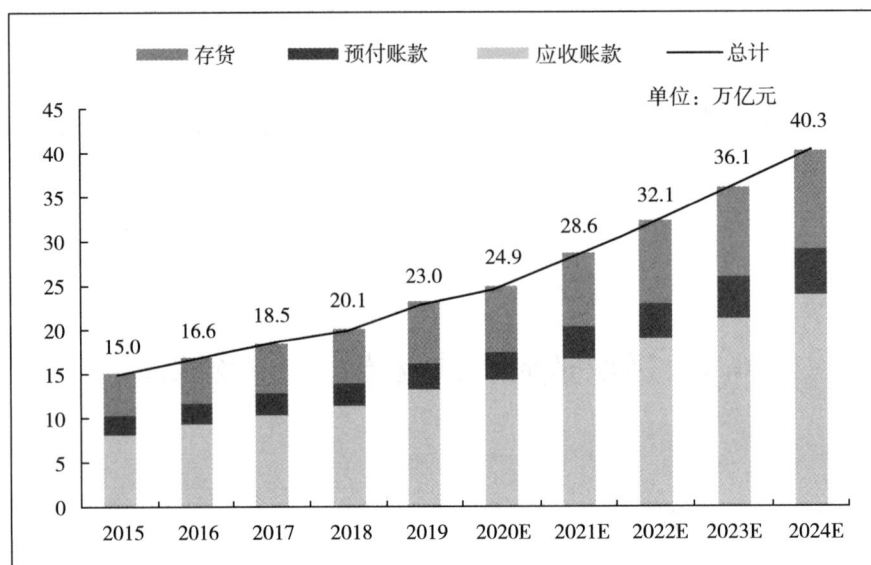

图 6-1　中国供应链金融市场规模

中根据内外部信息进行识别和判断，当达到预先设置的条件时，系统便可以自动执行相应的合约条款，完成交易。如应用于融资环节中，完成交货即可通过智能合约向资金方发送支付指令，从而自动完成资金支付、清算和财务对账，一定程度上降低了人为操作带来的潜在风险。

区块链技术以其去中心化、高度透明化、去信任化的优势与供应链金融相融合，构建开放式、共享式的信用框架，区块链中各节点保存了各企业交易过程中的信用数据，从而有效消除供应链金融发展中的诸多痛点。由此可见，区块链技术与供应链金融的结合确有其必要性。

6.1.2　区块链技术应用供应链金融的现状

区块链技术与供应链金融的结合，是突破传统供应链金融模式下中小企业融资瓶颈的有效解决方案。自 2018 年起，区块链技术开始应用于供应链金融行业并大获追捧，2018 年区块链在中国供应链金融行业的应用产生了共计 10.8 亿人民币的营收，以同比 176.9％的增速实现了飞跃式的发展，在区块链行业总营收规模中的占比达到了 20％。自此，各类参与方开始跑马圈地，纷纷着力于将区块链应用于供应链金融行业，"区块链＋供应链金融"的行业规模逐渐扩大。

2020 年 3 月，中国互联网金融协会区块链研究工作小组发布了《中国区块链金融应用与发展研究报告（2020）》。报告显示，当前我国区块链技术在供应链金融领域已经有了突破性的探索，在中国互联网金融协会调研的 112 个区块链应用项目中，有 29 个项目涉及供应链金融场景，占比 25.9％。根据互联网信息办公室区块链信息服务备案数据表明，服务类型涉及供应链金融的共有 71 个，占金融领域备案数的 32.3％。还有数据显示，未来五年预计有 60％～70％的应收账款将通过区块链实现流转，截至 2025 年，通过区块链释放的应收账款融资规模预计会达到 3.6 万亿元。

未来供应链金融领域区块链技术应用显然将成为金融行业区块链应用乃至区块链应用行

业的发展重点。当前已有众多企业和机构参与发起了"区块链＋供应链金融"项目，如部分核心企业、金融科技公司、资金方以及区块链技术服务商等等，其代表产品具体如下：

第一，由核心企业发起的"区块链＋供应链金融"。以苏宁金融为例，其代表产品为苏宁金融旗下的区块链物联网动产质押融资平台。该平台依托苏宁集团强大的企业资产、企业信用、积累的物流信息和固定的供货商，为物流或汽车库融等动产质押提供解决方案，荣获2019 年中国物流与供应链产业区块链应用"双链奖"。

第二，由金融科技公司发起的"区块链＋供应链金融"。以蚂蚁金服为例，其代表产品为"双链通"平台。该平台是 2019 年 1 月由蚂蚁金服推出的供应链金融融资平台，它以核心企业的应付账款为依托，以产业链上各参与方之间的真实贸易为背景，打造开放的平台让更多核心企业、金融机构、合作伙伴加入"双链通"，共建"区块链＋供应链"的信任新生态。

第三，由资金方发起的"区块链＋供应链金融"。以贵阳银行为例，其代表产品为"爽融链"。"爽融链"是贵阳银行利用区块链技术搭建的融资平台，不仅可以对供应链上的核心企业、上游供应商、下游经销商进行应付、应收、预付账款管理，还可以确认各层级间的债权债务关系，进而为"爽信凭证"持有者提供保理融资、福费廷等服务。

第四，由区块链技术服务商发起的"区块链＋供应链金融"。以布比区块链服务商为例，其代表产品为"布比-壹诺"供应链平台。该平台创新性地将区块链技术与供应链金融结合起来，通过打造"供应链＋区块链＝产业链"的生态网络，有效提高了当前碎片化经济下全产业链的资金流转效益，助力实体经济快速健康发展。

6.2　区块链应用供应链金融的典型案例

6.2.1　中企云链

6.2.1.1　中企云链的基本情况

"中企云链"创立于 2015 年 5 月，经国务院国资委牵头，由 11 家央企、2 家国有银行、6 家地方国企和 4 家民营企业共同出资组建而成，是国内首家"互联网＋供应链金融"共享服务平台。2020 年"中企云链"率先打破各产业链边界，从全产业链角度整合资源，优化价值链，提高各项资金使用能效，使社会生产经营成本得以降低，实现了社会资源的优化配置。

"中企云链"公司以"大众创业，积极创新"为宗旨，目前已经在北京、上海、天津等22 个省市地区的中小企业完成签约，为各地中小企业解决融资难题。公司成立的首要目的是建立产业互联网金融平台，为大型企业和其供应链上的中小企业、银行、保理公司等金融机构提供供应链金融管理服务。在此平台上，通过盘活闲置在供应链上的企业三角债难题，通过利用大企业的优质信用资源，促进整个产业链上企业的资金流动，促进企业发展提质增效，实现供应链上企业的共同繁荣发展。

6.2.1.2　中企云链运用区块链技术的产品介绍

"中企云链"早在成立之初就使用创新前沿的区块链技术，通过区块链的不可篡改、不可被重复支付的特性，与供应链金融相结合，成为供应链金融 3.0 模式的典范。具体来说，中企云链运用区块链技术形成的重点产品有以下两种。

（1）云信

传统线下的供应链金融具有难确权、信息伪造、重复融资、放款慢等问题。"中企云链"创新推出电子付款承诺函"云信"产品。由核心企业主动确权，将核心企业的限制银行授信充分盘活起来，给予供应链上中小企业更多的融资渠道。中企云链"云信"商业模式如图 6-2 所示。

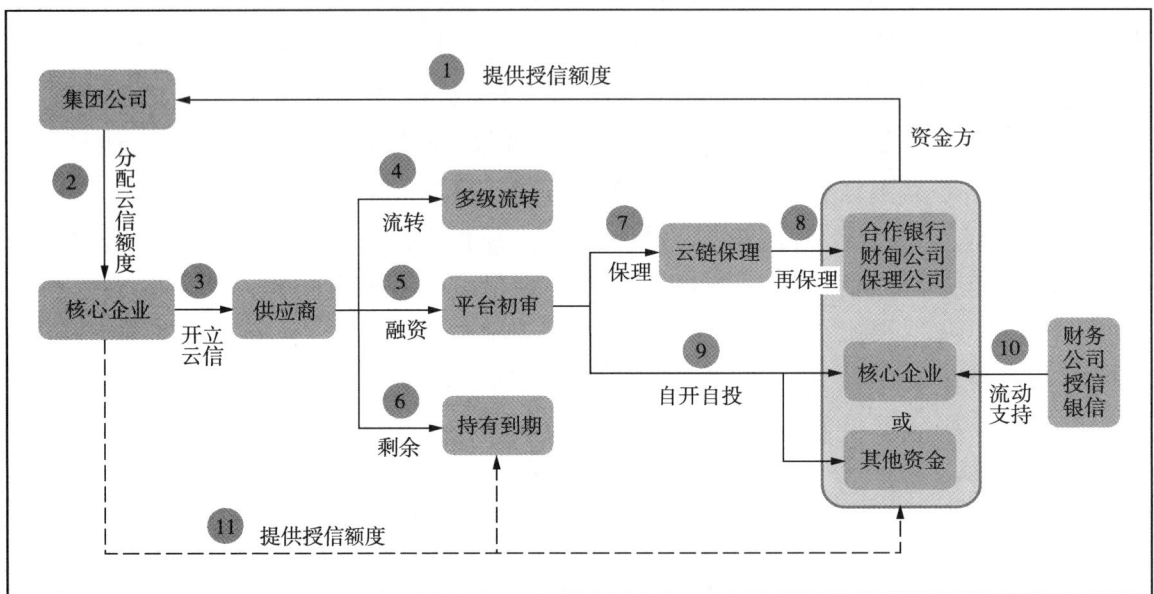

图 6-2　中企云链"云信"商业模式

首先，资金方给集团公司提供一定的授信额度，由集团公司将这些云信额度分配给核心企业。其次，核心企业在这一额度内给供应商开立云信，接收云信的供应商可以选择持有到期，即到期收到核心企业的应付账款，除此之外也可以选择继续支付给它的上游供应商或申请线上融资。当供应商用云信拆分支付给它的供应商时，云信就会逐级穿透，从而使得整条产业链的应收应付同时下降；随后，当供应商需要提前变现时，可以直接在平台上申请融资，对于已系统直连的资金方，"中企云链"平台会采取直接保理的方式，初审通过后直接将供应商的融资需求推给合作的资金方，而对于还未系统直连的资金方，则会通过再保理模式，由旗下保理公司先行垫付，再通过再保理模式卖断给资金方。

通过将区块链技术运用到"云信"中，一方面，可以实现数据的公开化和可追溯性，有效避免重复质押和空单质押的出现，提高金融风险的管理水平，真正做到引金融活水润实体经济；另一方面，将传统供应链金融的融资流程整合到平台线上来，解放冗余的工作，大大提高银行审批、查验、放款效率，更好更快地解决中小企业融资问题。

（2）云存证业务

作为国内首个区块链技术在供应链金融业务领域的应用，"云存证业务"聚焦于工业数字化过程中的关键环节——数据存储。平台以产融数据资产"三权分立"原则为依托，借助区块链的分区共识、数据加密、智能合约等技术特性，通过"云存证"完成企业在现实商业场景下资产的数字化转型，即完成企业数字资产的唯一性、可信度、可复用性，赋予数据"资产"的属性，促进数据资产的流通、互认、交易，释放数据资产价值。

截至 2021 年年底，"云存证"联盟链上共识节点共 20 个，链上登记笔数共 1787085 笔，融资登记笔数共 114228 笔，区块高度达 8833768。共识方包括农业银行、建设银行、邮储银行、郑州银行、北京银行等。万亿级交易量的数据资产上链，能够为后续可信互认互换、激活产融互联网、打造创新场景、构建产融生态群提供支撑。

6.2.2　腾讯微企链

6.2.2.1　腾讯微企链的基本情况

"微企链"平台作为腾讯 To B 战略中的一大策略，既是新基建的一项工程，也是企业融资的实际需求。它将供应链金融中的信任穿透变成现实，结合应收账款数字化，优化企业现金流，改善融资环境，促进深化改革。

自 2017 年 8 月推向市场后，"微企链"平台受到了各参与方的广泛关注与认可。2019 年 5 月，合作伙伴已覆盖逾百家核心企业，并以微企链模式在深圳证券交易所、上海证券交易所各获批 100 亿储架额度，是全市场首单非特定债务人供应链区块链 ABS 项目；同年 8 月，渣打外资银行利用"微企链"平台完成首笔业务，标志着"微企链"示范性应用的形成；同年 12 月，以蒙牛集团为核心企业，腾讯区块链团队在"微企链"平台为其上游供应商办理了首笔业务，标志着其在产业生态形成积极效应。截至目前，"微企链"平台流水已超百亿元，穿透核心企业的两级供应商的融资成本也有了大幅下降。

6.2.2.2　腾讯微企链运用区块链技术的产品介绍

"微企链"连接供应链中的各个公司、机构，完整真实地记录资产（基于供应商对核心企业的应收账款）的发行、流通、拆分、兑付。由于区块链上的数据经多方记录确认，具备不可篡改、不可抵赖和可追溯等特点，因此，应收账款的拆分转让能追溯至登记上链的初始资产。通过技术实现供应链金融中的信任穿透，将原本不可拆分的金融资产（应收账款）数字化，提升资产流动性，降低中小企业的融资成本，深度盘活金融资源，承接国家战略，促进供给侧改革。

腾讯区块链供应链金融逻辑图，如图 6-3 所示。

在实际操作中，"微企链"通过结合区块链技术，突破传统模式的反向保理模式，实现应收账款债权的拆分流转及变现，将核心企业信用传递至长尾多级，具体解决方案步骤如下：

（1）审核确认。一级供应商将与核心企业之间的应收账款通过资产网关进行线上电子审核，确保贸易背景真实性。

（2）确权上链。核心企业对该应收账款进行确权后，将其数字化上链。

（3）生成数字债权凭证。经确权上链之后，链上生成核心企业和一级供应商的数字债权凭证。

（4）流转拆分。供应商可将该数字债权凭证进行分拆流转，将其流转给上游的供应商。

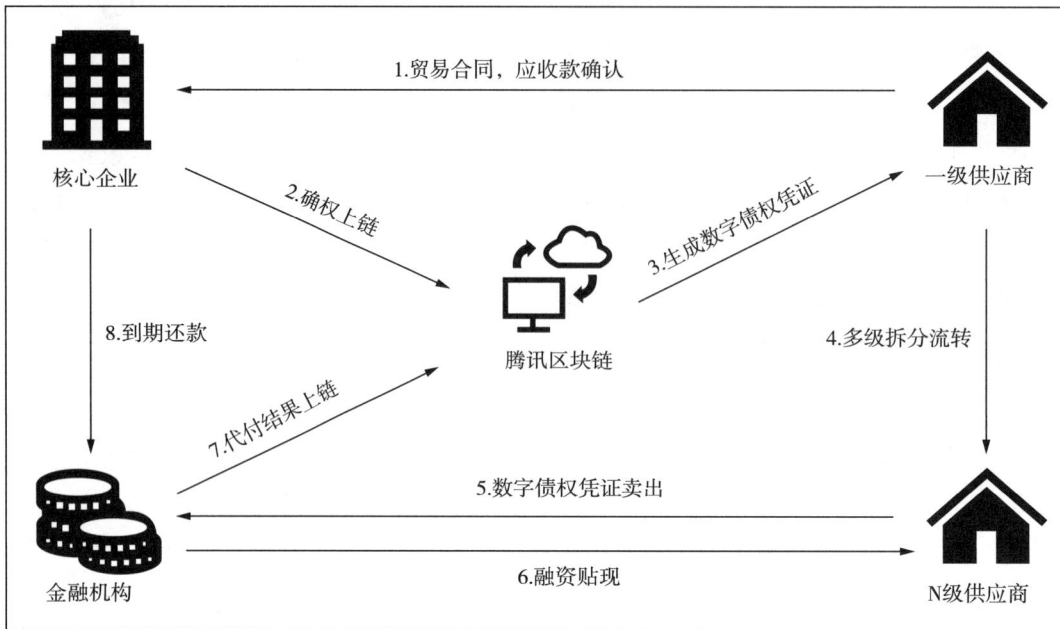

图 6-3　腾讯区块链供应链金融逻辑图

（5）卖出或持有到期。每一级供应商均可以按照业务需要选择持有到期或者将数字债权凭证卖出给金融机构，以满足自身的资金诉求。

（6）融资贴现。金融机构在签收供应商的数字债权凭证后，对供应商进行融资贴现，完成资金代付。

（7）结果上链。金融机构在对供应商完成融资贴现后，其贴现的代付结果会一并上链，确保信息的真实性及不可篡改。

（8）到期还款。待应收账款到期还款日时，核心企业将相应的资金还款至金融机构或持有到期的供应商。

腾讯区块链供应链金融架构图，如图 6-4 所示，产品能力架构上分为三层：业务应用、平台服务以及底层基础设施。

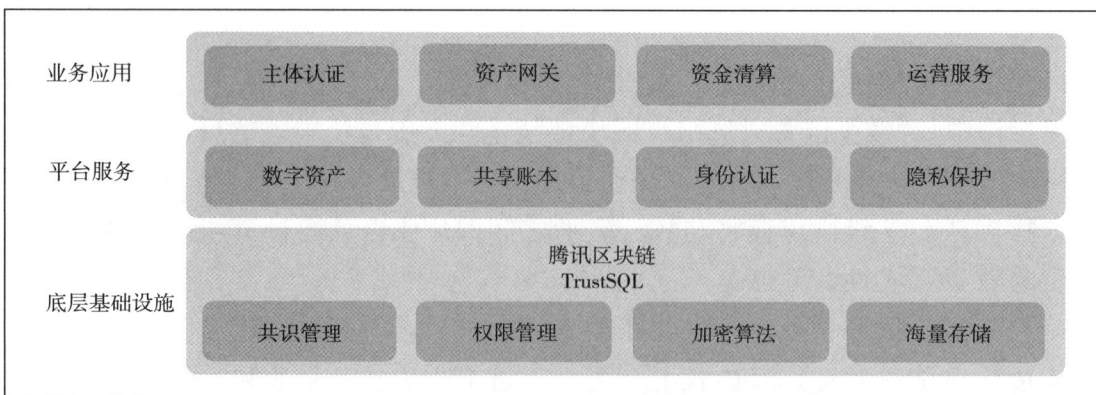

图 6-4　腾讯区块链供应链金融架构图

其中，业务应用具备主体认证、资产网关、资金清算和运营服务等能力，主要帮助供应链金融上的各个参与方降低业务开发的入门门槛，达到更加快捷开展各自业务的目的；平台服务包括数字资产、共享账本、身份认证及隐私保护，基于底层技术设施提炼出多样化的服务能力，提高应用开发上的方便性及灵活性；底层基础设施提供共识管理、权限管理、加密算法以及海量存储等能力，为上层服务所需性能形成有效支撑，保证上层服务运行安全及稳定。

6.3　区块链应用供应链金融的主要问题

6.3.1　基于区块链技术的供应链金融产品架构介绍

区块链技术作为协作型技术，需要借助密码学、共识算法和分布式存储技术，组合成为一种新的数据共享和传输方式，再基于完整的系统技术架构进行实际应用。基于区块链技术的供应链金融产品的基础架构，如图 6-5 所示，它以分布式存储、非对称加密和共识算法等区块链核心技术为底层技术，将供应链贸易过程中涉及的交易数据、订单合同信息和历史交易信息等完整地记录在区块链上，通过分布式区块链系统将上链登记的资产权益数字化，由智能合约技术实现交易的自动撮合，并追溯各级供销商的资金流向。最终在服务平台上，融资者可在线进行融资申请，区块链系统将自动进行审核并提供授信，从而提供融资产品和金融服务等。

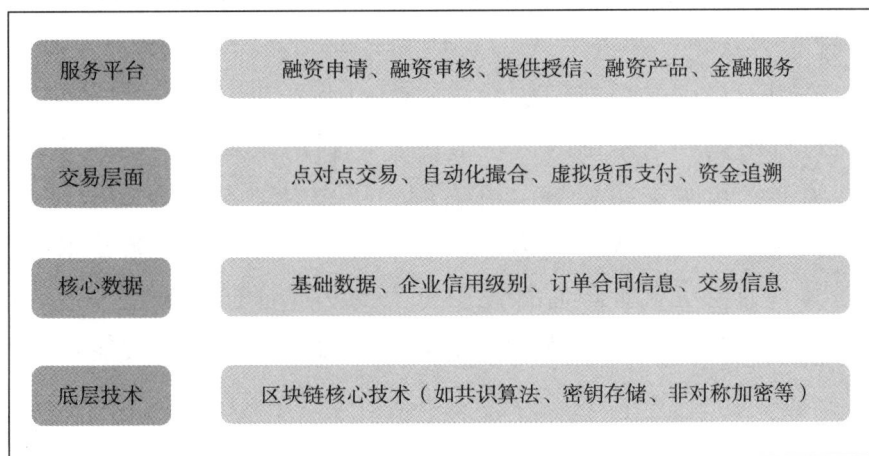

服务平台	融资申请、融资审核、提供授信、融资产品、金融服务
交易层面	点对点交易、自动化撮合、虚拟货币支付、资金追溯
核心数据	基础数据、企业信用级别、订单合同信息、交易信息
底层技术	区块链核心技术（如共识算法、密钥存储、非对称加密等）

图 6-5　基于区块链技术的供应链金融产品的基础架构

整个供应链融资平台依靠电子科技自动化实现交易信息的存储、追踪、自动化点对点交易和虚拟货币支付，这一过程极大简化了中小企业的融资流程；另外，分布式平台也实现了信息公开透明，一定程度上提升小微企业的信誉水平，降低其融资成本。

6.3.2　区块链密码技术在供应链金融中的应用介绍

存储在区块链上的数据由所有参与者共有且公开。密码学、哈希算法及非对称加密技术的加持使得记载上链的数据不可篡改、可追溯。同时设置权限属性，使得只有在数据拥有者授权的情况下才能访问、解密，这样一来确保了交易数据的安全可靠、真实可信，同时解决了数据保护和授权访问的问题，避免造假诈骗发生。

区块链密码技术的加密逻辑图，如图6-6所示。

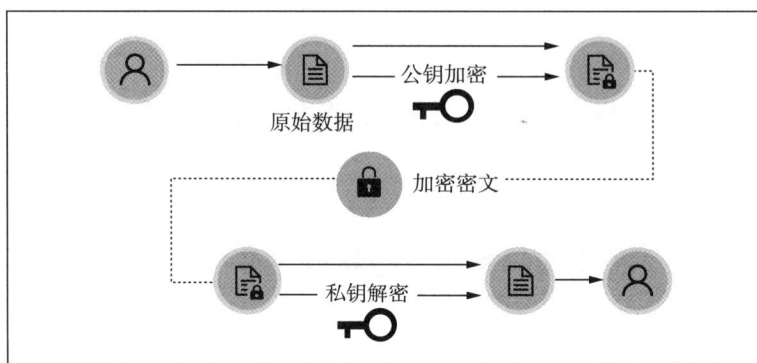

图6-6　区块链密码技术的加密逻辑图

目前主流区块链平台（包括以太坊、IBM Hyper Ledger Fabric 等）使用的是 RSA 和 ECC 等算法，为满足我国金融安全和监管要求，国内区块链平台支持国家密码管理局所公布的 SM2、SM3 等国密算法。为支持国密算法，针对区块链底层平台的加密算法，将原有 ECC 椭圆曲线算法、SHA2 算法替代为 SM2 非对称算法、SM3 杂凑算法，交易数据的哈希通过 SM3 算法生成，签名验签涉及的公私钥对通过 SM2 算法实现，保持对底层透明，提升系统安全性和合规性。

密码技术主要应用于最底层数据区块的链式结构中，其应用于供应链金融领域会带来诸多好处。第一，通过以密码学为基础的区块链技术，利用多重签名、不可篡改等特点，实现信息、产品、资金流向的可见、可传导、可追溯、可审计，甚至自动偿付，提高流转效率、灵活性和透明度，大大降低交易成本。第二，基于密码学的数字签名技术能够提前堵塞可能存在的业务风险漏洞，为供应链金融监管提供有力的法律证据。第三，密码可以支撑整个供应体系建立统一的信任系统，提供交易记录保全、行为安全审计等功能，有效识别和监管金融机构的信用风险，实现供应链上数据的真实可信和安全共享。

6.3.3　区块链智能合约技术在供应链金融中的应用介绍

20世纪90年代，Nick Szabo 首次提出"智能合约"这一概念，它是一种由代码进行交易的技术，实质是由交易双方具体交易所驱动的、能够在区块链上共享的一段程序，它同时控制着数字资产并包含了合约参与者约定的权利和义务。

智能合约技术具有自动性、强制性的特征，它将可预期的执行结果提前在区块链上设置，形成可编程、可运行的程序，当达到预先设定的执行条件时，智能合约会自动强制执行并完整履行后续交易动作，不可人为干预，达到自治管理效果。另外，由于智能合约存储在区块链上，因此也具备区块链的部分特性，即所有信息是不可篡改、完全分布式的。

当将智能合约技术运用到供应链金融中时，智能合约的内容主要包括：核心企业、供应链各层级的参与企业、仓储保管企业、金融机构等各主体基于信贷的如质押货物价值评估、应收账款监管、核心企业义务履行等业务逻辑；中小企业贷款的使用去向和相关条款；一些预设规则、触发执行条件、特定情形的应对方案等等。将以上约定好的债权关系完整地以代码形式写入区块链合约，当达到预设条件时便自动执行条款，实现按时还款和清算。

智能合约运用于供应链金融具有诸多好处：第一，接入智能合约的交易主体从人与人之间的信任关系转变为对机器的信任，避免了非理性交易成员或第三方的干扰，从而在供应链主体交易间建立了共同信任。第二，智能合约的应用实现了供应链交易流程的全自动化，不需经第三方确认，且交易不可逆转，这样可有效缓解供应链金融融资中履约时难以控制的风险，如汇款恶意拖欠等问题。第三，通过智能合约实时检测质押物市场价格并设置自动处置方法，可以有效防范供应链市场风险。

6.3.4　区块链共识机制在供应链金融中的应用介绍

共识机制实质上是一种容错机制，是区块链分布式系统的核心。由于区块链上各个节点地位相同、话语权相等，当链上各节点间因系统中的交易数据或交易顺序产生分歧时，就需要区块链具备一种高效、安全的机制使得正确的节点就交易和交易顺序达成一致，共识机制便应运而生。当前区块链中常见的共识方法包括工作量证明机制（PoW）、股权证明机制（PoS）、拜占庭证明机制（PBFT）。

将共识机制运用到供应链金融中，有效保障了数据和交易的真实性，减少了道德风险。区块链共识机制通过多方交叉验证，可以确保信息和交易的真实性，防范欺诈风险。难以篡改的票据单证无须进行层层审查，可以降低管理成本。同时，区块链技术将供应链中产生的票据数字化，解决了核心企业对上下游中小微企业的信用穿透难题。

6.4　区块链应用供应链金融的发展趋势与展望

6.4.1　发展趋势预测

区块链技术去中心化、不可篡改、可追溯的特点使其在供应链场景下具有广阔的应用前景，预计未来区块链技术在供应链金融领域的应用将逐渐增多。下面从提升供应链金融市场渗透率、扩大供应链金融市场规模、降低供应链成本三个方面对未来的发展趋势进行预测。

（1）提升供应链金融市场渗透率

区块链技术引入后，可将核心企业的信用拆解，通过共享账本传递至供应链上的供应商及经销商，各级贸易过程中涉及的应收账款和企业交易信用等信息被完整地记录在区块链上，增加了信息透明度，降低了金融机构开展供应链金融业务的风险，进而使得应收账款与ARIF的市场渗透率得到不同程度的提升。2018 年，我国供应链金融的市场渗透率约为

15.4%，而美国的供应链金融渗透率接近 50%，研究预测表明，到 2023 年区块链技术可让供应链金融市场渗透率增加 28.3%，持续向国际领先水平靠拢。

（2）扩大供应链金融市场规模

自 2018 年区块链技术开始应用于供应链金融行业起，各类型参与者均积极发力。其中，区块链技术提供商采用联合运营或建立区块链平台的方式对接金融机构、核心企业的业务需求，通过融资金额提升或平台服务费产生营业收入；部分有实力的商业银行或供应链核心企业采用自主研发区块链技术的方案，扩展业务范围，增加营业收入。在各方努力下，2014—2018 年间供应链金融区块链市场规模以 106% 的年复合增长率实现飞跃增长，并且预计2019—2023 年间，区块链技术在供应链金融行业营收规模的年复合增速将高达 30.8%，带来 3.6 万亿的增量。

（3）降低供应链成本

传统业务模式下，银行主导与非银行主导的供应链金融产品，银行可获利润分别约为：2.5%、3%（占融资额），运营成本占 1.5%（占融资额），区块链解决方案可降低数据获取等运营成本，进而降低运营成本，实现利润规模增加。综合行业调查，艾瑞咨询认为，运营成本在较理性情况下会降至 0.9%（占融资额）。至 2023 年，区块链技术可让供应链金融市场整体运营成本降低 0.48%；在降本情况下，对应实现约 297 亿元利润规模增量。

6.4.2　未来展望

（1）供应链场景下区块链将与更多新兴技术深度融合

在未来供应链场景下，区块链技术将与人工智能、云计算、大数据、物联网等技术展开深度融合，推动技术落地更多应用场景，助力实体经济的发展。

例如，在供应链行业单独应用物联网技术将仓储物流、金融机构、供应链上的企业统一联网，无法保证各联网设备能够互相信任并传输交易数据，但将区块链技术提供的共识机制与物联网加以结合，便可以解决这一问题。通过信息互换和通信，将各联网设备产生的数据源上传至区块链网络，实现供应链商流、物流、资金流等信息深度融合、深化共享。

再比如，将区块链与云计算加以结合。近年来，研究人员已经探究出"BaaS"这一"区块链＋云"的基础结合方式。BaaS 全称 Blockchain as a Service，它是指在云计算平台中嵌入区块链框架，利用云服务基础设施为区块链技术开发者提供高性能、易操作的生态环境和配套服务的区块链开放平台，支持开发者的业务拓展及运营，这一结合也是区块链与新兴技术的有效融合，将有效降低企业应用区块链的部署成本。

（2）扩展区块链技术下溯源体系应用场景

现有区块链技术研究多应用于食品、农产品等供应链领域，未来区块链技术下溯源体系的应用场景将得到扩展，比如应用于钢材溯源、农副产品溯源等大宗商品溯源系统。

例如基于区块链精准追溯的能力，对大宗商品的生产、装运、检测等数据进行全生命周期的溯源，赋予唯一的"身份证"；针对具有地标特色的原产地产品提供专属的溯源营销服务，在溯源基础上叠加营销能力，进而形成从生产源头到生产终端，或是溯源生产终端到生产源头的过程，依靠区块链技术的不可篡改和去中心化的特性，将保障产品信息准确性的优势加以扩大。

（3）加大力度解决区块链技术应用与监管间存在的矛盾

区块链技术的应用为供应链金融发展带来新机遇，但同时因为区块链技术属于新兴应用，与目前的政策监管体系并不协调，尚未被法律监管体系完全覆盖，造成其应用存在合规性、合法性的争议。

区块链技术可以促使相关机构以供应链中的企业为节点建立一套新的监管体系，在此系统中，监管机构可以对供应链加以监控，但其中也存在很多难题。以企业为例，企业运用区块链技术出发点是趋利避害，在符合监管的前提下最大限度降低成本、提高效率，但区块链去中心化管理的特征与企业中心化管理的原则背道而驰，增加了企业的监管难度；以监管机构为例，监管机构最初目的是加强监管、遏制犯罪、降低系统性金融风险，但区块链匿名性、去中心化的审核特征反而容易用于洗黑钱等违法犯罪活动，给监管机构带来新的难题。

因此，未来如何协调区块链技术的应用与监管也将成为亟待解决的问题之一。2018 年，相关部门开始通过政策对区块链应用加以监管，屏蔽了 110 个不合法的虚拟货币交易平台，关闭了 3000 个从事非法虚拟货币交易的账户，封停 30 余家非法区块链自媒体，并加大力度整治区块链支付结算业务。可以预测，未来区块链技术应用与监管存在的问题将得到更大重视，矛盾也将得到进一步调和。

第7章 区块链应用知识产权资产化发展现状

知识产权资产化是知识产权运营的重要途径。知识产权资产化的方式多种多样，包括各类知识产权的交易变现、质押融资、许可收益、证券化收益等等。随着知识产权的不断发展，其运用和转化得到了越来越多的重视。区块链技术是一种具有去中心化、不可篡改、可追溯等特征的新兴技术，现阶段已可以有效解决知识产权确权、维权等痛点问题。随着区块链技术与知识产权融合的不断深入，在区块链技术的加持下，透明的交易链和信息公开共享不仅能够有效避免欺诈，提高投资回报率，也成了知识产权资产化不可或缺的技术要素。

7.1 区块链应用知识产权资产化市场综述

7.1.1 知识产权资产化发展现状

现阶段，知识产权资产化主要形式包括知识产权出资、知识产权证券化融资和知识产权质押贷款。知识产权的质押是我国知识产权的主要融资方式。自 2008 年国家知识产权局通过设立知识产权质押融资试点地区，积极推进知识产权资产化市场以来，知识产权中的专利商标质押融资额始终处于增长态势，据统计，2021 年融资总额达到 3098 亿元，同比增长42.11％。现阶段，我国知识产权质押融资方式主要有两类：第一类是通过向银行直接质押获得资金；第二类是向非银行等金融机构进行知识产权质押的融资，如保险公司的保险资金直接用于知识产权质押融资。这两类都需要银行、企业、政府等多方进行协作，最终实现知识产权资产化。从知识产权质押融资规模逐渐增加说明了我国知识产权资产化市场不断扩大，也说明了我国知识产权质量也在逐渐提高。2021 年 6 月，国家知识产权局、中国银保监会和国家发展改革委联合发布《知识产权质押融资入园惠企行动方案（2021—2023 年）》，体现出我国在政策方面不断推动知识产权资产化和高质量发展的努力。

2016—2021 年我国专利商标质押融资额及增幅，如图 7-1 所示。

在知识产权证券化方面，主要有四种类型，包括知识产权售后回租应收租金、知识产权转让应收账款、知识产权二次许可应收许可费、知识产权质押贷款应收本息。截至 2021 年12 月 31 日，我国累计发行了 66 款知识产权证券化产品，比 2020 年高出 44 款，融资累计规模达 182.49 亿元。无论是发行数量上还是发行规模上，我国知识产权证券化都在 2018 年后开始迅速增长，我国知识产权证券化逐渐趋于成熟。

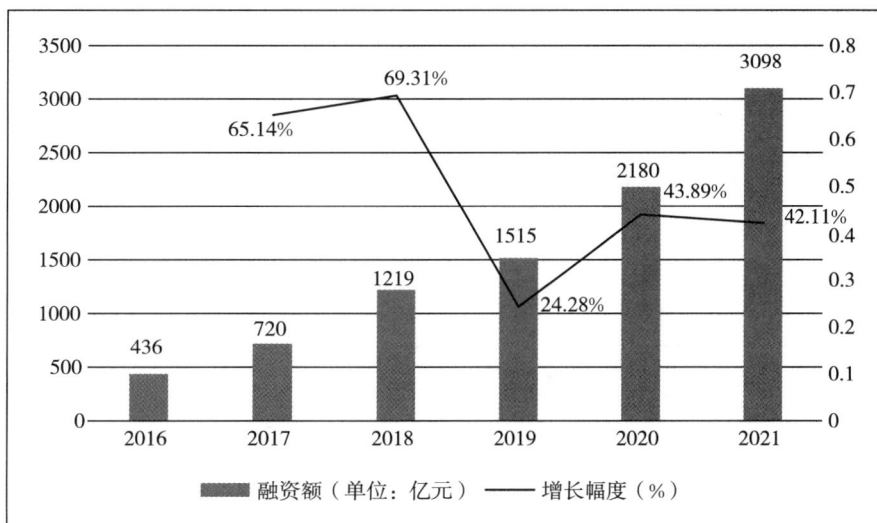

图 7 - 1　2016—2021 年我国专利商标质押融资额及增幅

2015—2021 年知识产权证券化项目发行数量，如图 7 - 2 所示。

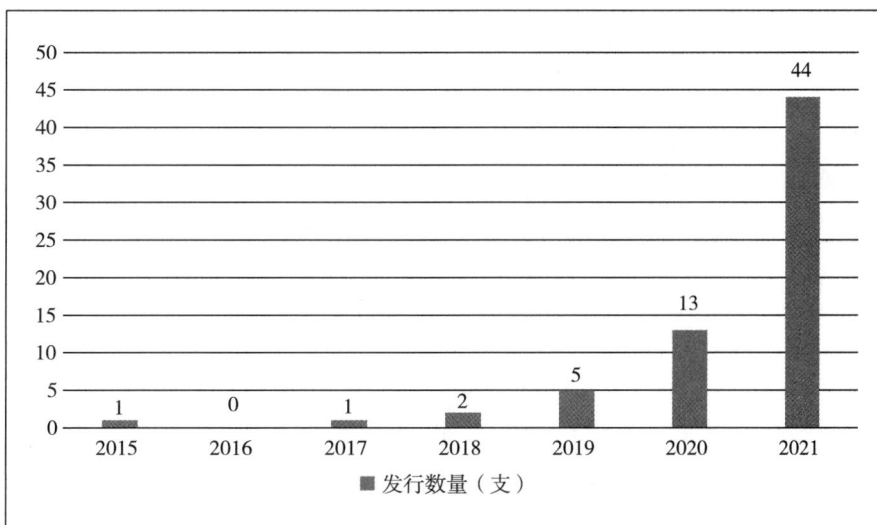

图 7 - 2　2015—2021 年知识产权证券化项目发行数量

2015—2021 年知识产权证券化发行规模，如图 7 - 3 所示。

我国知识产权资产化发展未来可期，但是由于过于庞大的知识产权数量以及高质量的知识产权较少，整体的知识产权资产化率较低。再加上现阶段知识产权法律政策环境相对不够完善，互联网、短视频的高速发展使得侵权成本较低等各类因素，致使知识产权的交易过程不够透明，知识产权所有者每年所取得的收益不稳定。其次，大多数中小企业由于缺乏资金和技术的支撑，融资渠道呈现单一的趋势，通过质押融资的能力也相对较弱。从各个公开的数据来看，知识产权质押融资基本针对的是融资额超过 300 万元的知识产权，而知识产权证券化产品融资额门槛更高，平均需要 2000 万元以上，因此融资额低于 300 万元以下的较小需求的知识产权融资产品，以及在 1000 万元左右的中等规模的融资产品会出现供给不足现

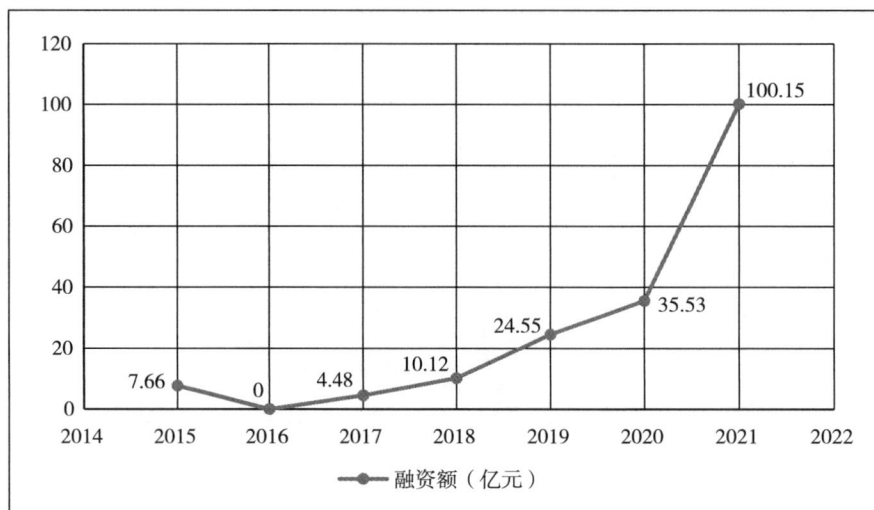

图 7-3　2015—2021 年知识产权证券化发行规模

象。现阶段，我国知识产权资产化市场不够成熟，知识产权的质押融资和证券化尚处于由政策推动起来的市场阶段。

7.1.2　区块链助力知识产权交易

现阶段，大多数区块链在知识产权上的应用主要是在区块链上写入数据，并同时出具数字证书，追溯知识产权在互联网的流转和传播，通过区块链实现链上知识产权交易，并追踪交易信息提供查询。将知识产权原创者信息、产权获得者信息，以及转移时间和方式进行存证，实现转移流程在线化、自动化，简化知识产权交易程序，降低交易成本，促进知识产权流通，提升政府投资收益，发挥知识产权商业价值。

基于区块链技术传统的知识产权交易主要由知识产权的整合与共享、更新与共识、接入第三方支付公司分账结算、知识产权评估、知识产权溯源等功能组成。原创作者在区块链上注册自己作品的关键信息，包括原创作者的姓名、数字签名、作品创作的时间、作品的名字等信息，注册成功后生成带有时间戳的加密哈希值的元数据，这种类似于数字证书的加密数据被区块链中永久记录、不可更改且无法复制；同时将链下的实体作品与链上元数据紧紧相连，使原创作者与作品建立无法割裂的链接。并通过其所有账户开通第三方支付平台账户，同时确定知识产权出售的实收金额，并在知识产权交易平台中上架知识产权（知识产权交易平台确定上架知识产权的佣金比例），买家在知识产权交易平台中查询所需要的知识产权，确认知识产权法律状态，并发起交易，第三方支付公司支付一定比例的定金。平台收到交易请求后锁定知识产权状态，同时建立区块链交易订单和智能合约。买卖双方在线上知识产权局中办理相关手续，获得公证书等转让文件后传至交易平台中，第三方支付公司履行合同支付尾款。支付尾款后，按照比例实时分账：将转让知识产权实收金额分配至卖家，交易佣金分配至交易平台，公证以及评估相关费用分配至公证及评估机构。互联网上有任何关于该知识产权的交易或使用行为都能够被准确追踪到，知识产权的所有者可以有效地维护自由权利并控制其交易。

7.1.2.1　基于区块链的知识产权众筹

相较于传统的通过知识产权的融资，众筹模式下知识产权的融资方式则更加开放。是否能够获得资金将不再取决于该知识产权是否具有商业价值，而是根据各个众筹者的喜好。知识产权的众筹相较于传统的融资方式具有门槛较低、知识产权更加丰富、更加注重创新等特点。以合约币为例，区块链知识产权众筹平台是将一个知识产权作为标的，拆分成一千个等分（最多可拆分为一千万个等分）的电子产权的合约币，在交易平台上发行，每一个等分都是根据算法要求不可再分且不可伪造的，代表标的知识产权的千分之一的权益。这些合约币的交易信息会被写入区块链中，持有千分之一的权益的持有者可在标的知识产权增值后，通过智能合约卖出持有的等分合约币同时获得相关利益。

除了可转让外，该众筹模式下还具有对知识产权分红的机制。基于区块链技术的分红算法，在全网公开透明的机制下，将资助者们分批划分不同的分红账户，获得不同等级的分红。所有分红的算法将全部写入区块链中，任何人包括众筹平台的管理者都无法变更，保证所有众筹以及分红的客观性和公平性。

基于区块链的知识产权众筹模式，如图 7 - 4 所示。

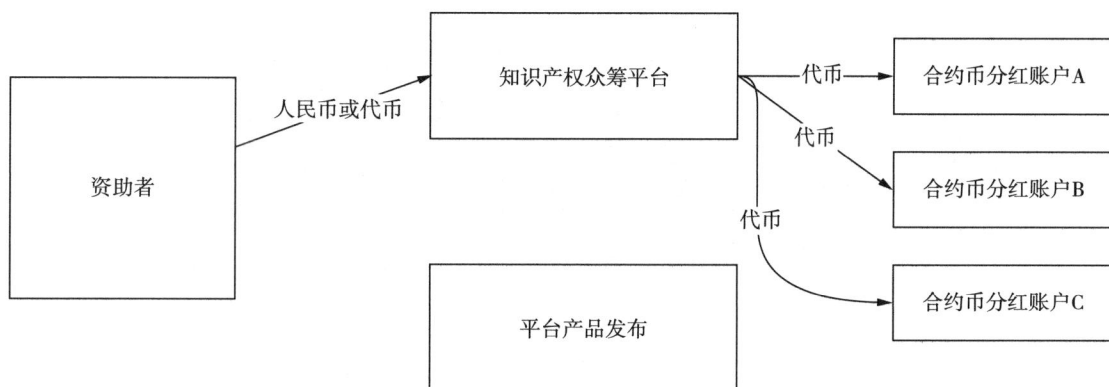

图 7 - 4　基于区块链的知识产权众筹模式

现阶段，基于知识产权众筹项目主要集中在国外。一些国外网站如 2009 年创立的 Kickstarter、2011 年创立并专注于图书领域的众筹 Unbound 以及 Publica 等等。Kickstarter 平台中的众筹类别包括了设计产品、游戏、音乐、出版、电影和视频等知识产权，是现阶段全球知识产权众筹平台涵盖类型最全的平台之一。根据 ICO Partners 的统计，成立十多年的 Kickstarter 众筹平台总计有超过 2054 万人参与众筹，截至 2021 年 12 月底，共有 213787 个项目累计筹集了超过 63 亿美元的资金。

Kickstarter 平台 2011—2021 年项目规模，如图 7 - 5 所示。尽管受到 2020 年新冠肺炎疫情的影响，Kickstarter 平台整体启动的项目总数大幅下降，但项目众筹承购的项目量与过去 10 年基本保持稳定。2020 年 Kickstarter 平台以 7.3 亿美元的年度众筹总额达到近 10 年峰值。由图 7 - 6 可以看出，2014—2015 年是该平台的黄金时期，这两年平台得到高速发展，项目规模激增的同时甚至有几个知识产权获得超过 1000 万美元的资助。

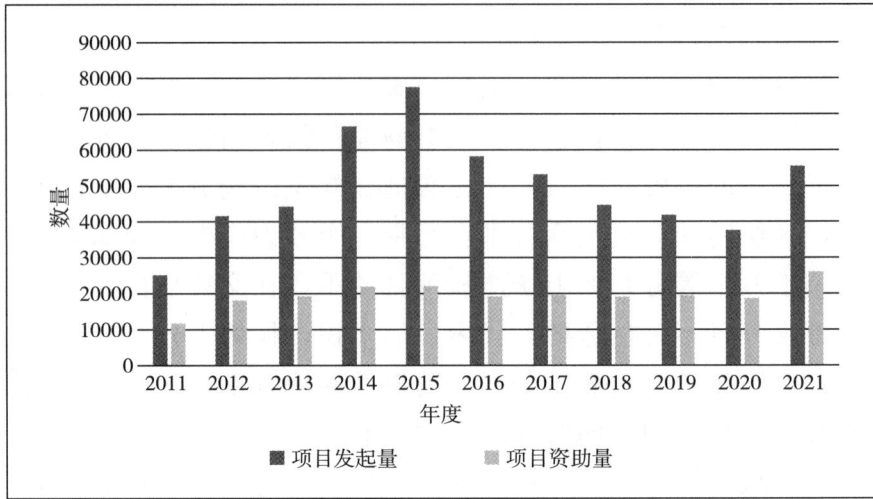

图 7 - 5　Kickstarter 平台 2011—2021 年项目规模

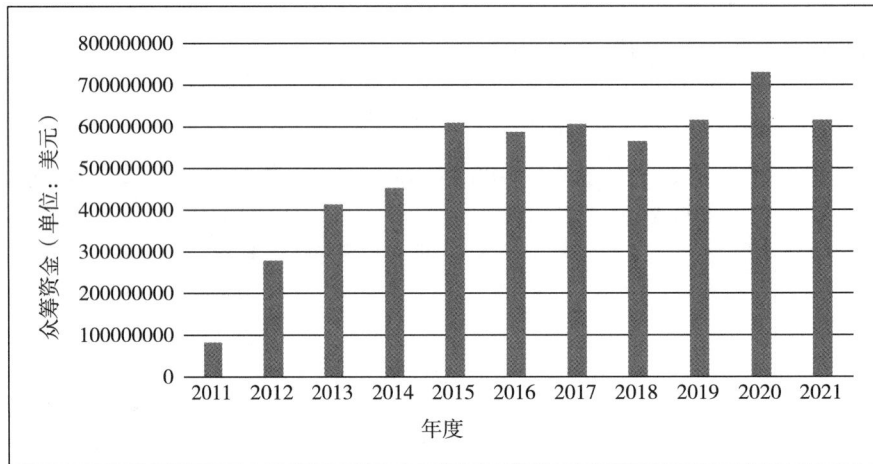

图 7 - 6　Kickstarter 平台 2011—2021 年项目众筹金额

数据来源：ICO Partners. com

　　根据 ICO Partners 统计的数据，游戏、外观设计以及科技产品是众筹金额最多的类别。2021 年这三类占 Kickstarter 平台总体众筹金额的 68%，游戏类成为该平台收入最高且增速最快的项目。尽管 Kickstarter 无论是在众筹金额还是在众筹项目中，在全球都处于领先者的状态，但是，其众筹平均成功率较低，仅维持在 38% 左右，其中音乐、电影和视频以及游戏这三类是成功获得众筹最多的领域，占总体众筹成功项目的 42%。

　　我国部分企业在 Kickstarter 平台上也发布知识产权作品和参与众筹，2021 年中国项目在该平台众筹金额总计为 9500 万美元，共发布 959 个项目。自 2018—2021 年，在 Kickstarter 平台，中国的项目众筹总额从 2600 万美元增加到 9500 万美元，4 年的时间里，众筹资金的规模增长 3.7 倍，尤其在 2020—2021 年两年间增幅最大。

　　Kickstarter 平台 2018—2021 年中国项目众筹金额，如图 7 - 7 所示。

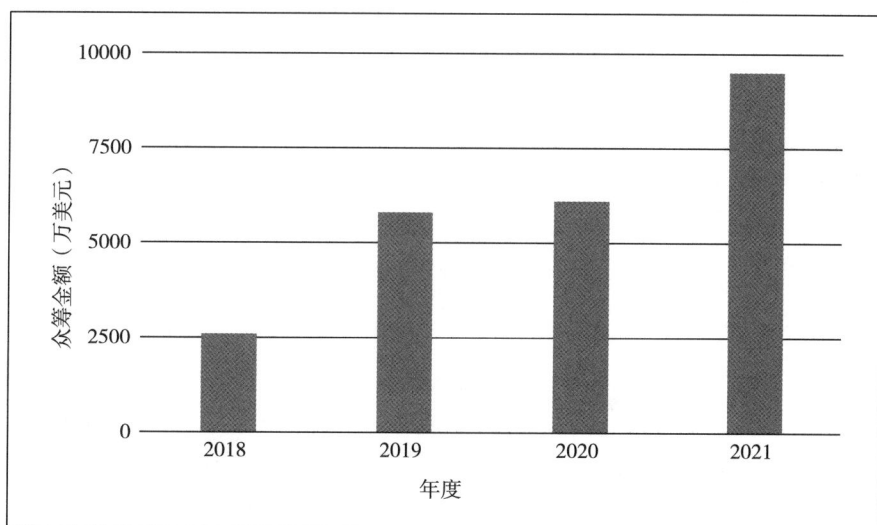

图 7 - 7 Kickstarter 平台 2018—2021 年中国项目众筹金额

数据来源：Kickstarter.com

7.1.2.2 基于区块链的非同质化货币

非同质化货币即 NFT（Non-Fungible Token），具有不可分割、不可替代、独一无二的特点，是可锚定现实世界中物品的数字凭证。NFT 的关键创新之处在于提供了一种标记原生数字资产所有权的方法，且该所有权可以存在于中心化服务或中心化库之外。NFT 可以用来代表各种资产，如虚拟收藏品、游戏内资产、虚拟资产、数字艺术品、房地产等。NFT 的所有权并不阻止其他人视察它或阅读它，NFT 并不是捕捉信息然后把它藏起来，只是捕捉信息然后发现该信息与链上所有其他信息的关系和价值。相比于一些主流的数字货币，作为典型的同质化代币如比特币（BTC），是以黄金为目标定位，锚定的是宏观经济风险；以太坊（ETH）锚定的更多是以太网络中的效用价值。知识产权在形成 NFT 时，需要原创作者将知识产权相关的原始信息生成元数据，或者唯一的数字凭证号码；同时，通过自己的私钥对相应的数字签名生成带签名的交易，并将公钥信息公开以作发行授权的倍数，整个上链过程需要通过链上交易的方式执行。交易广播后在各个不同的区块链节点中执行，最终达成共识上链。当交易上链成功后，一个数字知识产权就发行成功，此时默认的知识产权的所有人为原创作者自身。发行过后，一般会进行交易流转，无论是通过拍卖还是其他的形式，最终购买成功的一方都将获得该知识产权的所有权，具体可通过原知识产权的所有人通过私钥发起签名交易，将知识产权的所有权转移给新的持有人，该笔交易也需要在链上达成一致共识，最终上链成功表示为知识产权资产转移成功。因此，NFT 的核心价值不仅是有效保护知识产权，更提高了知识产权的流动性和可交易性。NFT 内嵌的智能合约可以帮助 NFT 创作者更容易证明 NFT 的真实性及所有权，从而提高交易或转让的效率，降低交易成本。除此之外，内嵌于 NFT 中的智能合约能帮助原创作者获得公平的利益。现阶段，NFT 的铸造及发行主要有两种类型：PGC 和 UGC。二者最大的区别在于知识产权的原创作者的专业化程度。PGC 主要是专业的团队或个人作者生产的内容，通过销售分成和赚取差价来获取利润；而 UGC 的专业程度较弱，大多数用户都可以生产内容，通过 GAS 费差价和收取一定比例的手续费来获取利润。

知识产权资产化的应用过程，如图 7-8 所示。

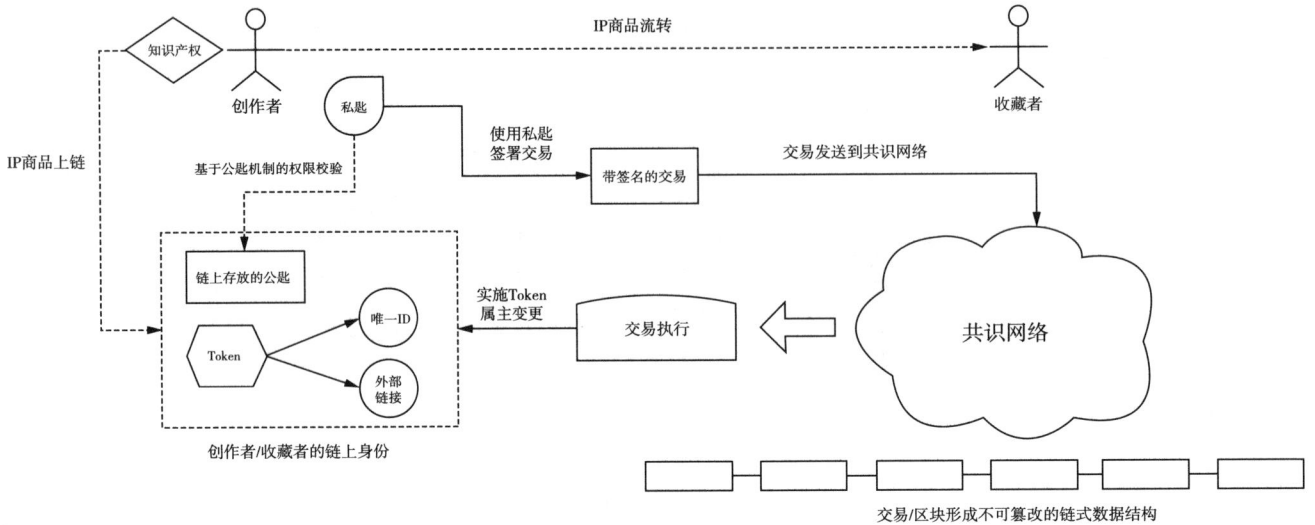

图 7-8　知识产权资产化的应用过程

现阶段，NFT 应用领域包括游戏、艺术品、保险、收藏品、虚拟资产、现实资产等等。根据 NonFungible.com 提供的相关数据，2020 年全球 NFT 市场中前三大应用场景分别为虚拟世界、艺术品以及游戏。

2021 年 NFT 应用领域分布情况，如图 7-9 所示。

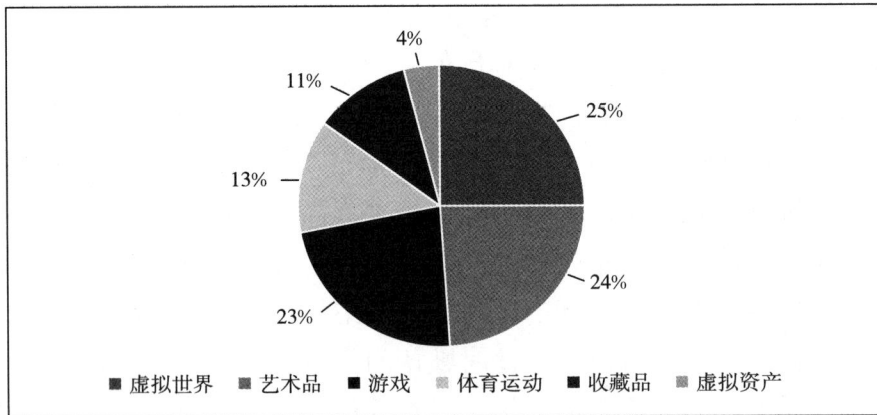

图 7-9　2021 年 NFT 应用领域分布情况

市场上主要 NFT 应用项目，见表 7-1 所列。

表 7-1　市场上主要 NFT 应用项目

项目类别	项　目
艺术品	OpenSea、Rarible Async、Art Wrapped、Cryptopunks、Superare MakersPlace、KnownOrigin、LinkArt、joy、Crptograph
游戏	Enjin、chiliz、Sorare、CryptoKitties、League of Kingdoms

（续表）

项目类别	项　目
虚拟世界	Decentraland、The Sandbox、Somnium Space、Cryptovoxels、NeoWorld
域名	Ethereum Name service、Unstoppable Domains
保险	Yinsure. finance

随着数字化的发展，NFT 不再仅限于游戏皮肤的所有权以及艺术品的所有权，它将会向现实世界的资产进行代币化，NFT 将代表资产的所有权，并以代币的形式在区块链中进行存储或交易。

对标比特币市场来看，2020 年 NFT 的市值仅仅是比特币的 0.17%，2021 年 NFT 的整体市值就增长到比特币的 2.7%，并且 NFT 锚定的资产受众群体也集中在艺术品、卡牌或者类似加密猫的宠物养成游戏，整体市场还处于起步阶段。而最近一年 NFT 的市场表现以及其释放的潜力吸引了越来越多的大品牌进入 NFT 市场：例如耐克将鞋子作为 NFT 专利，名为 CryptoKicks，允许用户"繁殖"不同的鞋子来创造属于自己的定制运动鞋；其他知名品牌还包括美国国家篮球协会（NBA）、美国国家橄榄球联盟（NFL）、极限格斗锦标赛（UFC）、一级方程式、路易威登、三星和 BBC 工作室等。在未来，更多合适的应用场景被开发后，有望进一步提高大众参与度，从而提升 NFT 流动性，为未来 NFT 市场规模的扩张提供强有力的支撑。

根据 NonFungible.com 提供的相关数据，在 2020 年和 2021 年两年间 NFT 交易人数和交易量出现巨大增长。其中，活跃钱包总数表示一年内至少购买或出售过一次的 NFT 钱包数量。由表 7 - 2 可以看出，2021 年买家数量大于卖家数量，尽管买家数量的增幅没有卖家数量的增幅大，但市场仍保持需求大于供给的热度。截至 2021 年 12 月 31 日，NFT 市值超过 168 亿美元，相较于 2020 年 3.72 亿美元的市值，增长 4440%；2020 年全球 NFT 的交易量为 8.25 亿美元，2021 年就增长到 176.95 亿美元，同比增长 21350%，发展潜力巨大。

表 7 - 2　2019—2021 年 NFT 交易情况及涨幅

	2019 年	2020 年	2021 年
美元交易量	$24,532,783	$82,492,916	$17,694,851,721
涨幅	—	236%	21350%
销售量	1,619,516	1,415,638	27,414,477
涨幅	—	−13%	1836%
活跃钱包总数	55,330	89,061	2,574,302
	—	61%	1822%
买家	44,324	75,144	2,301,544
涨幅	—	70%	1836%
卖家	25,036	31,774	1,197,796
涨幅	—	27%	3669%
市值	$123,999,573	$372,203,300	$16,898,362,987
涨幅	—	200%	4440%

数据来源：NonFungible.com

在 NFT 交易市场中，截至 2021 年年底，较为活跃的 NFT 交易平台有 OpenSea、Nifty Gateway、MakersPlace、Rarible 等。其中，在最大的 NFT 交易平台 OpenSea 网站中，NFT 的交易金额超过 140 亿美元，是 2020 年（2170 万美元）的 646 倍，累计获得佣金超过 3.5 亿美元。

随着 NFT 在全球的火热，我国 NFT 市场也获得了发展。但是，国内的 NFT 在所有权及二次流转上有一定的限制，因此我国的 NFT 金融的交易性质表现相较于国外偏差。在国外市场的 NFT 主要将作品通过 ETH、Flow 等公有链上链，而国内主要通过蚂蚁链、长安链等联盟链。截至 2021 年年底，我国 NFT 的作品大多以原创的数字艺术品为主，游戏等其他 NFT 数量较少。现阶段，我国在原创数字艺术品领域中，较为主流的几个平台是"阿里拍卖""蚂蚁链粉丝粒"和"腾讯幻核"，平台内的作品都可通过人民币或数字人民币进行交易。

我国主要 NFT 市场对比，见表 7-3 所列。

表 7-3　我国主要 NFT 市场对比

	阿里拍卖	蚂蚁链粉丝粒	腾讯幻核
区块链	蚂蚁链（联盟链）、新版链、树图链	蚂蚁链（联盟链）	置信链（联盟链）
存储位置	蚂蚁链 BAAS 平台等	蚂蚁链 BAAS 平台	可信存证区块链
涉及领域	艺术品、体育、电竞、版权等	文创、公益、动漫、体育等	媒体、文创
项目举例	艺术：《策马图 1》； 体育：功夫犬十八般武艺系列； 电竞：RNG 手法 NFT 幻彩系列	文创：敦煌飞天、九色鹿付款码皮肤； 动漫：刺客伍六七付款码皮肤； 体育：杭州亚运会数字火炬	媒体：有声十三道； 文创：万华镜数字民族图鉴
所有权	数字版权：购买人可获得除署名权等人身权利以外的作品版权； 数字收藏：版权归作品版权方所有，仅支持非商业目的使用权	版权又发行方或原创作者所有，购买者无版权，仅支持非商业目的使用	购买者无版权，用于收藏
交易规则	数字版权：转让过户 90 天后可经有阿里拍卖"数字拍卖"平道授权服务机构方以拍卖形式再次进行转让； 数字收藏：为开放二手交易，持有 90 天后可免费转增	不支持交易，180 天后可无偿转增	不可转增或转卖

7.2　区块链应用知识产权资产化的典型案例

7.2.1　NFT 典型应用之 CryptoPunks

2017 年 6 月，世界上第一个 NFT 产品 CryptoPunks（加密朋克）在以太坊发布，它是由上限一万个、24×24、8bit 的像素头像组成，且任何两个人物头像都不可能相同，一开始拥有以太坊钱包的人都可以免费领取，现在只能在二级市场中购买获得。

加密朋克的像素头像，如图 7-10 所示。

图 7 - 10　加密朋克的像素头像

图片来源：CryptoPunks

　　CryptoPunks 官网数据显示，截至 2021 年 12 月 31 日，加密朋克总销售价值达到 18.8 亿美元，平均销售价格达到 27.65 万美元。2022 年 2 月 12 日像素为 CryptoPunk♯5822 头巾外星人获得最大销售额为 2370 万美元，且最低的销售像素 CryptoPunk♯7044 价格也达到了 18.67 万美元的价格。

　　CryptoPunks 共有五中类型，包括外星人、猿、僵尸、女性和男性，与此同时还包括 87 个不同的属性，每个 CryptoPunks 最多可叠加 7 种属性。其中，外星人、猿和僵尸这三种类型最为稀缺，分别占总数的 0.09％、0.24％和 0.88％。由于拥有属性的稀缺性，因此 CryptoPunks 更受到艺术品收藏者的青睐。

　　加密朋克的类型及数量，如图 7 - 11 所示。

朋克类型

属性	#	可用	平均销售额ⓘ	最便宜的ⓘ	更多示例
外星人	9	3	8KΞ	10KΞ	
猿	24	2	2.5KΞ	5KΞ	
僵尸	88	4	1.12KΞ	1.37KΞ	
女性	3840	508	65.06Ξ	61.99Ξ	
男性	6039	841	77.13Ξ	64.65Ξ	

图 7 - 11　加密朋克的类型及数量

　　加密朋克叠加属性数量，如图 7 - 12 所示。

　　现在大多数 NFT 来自 ERC - 721 协议，但是 CryptoPunks 在上传至以太坊时是通过 ERC - 20 协议，这种同质化代币进行改造使其成为不可替代、不可复制、不可分割的代币，即通过对所有像素头像进行哈希密码处理，并将其嵌入智能合约中。因此，CryptoPunks 项

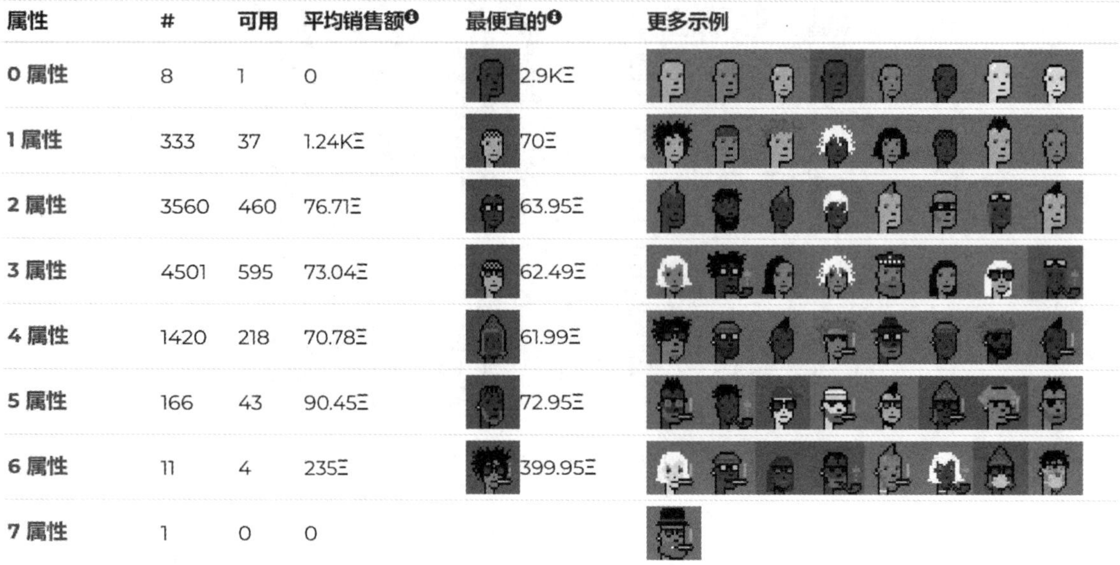

属性	#	可用	平均销售额❶	最便宜的❶	更多示例
0 属性	8	1	0	2.9KΞ	
1 属性	333	37	1.24KΞ	70Ξ	
2 属性	3560	460	76.71Ξ	63.95Ξ	
3 属性	4501	595	73.04Ξ	62.49Ξ	
4 属性	1420	218	70.78Ξ	61.99Ξ	
5 属性	166	43	90.45Ξ	72.95Ξ	
6 属性	11	4	235Ξ	399.95Ξ	
7 属性	1	0	0		

图 7 - 12　加密朋克叠加属性数量

图片来源：CryptoPunks

目的产生为今后大多数 NFT 采用 ERC - 721 代币奠定了基础。现在，可以通过"包装"CryptoPunks 来进行安全的交易。即将所拥有的 Punks 放入代表"包装"的智能合约中进行托管，即可获得代表该 Punks 的 ERC - 721 令牌，随后可以用该代币进行交易。获得代表该 Punks 的 ERC - 721 令牌的买家可随时利用密钥"解开"令牌，并接收该 Punks，随即令牌自动销毁。

自发布有近 5 年的 CryptoPunks 为后续各类 NFT 的发展提供模板，不仅促进了 ERC - 721 标准的开发，也拓宽了人们的社交圈。在艺术的收藏属性中，CryptoPunks 几款像素头像也在佳士得、苏富比等拍卖平台上获得较高的拍卖金额，增加了数字艺术交易的多样性和流动性。

7.2.2　NFT 典型应用之"一起 NFT"

2021 年 10 月 15 日，海南国际文化艺术品交易中心股份有限公司开发了一款"一起 NFT"的应用，具有采用全款全货、挂牌摘牌点选、一对一实名制成交、"T＋5"转让机制、以实物商品＋数字版权为交易对象等特点。

（1）全款全货是指交易平台不会对交易的货款提取一定的手续费，购买者支付款项即可获得该 NFT，原创作者也随即获得该款项，有利于知识产权随时变现。

（2）挂牌摘牌点选是指平台会确保购买者和原创作者的利益，对每一个 NFT 数字藏品的内容和价值给予保障。

（3）一对一实名制成交是指购买者和原创作者在注册应用时需要上传真实身份信息，平台进行核实后再进行交易，确保原创作者所得款项精准、到位。

（4）"T＋5"转让机制是指在该转让机制下，买入后卖出同一个艺术藏品的时间不能少于5 个交易日。原本的"T＋0"转让机制属于短线操作，投机性较强，容易助涨助跌；但是"T

＋5"转让机制下,交易过程中的盈利或亏损在 5 个交易日后才能展现,有效降低投机的意愿。

(5) 以数字版权＋数字商品为交易对象是将数字版权与实物商品相结合,结合确权、确真、确价、确信、确续、确序这六个确定流程,防止"买空卖空"现象,保障购买者和原创作者利益。

"一起 NFT"内的作品是通过我国联盟链中的文昌链进行铸造的,文昌链具有资产数字化建模、存证等功能。对链外资产在文昌链上进行唯一性的数字化建模,使用编码进行标识,借助文昌链安全且不可篡改的性质,对所有权进行确权。NFT 作品都会在链上通过 SHA－256、SHA－512 等密码算法进行存证,并对作品的真实性进行验证。基于文昌链技术支持的 NFT 应用有"大有艺术""元气星空"等场景相继投入市场,并获得广泛关注。

创作者将作品上传至"一起 NFT"应用,随即上传至区块链中形成 NFT 作品,平台确保每一个 NFT 作品都是独一无二、不可篡改的。通过审核后就能够直接在一级市场发售限量的 NFT 作品,并参与该 NFT 作品的二级市场交易,作品已经发售即可享 2.5％的永续收益。同时创艺中心和推荐服务上也可获取 20％的佣金收益。NFT 作品在流通过程中,创艺中心申请挂牌销售,其间授权服务机构将负责市场和培训客户端的用户,对挂牌申请的内容审核通过后,由交易中心上市产品并对完整的交易过程进行监督。交易完成后,将采用数字人民币(DCEP)交易,保证交易真实性和合规性,并严格控制转让涨幅在 20％以内,有效抑制投机的现象。"一起 NFT"应用交易过程,如图 7－13 所示。

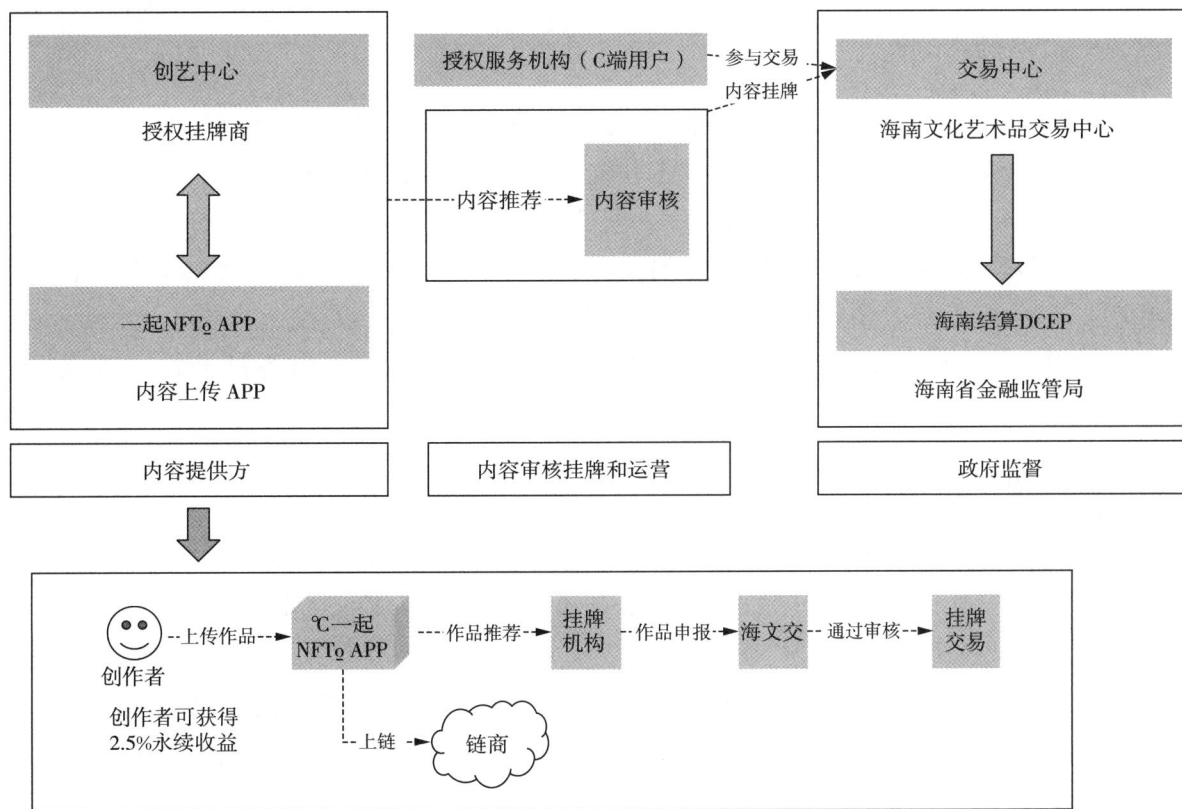

图 7－13 "一起 NFT"应用交易过程

资料来源:"一起 NFT"官网

现在"一起 NFT"已经有三个创艺中心：海南创艺中心、成都创艺中心和昆明创艺中心，授权服务的机构也达到了 29 个服务商。NFT 作品中"宿命鱼全球首发《创世系列》0 号"藏品交易价格以 2000 万元人民币被承购售出。

7.3 区块链应用知识产权资产化的主要问题

区块链技术应用知识产权资产化是一种创新应用，主要存在技术风险、价格炒作风险、金融安全风险、网络欺诈风险、监管合规风险等诸多风险。

7.3.1 技术风险

（1）NFT 协议使用不规范。尽管 NFT 大都遵循 ERC721、ERC1155 协议，但是在不同的区块链平台上，具体的实现参照标准是否不同是无法验证的，尤其在跨平台的业务上，由于接口不规范或不互通，更容易导致安全问题。

（2）智能合约的安全漏洞。以 NFT 为例，其不论是游戏、艺术品还是数字音乐都是通过智能合约来实现业务逻辑，影响 NFT 商品的价值。智能合约存在数值泄露的漏洞、业务逻辑实现不正确等各种问题，从而导致安全事件发生，智能合约的不可变性导致供给发生之后无法及时止损以至于损失无法估量。

7.3.2 价格炒作风险

由于市场对于知识产权资产化的应用方面的性质和权利等内容认知尚不成熟，尤其在对 NFT 商品没有公认的衡量标准，因此容易引发市场过高的心理预期，出现价格泡沫，并成为部分炒作或投机者牟利的方式。2021 年 9 月 10 日，有 Yuga Labs 创作的 NFT 作品集 101 *Bored Ape Yacht Club BACY*，在苏富比拍卖行网站拍卖出 2439.3 万美元的高价，远远高于平台预估的 1800 万美元。值得注意的是，目前线上 C2C 的 NFT 交易平台，如果不对交易规则进行特别限定，则交易平台很容易在投机者的推动下，演变出各种非法"交易所"的乱象。

7.3.3 金融安全风险

现阶段，NFT 存在金融安全的风险，如变相 ICO、洗钱和跨境资料转移等。尽管 NFT 与 ICO 存在着本质上的不同，但如果发行方将知识产权进行权益拆分，发行代表标准化权益的代币，或者以融资为目的借 NFT 的名义发行代币，就有可能涉嫌变相的 ICO。我国《证券法》和《关于防范代币发行融资风险的公告》中明确禁止任何代币的发行。同时，由于 NFT 的溢价，不法分子可能会将其作为洗钱活动和跨境资产转移的通道。

7.3.4 网络欺诈风险

知识产权在区块链技术的众筹应用中，发行方只需提供有关于知识产权的相关信息以及白皮书，且这些信息都属于自愿披露同时内容不受管制。有的众筹项目在众筹初期对资助者可能隐瞒事实，披露虚假信息，有可能存在重大欺诈的行为，资助者们的权益可能因此受到损害。

NFT 市场中，大多数消费者和投资者会因为对于新生事物的不熟悉，被他人利用。若知识产权持有者存储不当，他人可能通过复制等手段进行售卖，形成欺诈行为，导致消费者购买到假货。

7.3.5　监管合规风险

以知识产权为标的的众筹产品在发行时，发行方需要得到原创作者的书面授权，并通过数字存证来证明资助者们得到的是正版商品，使其所有权和使用权合二为一。任何想获取该知识产权商品的人，只能通过证券授权模式去购买，从法律和技术上禁止盗版的可能性。现阶段，一方面，监管部门最关注的问题是在知识产权众筹领域中的非法集资和非法发行代币的危险；另一方面，知识产权类的众筹平台通过收取一定的服务费完成众筹，这些平台基本上风险管理能力不足，内部控制也不够完善，上线项目也基本没有任何门槛，监管部门很难监管到位，更何况现在很多众筹交易平台都在海外，监管机构缺乏相应的数据和证据。

由于 NFT 商品是 2020 年后出现火爆的，在法律法规和监管政策方面都存在不完善的情况。全球对于区块链技术、NFT 的监管都各不相同，需要对交易平台的内容进行监管，避免暴力等内容上链。

7.4　区块链应用知识产权资产化的发展趋势与展望

7.4.1　从政策角度看发展趋势

如今，各个行业及政府正在积极落实习近平总书记关于区块链技术的论述，以开放包容的态度、战略与前瞻性的眼光做好顶层设计，统筹规划监管体系与监管框架，创新监管技术，提升监管能力和监管效率。

现阶段，我国对于虚拟货币交易和区块链众筹模式的监管是采取传统的"一刀切"方式，以控制可能的金融风险。在我国，NFT 的属性没有定性，在交易规则上也没有进行明确的规定，二级交易市场没有被允许开放。因此，NFT 在中国的发展更倾向于无币化或数字人民币（DCEP）的发展。2022 年 4 月 13 日，中国互联网金融协会、中国银行业协会、中国证券业协会联合颁布《关于防范 NFT 相关金融风险的倡议》，明确规定了 NFT 不是证券，更不是金融产品，不能做标准化合约交易。由此可见，我国对 NFT 产品持中立态度，即认为 NFT 产品加密、不可篡改、非同质化的特征为知识产权资产化赋能，但是也要严防金融风险。

最重要的是，我国从始至终坚决禁止发行代币以及通过发行代币的各种融资行为，以此抑制投机炒作情绪。2021 年，支付宝蚂蚁粉丝粒小程序与敦煌美术研究院联合限量发布"敦煌飞天"和"九色鹿"NFT 付款码皮肤，一经发售，相关二手市场价格就被炒作至百万元，平台很快下架 NFT 商品，并强调 NFT 不是虚拟货币，对二次转让进行了限制，防止价格炒作的风险。区块链虚拟货币相关政策文件，见表 7-4 所列。

表 7-4　区块链虚拟货币相关政策文件

颁布时间	政策名称	颁布主体	主要内容
2022.04	《关于防范 NFT 相关金融风险的倡议》	中国互联网金融协会、中国银行业协会、中国证券业协会	坚决遏制 NFT 金融化证券化的倾向，抵制投机炒作行为
2021.09	《关于进一步防范和处置虚拟货币交易炒作风险的通知》	最高人民检察院工业和信息化部、公安部、市场监管	明确比特币、以太币等虚拟货币不仅有与法定货币等同的法律地位；相关业务活动属于非法金融活动；境外虚拟货币交易所通过互联网向我国境内居民提供服务同样被定性为非法金融活动
2021.09	《关于政治虚拟货币"挖矿"活动的通知》	国家发展改革委、中央宣传部、中央网信办、工业和信息化部、税务总局等	宣布虚拟货币"挖矿"华东将被正式列为淘汰类行业
2017.09	《关于防范代币发行的公告》	中国人民银行、工业和信息化部、中国银行业监督管理委员会等	明确代币发行融资本质上是一种未经批准非法公开融资的行为，涉嫌多项违法犯罪活动；规定任何组织和个人不得非法从事代币发行融资活动

资料来源：中央政府网、中国人民银行等

因此，从政策上来看，我国对于 ICO 融资行为是全面禁止的，但是对 NFT 本身认为不具备证券化金融化。NFT 在中国，更加强调 NFT 作为数字资产的凭证属性，更加侧重知识产权的保护，赋予知识产权资产化的流动性等作用。随着技术和市场的发展，我国对 NFT 将会进行更加明确的监管态度，严防金融风险。

7.4.2　从市场看发展趋势

现阶段，我国知识产权资产化更多的是在文化艺术品交易中心进行，且其中投融资采取政府引导和市场化运作等方式，所有的融资均符合相关法律法规。如今，我国很多文化艺术品交易所都在不断探索区块链技术应用知识产权资产化，如广东知识产权交易中心应用的"知交汇"交易平台，促进知识产权实现商业价值，将文化产业与金融创新有机结合，赋能知识产权的应用。

中国数字人民币的上线将为区块链应用知识产权资产化提供交易基础。2022 年 1 月 4 日，中国数字人民币正式上线。数字人民币以数字形式存在，依靠强大的国家信用作为背书，不仅自身具有价值，更具有交易的安全性。支持双离线支付、交易可控匿名等功能，在降低商业银行现金管理成本的同时，对大额非法资金的流动实现监管。数字人民币的加持，在保护 NFT 交易资金安全的同时，也能够防止洗钱和非法集资，有利于对区块链应用知识产权资产化进行市场监管。自 2020 年 5 月，数字人民币就已开展试点并积极推进数字人民币 App（试点版）的安装和使用。截至 2021 年 12 月，数字人民币 App（试点版）的月度活用户数已达到 546.7 万。2021 年数字人民币 App（试点版）月活用户数，如图 7 - 14 所示。

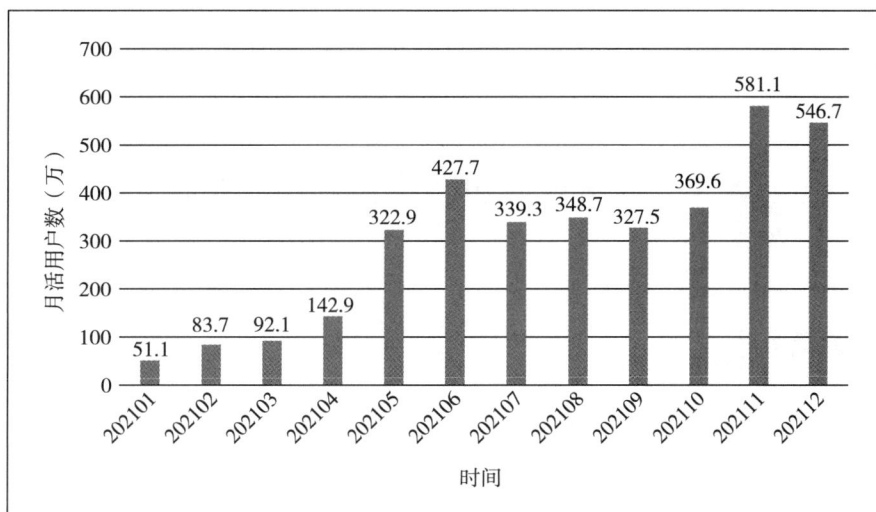

图 7 - 14　2021 年数字人民币 App（试点版）月活用户数
数据来源：极光大数据

　　现阶段，我国 NFT 尚处于初期起步阶段，头豹研究院基于现阶段中国 NFT 市场发展情况对我国 NFT 远期市场空间进行测算，测算结果认为，2021 年我国 NFT 市场销售额约为 3.02 亿元人民币，认为中国 NFT 市场规模在 2026 年可达到 295.2 亿元人民币。但是由于监管仍需完善，技术尚不完全成熟，我国 NFT 的二级交易市场暂时不能开放，因此市场规模相较于国外较小。

　　随着区块链技术与多个行业的融合发展，在未来，区块链将在知识产权资产化方面进一步渗透，在区块链信用机制下，赋能知识产权保护、交易、融资等多个场景。

第8章 区块链应用网络借贷行业发展现状

8.1 区块链应用网络借贷市场综述

8.1.1 网络借贷概述

借贷是人们日常生活中常见的金融活动，已经有几千年的发展史。近年来，随着互联网技术的迅猛发展，传统借贷业务携手互联网，形成了多种网络借贷模式。

网络借贷是指借款人和贷款人通过网络平台实现借贷双方交易的借贷模式，包括以互联网为载体的银行借贷业务和以网络为载体的小额借贷业务等。网络借贷依靠巨大的市场需求，具有借贷自由、操作流程简单、能够实现超额投资等优势，一经问世，便迅速兴起，截至目前，已经形成了数万亿元的市场规模。

8.1.2 网络借贷发展现状

8.1.2.1 国外网络借贷发展历程与现状

国外网络借贷发展历程，如图 8-1 所示。

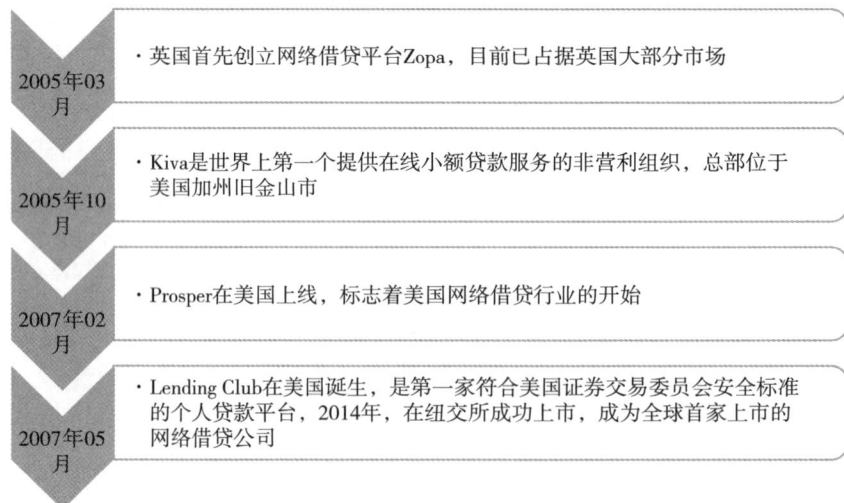

2005年03月	·英国首先创立网络借贷平台Zopa，目前已占据英国大部分市场
2005年10月	·Kiva是世界上第一个提供在线小额贷款服务的非营利组织，总部位于美国加州旧金山市
2007年02月	·Prosper在美国上线，标志着美国网络借贷行业的开始
2007年05月	·Lending Club在美国诞生，是第一家符合美国证券交易委员会安全标准的个人贷款平台，2014年，在纽交所成功上市，成为全球首家上市的网络借贷公司

图 8-1 国外网络借贷发展历程

网络借贷最早起源于英国。2005 年 3 月，一家名为 Zopa 的网站在英国建立，提供社区贷款服务。该网站首先将借款人分四个信用等级，贷款人可以根据借款人的信用等级、借款金额、利率和时限进行选择。Zopa 在整个交易过程中充当"银行"的角色，承担包括双方交易中所有事务、法律文件、信用认证、追讨欠账等责任。为了规避风险，Zopa 还强制要求借款人按月分期偿还贷款，借款人必须签订合同，允许贷款人将款项拆分贷出等。

Kiva 是世界上第一个提供在线小额贷款服务的非营利组织。它成立于 2005 年 10 月，总部位于美国加州旧金山市。该网络借贷平台把借款人和贷款人联络起来，贷款人可以在平台上看到借款人的信息，自主选择借贷金额，接着贷款人通过在线支付的方式将资金转给借款人。事实表明，这种模式为贫困地区的创业者提供了宝贵的资金来源。

2007 年 2 月，在美国出现名为 Prosper 的首家个人信贷网站。由于信用体制的完善，Prosper 的验证效率非常高，最快在通过验证的当天就可以获得资金。Prosper 的任务是确保交易安全、公平，包括贷款支付和匹配符合借贷双方要求的借款人和贷款人。网站收入来源为借贷手续费，从借款人处收取每笔借贷款的 1%～3%，从出借人处按年度总出借额的 1%收取服务费。在交易过程中，Prosper 是单纯的中介，并不承担坏账风险。Prosper 曾经引起了美国证监会的注意，他们认为网站实际是在售卖金融产品，这种借贷模式不合法，并在 2008 年年初勒令其关闭。不过 2009 年加州政府允许该公司重新开业。平台多针对小额贷款，一般而言，网站会对借款者的借款请求数额有限制，范围在 1000～25000 美元。Prosper 的模式类似拍卖，借款人想寻找利率最低的贷款人，而贷款人则希望找到利率最高的借款人，双方的重要参考指标就是个人信用评分。

2007 年 5 月，在美国加州上线的贷款俱乐部 Lending Club，是第一家符合美国证券交易委员会安全标准的个人贷款平台。Lending Club 把贷款归属关系以及贷款转卖等交易正式纳入其运营模式，这也是对投资者最大的权益保障，即便发生严重债务危机，例如 Lending Club 破产，已经贷出的资金也会继续得到美国政府的保障，这使得 Lending Club 从真正意义上发展成了一个"银行"和交易平台。Lending Club 于 2014 年在纽交所上市，是目前全球最大的匹配借贷双方的网络借贷平台。截至 2022 年 4 月，Lending Club 总市值达到了 14.3 亿美元，累计贷款金额超过 600 亿美元，帮助了 300 多万美国人改善经济状况。

总体来看，由于较早地建立了信用体制，国外网络借贷体系已较为成熟。从国际经验看，经过行业产生之初的野蛮生长后，美国网络借贷市场已经形成了 Prosper 和 Lending Club 的双寡头垄断格局，目前 Prosper 和 Lending Club 二者合计市场份额达到 96%。而英国目前也主要由三家企业占据市场大部分份额。

8.1.2.2　中国网络借贷发展现状

与国外相比，中国的网络贷款起步较晚，但行业发展迅速，竞争激烈。这主要是由于中国经济发展迅速，资金需求大，而中国传统金融业无法满足社会各阶层尤其是中小企业的借贷需求，这为中国网络借贷的诞生和快速发展创造了条件。

近几年中国的网络借贷市场规模逐年增长（图 8-2）。2021 年全年网贷行业成交量达到了 20638.72 亿元，相比于 2020 年，增长了约 110%。

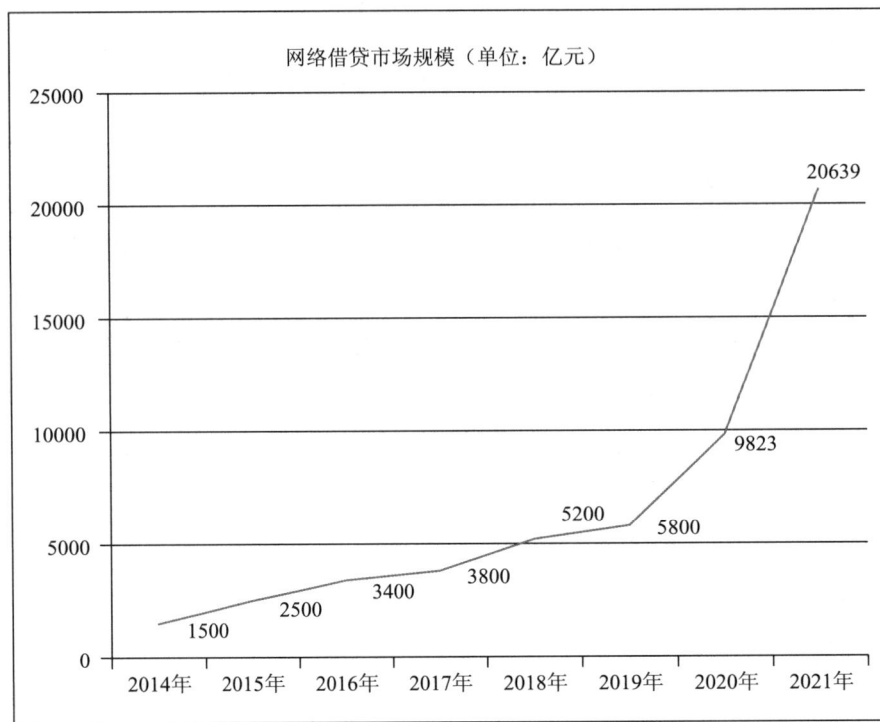

图 8-2　近几年中国的网络借贷市场规模
数据来源：《中国网贷行业年报》

近年来，我国网络借贷行业发展迅猛，网络借贷平台主要集中在少数几个省份，广东、山东、北京、上海、浙江 5 省市的网络借贷平台数量占到了全国的 63.3%。截至 2021 年 12 月底，网贷行业正常运营的平台数量达到了 2448 家，2021 年全年新上线平台为 756 家，其中 2021 年第四季度新上线仅有 38 家，网贷行业已经从"野蛮发展"阶段迈向了"规范发展"新阶段。

从网络借贷行业平均借款期限来看，近年来基本保持稳定，在 6～7 个月徘徊。数据显示，2021 年网贷行业平均借款期限为 7.89 个月。相较于传统金融机构，网络借贷仍然以短期借贷为主，主要原因可能是监管层对于行业短期民间借贷的属性尚未改变。

目前，中国的网络借贷平台主要有两种模式：

一是以互联网为载体的银行借贷模式。商业银行网络贷款目前主要为个人消费类贷款，根据相关资料统计，2019 年中国商业银行网络消费贷款占人民币贷款总额的比例达到了 28.72%，但自 2020 年起开始呈下滑趋势，2021 年中国商业银行网络消费贷款占人民币贷款总额的 28.48%，较 2020 年减少了 0.22%（图 8-3）。

以中国建设银行为例，其网络银行"e 贷款"系列产品是专门服务电子商务客户的网络贷款产品，包括网络信息流类、网络物流类、网络资金流类、网络供应链类等基本类型。该产品具有网络增信、轻松准入、操作简便、高效快捷等特点，电子商务客户通过全流程在线

中国商业银行网络消费贷款占贷款总额的比例

图 8-3　中国商业银行网络消费贷款占人民币贷款总额的比例

数据来源：公开资料整理

操作轻松获得建行的融资支持。该产品为中国建设银行首创，开启了网络贷款的全新时代。

另一种模式则是以网络为载体的小额贷款。以 360 金融为例，360 借条是 360 金融旗下的网络消费信贷品牌。360 金融于 2018 年年底在美国纳斯达克上市，360 金融是 360 的金融合作伙伴，背后拥有近 6 亿 PC 用户、超过 10 亿台的设备。在此背景下，360 借条依托国内最大的人工智能、大数据驱动的金融科技平台，受到了全球投资者的认可。与 P2P 借贷不同，360 借条采取助贷模式，借款资金主要来自工商银行、光大银行等大型金融机构合作伙伴，资金合规有保障，具备健康发展的资金能力。

作为"卓越消费金融风控企业"，360 借条在放贷及借贷额度上有着安全严苛的审核门槛，审核过程中，为了预防有人冒用他人身份骗贷，360 借条会要求用户通过人脸识别确认身份。后台通过 AI 风控模型智能分析，对用户的综合信用状况给出评价，相应授予最低500 元到最高 20 万元不等的借款额度。只要之前没有失信的情况，一般最快 3 至 5 分钟就能够完成审核。到账金额即借款金额，审核没有任何费用，用户借钱之后才会产生息费。额度可以循环使用，在额度充足且账户状态正常的情况下，用户可以随时发起借钱申请。可以说，在用户选择和额度控制上，360 借条用科技实现了安全与便捷。

面对外界普遍关注的逾期问题，360 借条也有一套安全可靠的处理流程。作为一款优质助贷产品，360 借条撮合借款用户和金融机构，资金大都来自银行等金融机构，用户相当于在银行借款。如果逾期不归还，那么银行会自动将用户的逾期信息上报央行征信；如果逾期严重，将被互联网法院仲裁或法院诉讼，失信信息将上失信名单，变成老赖，连购买机票、火车票都会被限制。在智能风控管理及优质配套服务下，360借条受到越来越多收入稳定、信用良好的白领群体的欢迎，成功跻身网络借贷类 App 排行榜首位。

由此可见，网贷行业暂时的乱象是行业发展必须经历的蜕变过程，通过全面洗牌和整合将引导行业有序健康发展，形势越严峻，越能突出优质产品的必要性，相信在人工智能、大数据金融科技的驱动下，360借条定能历经大浪淘沙，成为能满足各个领域、各个阶层需求，为更多用户解决融资难题的优质金融产品。

8.1.3　网络借贷的问题

表 8-1 列举了当前网络借贷行业的一些问题。

表 8-1　网络借贷行业的一些问题

网络技术问题	网络攻击风险	网络借贷平台受到病毒或黑客的攻击，对平台运作、资金存管等构成安全威胁的风险
	信息存储风险	存储在网络借贷平台中的用户数据、交易信息等可能存在的安全性、保密性风险
	数据传输风险	在网络借贷平台交易信息数据传输的过程中，可能遇到的数据被篡改、伪造等的风险
	技术故障风险	由于存在技术漏洞缺陷等，系统可能发生故障，导致平台运营中断造成损失
信用问题	借款人违约风险	借款人在贷款到期时无法依合同约定时间或约定条件对贷款还本付息，致使网络借贷平台和出借人利益受损
	平台违约风险	网络借贷平台可能出现挪用用户资金、卷款跑路、非法集资等不能对资金出借者履约而产生的风险
	欺诈风险	借款人利用网络虚拟性，伪造虚假信息获取借款，或通过虚假身份从事诈骗活动，骗取投资者资金的风险

8.1.4　区块链技术赋能网络借贷

网络借贷易发生坏账、犯罪隐患、信息安全、风控成本大等问题的特点与区块链技术有天然的契合性。区块链加密技术的不可篡改性、可追溯性可以有效防止网络借贷交易数据被篡改，使得交易数据的真实性、可靠性得到了保证；区块链技术的去中心化能够保证交易的双方在很多时候就不必借助第三方来完成数据真实性的验证工作，提高了交易效率；区块链智能合约可以根据事先约定的条件来实现某些业务的自动执行，在一定程度上解决了网络借贷的履约风险问题。

"区块链＋网络借贷"将促使借贷行业的标准化，改变传统网络借贷的乱象，帮助更多有需要的人。区块链行业的先行者们已经在网络借贷领域做了很多尝试。网络借贷一般包括如下几个流程：进件、风控、放款、贷后监控、逾期处置。下面逐一探讨网络借贷各流程的区块链应用潜力。

（1）进件

进件是贷款申请受理，贷款资料审查和了解借款人基本信息的过程。进件材料的真实性、完整性和准确性是整个借贷业务的基础，而行业中的伪造资料骗贷、虚假标的等问题大多源于此环节。因此，若能够通过区块链分布式账本公开透明、不可篡改和不可抵赖的特性，将原始进件材料（或材料哈希值）上链，将大大提升审计监察效率，降低借款人和网络借贷平台的作恶意愿。

瞄准这一环节的痛点，在应用程序、中间件、基础设施三大领域，创业团队、巨头们纷纷布局。商业应用方面，国内外已有一些知名项目先后启动，如 Origin Protocol、Civic 等，激烈的竞争或是行业即将取得突破的信号。

（2）风控

风控是借贷决策的关键环节，网络借贷一般会依据大数据技术，通过反欺诈规则、风控模型、授信模型等多维度，分析借款人的还款能力和还款意愿。风控环节的核心在于两个方面：征信和担保，而区块链在这两方面都大有可为。目前，我国征信行业数据孤岛现象严重，依靠传统的技术实现征信数据共享难度大且成本高，也很难实现多方互信。利用区块链技术建立联盟机构征信平台，可将分散在各个机构间的数据整合在一起实现数据共享，解决行业征信问题。此外，随着区块链数字身份和资产通证化的发展，抵押、质押和保证等担保方式也可在区块链上办理，解决了当前流程烦琐、手续复杂的问题。前述商业应用中，本体、ID Hub、Civic 等已经提出了一些解决方案，行业目前处在质变前夕。

（3）放款

对网络借贷而言，一般会在放款的同时完成电子合同的签订。运用区块链技术提升现有流程，目前比较可行的方案是将电子合同和借款人的必要数据上链，同时将数据共享给公证、司法仲裁机构和互联网法院，为后续的贷后管理及逾期处置做好准备。

（4）贷后监控

贷后监控将影响贷款的回收率，定期贷后检查必不可少。目前网络贷款行业在贷后监控环节已经逐步降低人工比例，但是，鉴于借贷业务模式和放款种类的限制，无法做到完全的自动化操作。若在借贷过程中引入通证模型，则可以通过区块链智能合约技术，事先制定贷后检查规则，由事件触发智能合约自动预警，自动执行停止放贷、通证资产冻结等操作。可以在第一时间对风险事项进行处理，避免人工处理滞后带来损失。

（5）逾期处置

当贷款逾期或出现坏账的时候，将引发催收和担保实现流程，即要求处置抵质押品，或者要求保证人履行担保职责。现实生活中，这个处置流程一般都需数月。而资产上链后，通过智能合约可轻易实现借款人或保证人链上资产的处置，极大地提升网络借贷的效率。投资人在逾期等问题上面临的风险降低之后，会促进更多的资金进入网络借贷行业，从而改变行业的困顿之局。

8.1.5 基于区块链技术的网络借贷发展现状

区块链网络借贷，本质是运用区块链技术对借贷底层生产关系和商业逻辑进行根本上的改变，即改变了传统网络借贷流程中各个角色的合作关系和数据传输与获取的方式，建立信用联盟去解决传统借贷领域存在的痛点。随着区块链技术的不断发展，目前国内外在网络借贷领域试点应用，并形成了一批典型案例，为区块链的应用落地和推广起到了很好的示范作用。

谈及区块链网络借贷前，首先要了解 DeFi（Decentralized Finance，去中心化金融），DeFi 是指可于公共去中心化区块链网络上获得、无须通过银行或经纪等中介，向任何人开放的金融产品及系统。DeFi 的应用场景十分广泛，分化出了包括借贷、衍生品等在内的众多应用。

DeFi 于 2021 年实现了爆发式的增长，据 DeFi Pulse 平台数据，截至 2021 年 5 月，DeFi 总锁仓量为 784.54 亿美元，较 2021 年年初 158.11 亿美元增长近 4 倍，较 2020 年年初 6.77 亿美元增长近 115 倍。DeFi 具备去中心化、抗审查性、可组合性等多方面特性，助力构筑全新的金融生态，为金融体系的发展带来新的可能。

受流动性挖矿、分叉项目等事件的推动，DeFi 市场加速繁荣，总锁仓量激增至 785 亿美元，同比增长 85 倍，其中锁仓量排名前十的 DeFi 项目以借贷类和 DEX 为主。此外，DeFi 用户量亦呈指数级增长，市场参与度增高。截至 2021 年 5 月，总用户人数增长至 235.3 万人，相比于上年同期 18.3 万人增长约 12 倍，其中 Compound 及 Uniswap 为影响力较大的代表性 DeFi 项目。DeFi 各主要赛道表现优异，在借贷项目资产价格方面，借贷项目赋予数字货币生息功能，推出后即受到投资者热捧，目前最大的三个项目为：Compound、Maker、Aave。

DeFi 借贷板块情况，见表 8-2 所列。

表 8-2　DeFi 借贷板块情况

平台/协议	项目名称
Ethereum	Compound、Maker、Aave
Binance Smart Chain	Venus

资料来源：长城证券研究所

去中心化借贷通过借贷协议提供标准化和具备可操作性的技术基础，其基于数字资产进行抵押，可自动化实现即时交易结算，降低交易成本，且以超额抵押模式代替信用审查。抵押贷款的业务方主要分为出借人、借款人以及借贷平台，其中，借贷平台赚取了借方与贷方的利息差，借款人获取智能合约执行的约定利息，贷款人获取相应的贷款。借贷的主要阶段包括：（1）预言机（去中心化报价器）综合市场信息做出实时动态变化，调节利率达到供需平衡。（2）抵押物数字资产价格下降，或者借款人拖欠利息，质押率不及某一阈值，例如150％时，贷方此时需要补充抵押的数字资产或者归还部分贷出的数字资产以提升质押率，否则 DeFi 借贷平台会按照智能合约执行清算流程，而一旦贷款触发清算，将会有一定数额的清算罚金。

借款人借款流程，如图 8-4 所示。

贷款人出借流程，如图 8-5 所示。

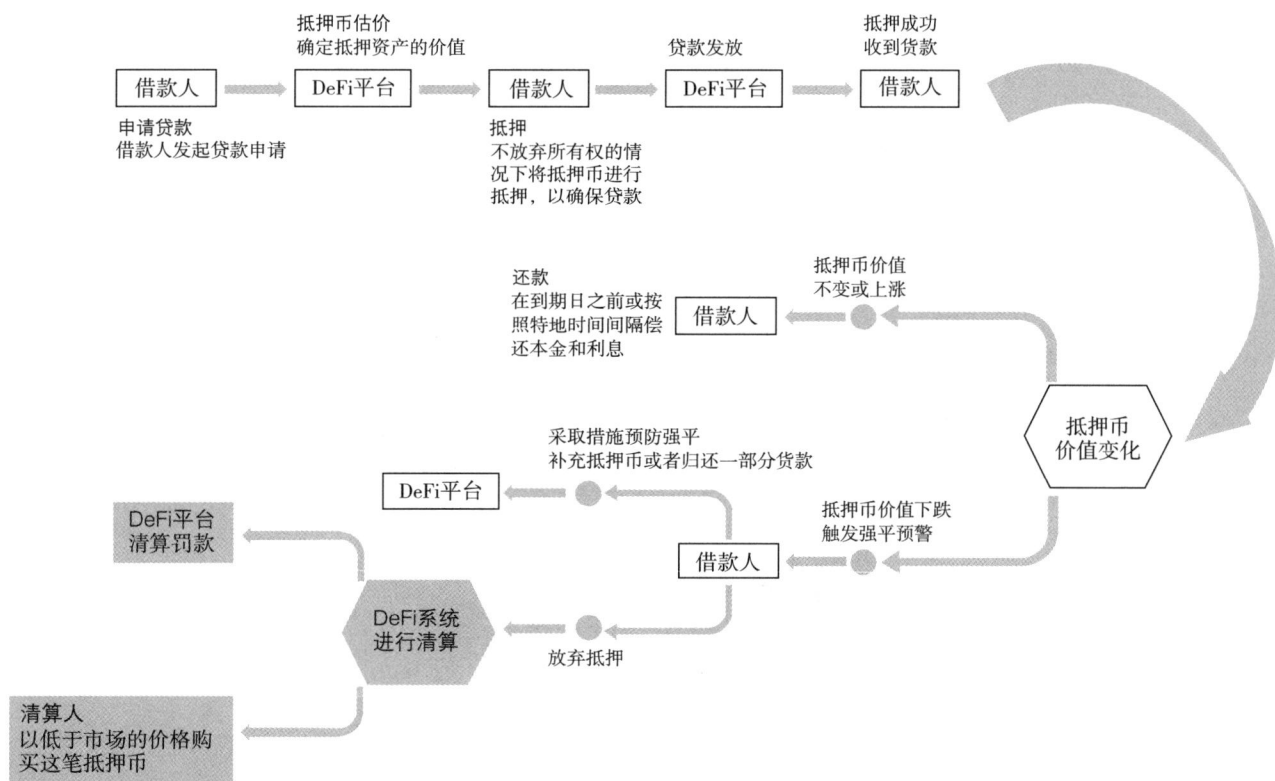

图 8-4　借款人借款流程

资料来源：长城证券研究所

DeFi 借贷平台发放数字资产补贴激励平台的存贷行为，从而形成正反馈效应。针对每一笔成功的借贷行为，DeFi 借贷平台会将一部分盈利支付给出借方作为利息；一部分留存作为平台生态的盈余公积，一般用于平台发生不可预测的极端事件下提供赔付、激励团队，以及回购平台的治理代币，造成人为的通缩，提高平台币单价。例如 Compound 平台编号 007 的空投方案，将部分手续费以空投奖励的方式，50% 分配给资金借方，50% 分配给资金贷方。

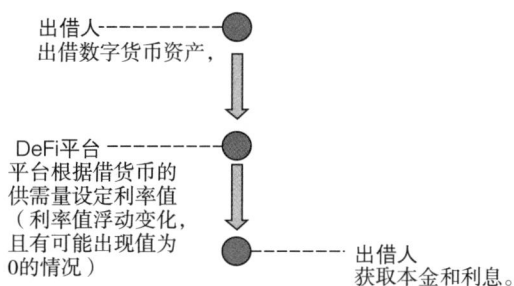

图 8-5　贷款人出借流程

资料来源：长城证券研究所

空投的目的是吸引更多用户参与平台交易，加深借贷资金池深度，调节 Compound 的供需关系，进而改善利率，以更加切合市场需求，吸引用户参与，提高交易效率，而更多人参与将提升手续费收入，即有更多资产可作为补贴发放激励平台借贷行为，从而形成正反馈效应。

借贷平台执行数字资产补贴的正反馈效应，如图 8-6 所示。

目前，Compound 项目借贷总量排名第一，Maker 锁仓达 129 亿美元。从 DeFi 借贷平台的借贷总量看，排名前三的项目是 Compound，Venus 和 Maker，据 Debank 数据，截至 2021 年 5 月，三个平台的借款总量规模分别为 82.1 亿美元、70.6 亿美元和 48.4 亿美元。

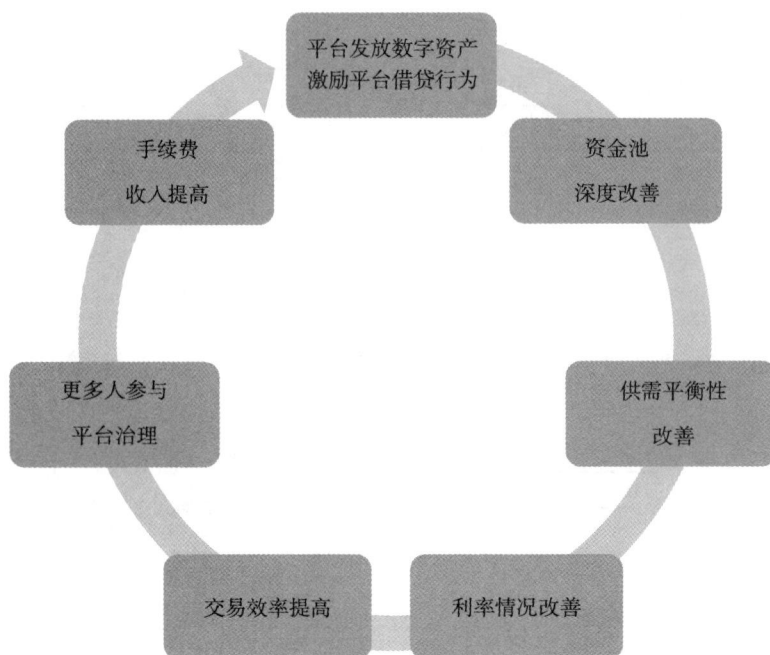

图 8-6　借贷平台执行数字资产补贴的正反馈效应

资料来源：长城证券研究所

其中 Compound 项目的占比由 2 月的 48％下降为 5 月的 35％，但是仍然处于第一的位置。而 Venus 则由 11％上升至 28％，相应的排名由第三升至第二，主要原因是 Venus 依托于中心化交易所币安，拥有较为庞大的用户规模。Maker 的借贷总量占比略有下滑，由 26％下降到 19％，排名由第二降低至第三，但借贷总量仍有超过 100％的上涨，由 20 亿美元升至 48 亿美元。根据 Debank 数据，2021 年 5 月借贷项目 CR5 总体规模为 465 亿美元，其中 Maker 锁仓量为 129 亿美元，在 CR5 中占比为 28％。

截止 2021 年 5 月，CR5 借贷平台锁仓规模为 10 亿美元（图 8-7）。

借贷数字货币资产的类别及规模上，ETH 及 Dai 处于领先地位。截至 2021 年 4 月，从 Compound 平台借方池看，ETH 已达 42.46 亿美元，占比 27％，位列第一名，而稳定币则占比超六成，分别占据第二名至第五名。从 Compound 贷方池看，由于贷方对于资产价值稳定具有一定要求，稳定币 Dai 的规模为 29.72 亿美元，占比为 44％；稳定币 USDC 的规模为 29.24 亿美元，占比为 43％。

DeFi 借贷项目频出，持续优化，Maker、Compound、Aave 等成为 DeFi 借贷市场主流的借贷平台。

Compound 是 DeFi 借贷市场主流的借贷平台之一，目前可以支持 ETH、USDC、Dai、REP、WBTC、SAI、ZRX 和 BAT 代币的借贷，每一种代币拥有独立的资金池，交易双方不需要单独撮合，不存在交易对手风险。存款人将加密资产存入智能合约，收到相应数量的 cToken，由此产生的利息在持有的 cToken 上累计，cToken 可以兑换出其代表的标的资产和利息。而借款人需要抵押超额代币以获得贷款额度，每种资产有不同的抵押率。另外，若

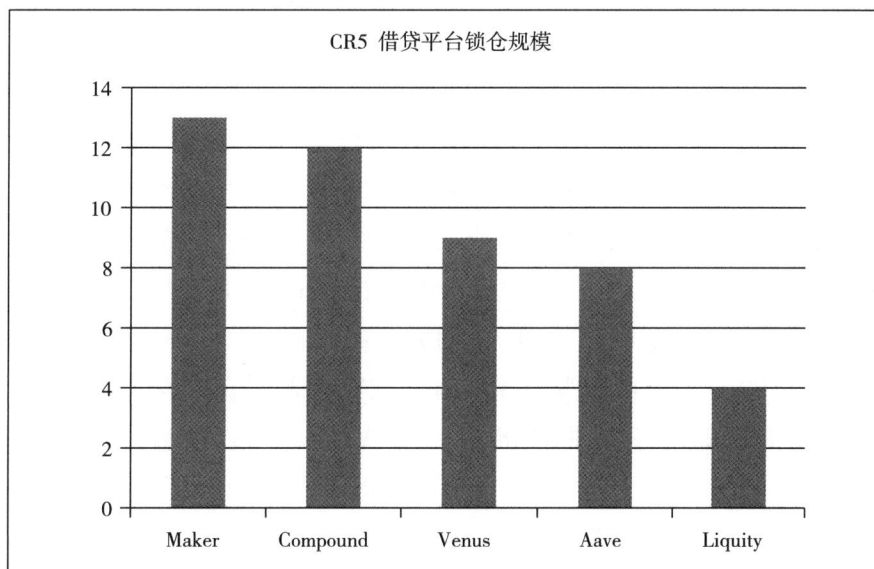

图 8-7　CR5 借贷平台锁仓规模（十亿美元）（截至 2021.05）
资料来源：长城证券研究所

抵押资产升值，则抵押率上升，可以提取更多贷款；若抵押资产贬值，低于要求的最低抵押率时，自动清算机制启动，平台将变卖部分抵押品直至达成最低抵押率水平，同时收取一定的清算手续费。不同资产有不同的年利率（APY），APY 根据资产供需通过算法设定，一般来说借款需求越高，APY 值越大。以 Dai 稳定币为例，据 Compound finance 数据，存款人一年内可赚取 6.15% 的利息（截至 2021 年 5 月），借款人一年后应支付 8.81% 的利息。Compound 采用线性利率模型，近一年锁仓量持续上升，据 DeFi Pulse 平台数据，截至 2021 年 5 月，Compound 锁仓量达 103 亿美元，仅次于 Maker、Aave 借贷平台，展示出了较高的市场认可度。

　　Maker 通过抵押加密资产（如 ETH）生成 Dai，Dai 运行机制公开透明，同时用于生成 Dai 的抵押资产容易被用户验证，Dai 是 DeFi 交易和借贷领域首选的美元稳定币。以质押 ETH 借出 Dai 为例，Dai 与美元进行 1：1 锚定，假设 ETH 当前价格为 150 美元，ETH 最低抵押率为 150%，即抵押 1ETH 可以提取 100Dai。借款人在偿还贷款时，除偿还相应 Dai 之外还要支付一定比例的稳定费，稳定费必须以 MKR 代币来支付。另外，当 ETH 价格下降，抵押率降低，低于最低抵押率时便会发生强制清算，通过 Maker 协议的拍卖机制，以拍卖部分抵押资产获得的 Dai 偿还债务，其中包括清算罚金（质押金额的 13%）；若拍卖抵押物获得的 Dai 不足以偿还贷款，则由 Maker 缓冲金中的 Dai 进行偿还；若仍不足以偿还则触发债务拍卖机制，增发新的 MKR 并出售给使用 Dai 参与竞拍的用户，通过拍卖 MKR 获得的 Dai 进入 Maker 缓冲金，一旦超出缓冲金上限，Maker 协议将自动销毁拍卖所得的 MKR。为了防止清算以及清算处罚，提取 Dai 时不应超过最大可提取数量，应预留较大空间来确保抵押率始终大于 150%。另外，MKR 持有者可以管理 Maker 协议及 Dai 的金融风险，以确保协议的稳定性、透明性和高效性，MKR 持有者拥有与 MKR 代币数量成正比的投票权，可以通过投票决定债务上线、稳定费、清算率、清算罚金等主要风险参数。据 DeFi Pulse 平台数据，截至 2021 年 5 月，Maker 的总锁仓量达 137.9 亿美元，居 DeFi 市场锁仓量第一位。

Aave 借贷平台支持 Dai、USDC、USDT、ETH、WBTC、UNI 等 20 多种加密资产进行抵押借贷，与 Compound 类似，当存入加密资产便会获得相应数量的 aToken，不同之处在于 aToken 保持与基础资产同等的价值，不会随着利息升值，而是增加余额中 aToken 的数量。除了提供抵押贷款业务外，还提供无须抵押的闪电贷业务。闪电贷要求借款、使用、还款等系列操作在同一区块内完成，一旦未完成还款则该笔贷款无效，因此对于贷方而言闪电贷是无成本、无风险的。并且闪电贷使得用户可以无成本套利参与清算，从中获得收益。Aave 闪电贷自上线以来交易额增长非常迅速，据 Aavewatch 平台数据，截至 2021 年 5 月，累计交易额达 38.38 亿美元。近一年 Aave 锁仓量也持续上升，据 DeFi Pulse 平台数据，截至 2021 年 5 月，Aave 锁仓量达 107.5 亿美元，仅次于 Maker。

8.2　区块链应用网络借贷的典型案例

DeFi 应用大致可分为八大板块：借贷板块、去中心化交易所、稳定币、衍生品类项目、资产管理、聚合器、基础设施、数据服务商。在去中心化借贷项目方面，排名前三的项目是 Compound，Venus 和 Maker，据 Debank 数据，截至 2021 年 5 月，借款总量规模分别为 82.1 亿美元、70.6 亿美元和 48.4 亿美元。从借贷数字货币资产类别及规模上看，ETH 及 Dai 处于领先地位。本节以 Maker 为典型案例，来深度剖析区块链在网络借贷的应用。

8.2.1　Maker 的概念

Maker 是以太坊上自动化抵押贷款平台，也是一个运行在以太坊区块链上的智能合约平台，Maker 提供稳定币 Dai，建立起以太坊上的去中心化借贷金融体系。通俗地说，Maker 通过智能合约来质押用户的数字资产，再借给用户同等金额的稳定币 Dai。Maker 采用了双币模式：一种为稳定币 Dai，即用户最终能借到的币；另一种为权益代币和管理型代币 MKR，是用户在赎回抵押的以太坊时需要支付的利息。通过双币机制，Maker 使得整个去中心化的质押贷款体系得以运转。

8.2.2　Maker 的运作机制

在了解 Maker 的运作流程前，首先要了解几个概念。

抵押债务头寸合约（CDP），它是 Maker 的核心智能合约，在 Maker 系统中的作用是负责保管抵押品。

Dai 是一种锚定美元的稳定币，通过数字资产足额抵押担保发行，1Dai＝1 美元。自 2017 年上线以来，Maker 使用利率机制使 Dai 始终稳定于 1 美元。与 USDT、True USD 等不同的是，Dai 的运行机制是公开透明的，这也是 Dai 的优势之一。不仅 Dai 本身透明，换取 Dai 的抵押物以太坊的价值波动和数量也一样透明，对外公开可见。

Dai 与传统抵押金融的区别，见表 8 - 3 所列。

表 8 - 3　Dai 与传统抵押金融的区别

属　　性	传统抵押金融	Dai 抵押系统
抵押物	固定资产、有价证券等	以太币等数字货币资产
抵押获得的产品	现金贷款	Dai
抵押平台	银行	Maker
抵押方式	合约协议	智能合约
抵押费用	贷款利率	稳定费

资料来源：长城证券研究所

更重要的是，Dai 是一种去中心化的代币，它完全是在以太坊网络上用智能合约来实现其存在的。Dai 始终是超额抵押的，当用户在 Maker 质押资产时，平台会根据担保物的风险参数来进行一个抵扣，也就是说 Dai 的背后始终有足额的资产。

如果资产价格上升，那么 Dai 的担保将更充足。如果资产下跌到一定值，合约会自动启动清算。任何用户都可以清算抵押不足的资产，并且获得 3% 的无风险收益。这也激励了很多市场参与者扮演 Maker 中的 Keeper 角色，他们不仅可以从系统中获益，同时也保护了 Dai 的偿付性。

MKR 是 Maker 体系中的权益型和管理型代币。在用户赎回抵押的以太坊时，需要支付 MKR 作为稳定费，这种情况下 MKR 会被销毁。随着使用 Dai 的人越来越多，稳定费也会越来越多，销毁的 MKR 也就越来越多，MKR 也就越来越值钱。从这个意义上讲，可以把 MKR 看作一个通缩体系，MKR 的持有者可以从 Dai 的广泛使用中获取收益。

Maker 在 DeFi 领域是毫无疑问的龙头，DeFi Pulse 的数据显示，Maker 在 DeFi 锁仓总市值的比重高达 56.89%。

Maker 的运作示意图，如图 8 - 8 所示。

用户将自己手上持有的 ETH 打入以太池中，获得 PETH。之后将 PETH 打入 Maker 智能合约 CDP 中获得 Dai。抵押的以太坊价值和所能创造的 Dai 的价值比率称为抵押率。用户将 Dai 和系统的稳定费（以 MKR 来支付）打入 Maker 智能合约 CDP 取回 ETH。

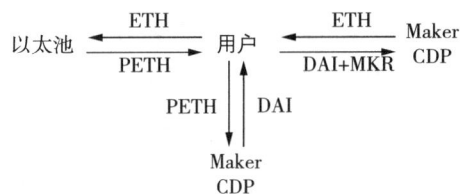

图 8 - 8　Maker 运作示意图

整个系统中，最关键的是如何保证 Dai 的价格和美元保持在一个稳定的范围内。Maker 设计了目标价格变化率反馈机制（TRFM）：当 Dai 价格低于 1 美元时，CDP 的债务比例将会降低。这就意味着抵押相同数量的 ETH 获得的 Dai 将会变少，减少市场上 Dai 的供应，同时增加稳定费，提高获得 Dai 的成本，从而抑制 Dai 价格的下降。

由于市场回暖，以太坊价格开始上升，而抵押以太坊借 Dai 相当于一个杠杆，人们可以用借来的 Dai 买入更多的以太坊，从而获利。在这种情况下，系统抵押生成了许多的 Dai，而这些 Dai 并没有像 USDT 那样，被当作稳定币来使用，而是被持有者们卖出，换得更多的数字资产。在这种情况下，Dai 对美元的价值就不能保持稳定，会一路下降。这是 Maker 提升稳定币费率的背景。

当稳定币费率提升后，抵押以太坊获取 Dai 的成本变高了，如此一来，人们抵押以太坊换取 Dai 的意愿就会降低，从而抑制供应量大幅增长，以此起到抑制币价下跌的功用。反之，若 Dai 价格高于 1 美元时，CDP 的债务比例将会提高，相同 ETH 能换更多的 Dai，Dai 的供应量增加，使得市场需求减少，价格下跌。

8.3　区块链应用网络借贷的主要问题

尽管区块链网络借贷的去中心化机制看上去完美，让治理和决策更公平、公开、公正，且减少了物理空间限制，但现有区块链网络借贷仍处于发展初期，还有许多亟待改进之处。下面基于 DeFi 来说明区块链网络借贷存在的问题。

8.3.1　交易成本高

由于目前 DeFi 类项目大多在以太坊公链上运行，DeFi 市场的增长导致对以太坊区块空间的需求增加，给用户带来了昂贵的 gas 费用，即交易成本较高。对此，开发者们正在进行积极尝试：Layer2 扩展方案通过处理链下交易提高了交易速度和交易吞吐量，间接降低了交易费用；备受期待的 ETH2.0 也正在研发中，其目标是进一步扩展以太坊网络，使其能够支持每秒上千笔交易（目前的以太坊仅支持每秒约 15 笔交易），从而有效降低交易费用。

8.3.2　系统性风险

DeFi 过度依赖智能合约技术，而智能合约存在着一定的技术风险，黑客可能会利用甚至耗尽这些协议上的抵押品。DeFi 与生俱来的抗审查性在催生行业各种技术创新的同时，也更容易因协议漏洞遭受黑客攻击。例如，2020 年 4 月 19 日，借贷项目 Lendf.me 遭遇黑客攻击，2500 万美元资产被盗。

此外，许多借贷协议依赖价格预言机来提供链上价格数据。价格预言机可能会失败或被利用。2020 年 11 月，Compound 的价格预言机被利用，将 CoinbasePro 上的 Dai 价格推高了 30%，导致价值 8900 万美元的贷款被清算。然而，作为借款人，主要风险涉及因抵押品比率管理不善而失去抵押品。区块链的交易规则以及智能合约实际上都是由计算机程序和语言控制的，是自动化的。在去中心化的作用下，因缺乏强有力的指导和控制，出现技术性、操作性失误的风险是不可能完全避免的。当失误未被及时发现时，系统将按照错误程序继续执行，可能放大单次失误带来的影响，且修正这些失误带来的损失将付出较大成本。

DeFi 智能合约的安全性漏洞导致在去中心化的情形下，出现了问题都很难弥补。市场必须有严格、专业化的代码审计团队，且具备为去中心化代码提供金融保险和再保险的能力，在去中心化代码部署的时候还需要有一定的治理机制来应对一些极端的安全问题，这样才能让普通人放心地使用。

8.3.3　不利于普遍应用

DeFi 的运用虽有助于扩展金融服务的受众范围，但要真正理解其与传统金融截然不同的运作方式仍需要一定的相关知识，使用门槛较高。

一般性借贷主体以客户终端形式接入区块链节点。一般性借贷主体并不适宜直接作为区块链节点，这是因为：区块链技术表现为节点信息的开源性和全网保存，节点参与者的设备面临着较大的数据处理与存储压力，现有技术下的普通电脑显然难以承受。即便未来的技术条件可以解决节点接入设备的容量和处理水平，但其性价比也未必能够达到个体参与者的满意程度。

使用的便利性与传统金融的无缝对接。在互联网的推动之下，金融已经变得触手可及，但用户体验仍然是 DeFi 面临的一项重要挑战。同时，DeFi 产品如何拥抱传统金融，也是这个产品能否成为优秀应用的关键，必须让用户像使用传统金融一样使用 DeFi，这方面WeDeFi 起到了很好的引领作用。

由于现有网络借贷平台部分技术具有一定的客户黏性，区块链要嵌入平台中并被参与者广泛接受和认可，还需要打破路径依赖，围绕参与者需求对区块链技术进行改造完善，主动迎合参与者的使用习惯。鉴于此，区块链技术的本质和特点与网络借贷行业规范发展的要求确实存在一定程度的契合性，但离广泛应用还有一段距离，也面临一系列技术问题，同样需要在监管部门的支持下允许网络借贷平台开展尝试。总之，区块链技术能否真正嵌入网络借贷行业，还有很长的路要走。

8.3.4　抵押品单一

当前绝大部分的 DeFi 都是基于以太坊开发，也仅能支持 ETH 和以太坊链上 ERC20 代币的去中心化金融。在无法实现资产互联互通的情况下，这种 DeFi 仅能被认为是一种实验，离真正的 DeFi 还很远。在我们熟悉的、每天使用的资产和货币还没有实现数字化，并且以去中心化的方式实现互联互通的情况下，DeFi 还有很长的道路要走。

在传统的借贷业务中，可以将债券、股票等有价证券纳入抵押品范围进行流转，但是基于区块链技术的网络借贷却无法做到，以 DeFi 为例，当前的抵押品仅仅是比特币或者以太坊之类的数字资产，因此，区块链网络借贷还面临着流转以及清算问题。

8.3.5　法律问题

监管模式方面，现有的监管模式面临一定的挑战，政府急需更加成熟的监管方式来保证系统的有序运行，美国的监管措施具备一定的借鉴意义，联邦政府将 BTC、ETH 认定为合法资产，要求交易者缴纳个人所得税，此外，其他被认定为证券的代币也要接受美国证券交易委员会（SEC）的监管。随着 DeFi 市场的进一步扩张，各国对于其监管的手段与流程均亟待成熟。

区块链去中心化的系统虽然具有很多优点，但是对于网络借贷平台来说其内部的中心化系统已经发展到成熟阶段。此时如果用区块链技术实现整个系统的去中心化管理，那么一方面需要支付高昂的中心系统拆除费用；另一方面需要承担尚未成熟的去中心化系统可能带来的一系列风险。

最后是国家法律法规的探索。金融牵涉到国家安全问题，DeFi 本质上将进一步拉近人与人的金融距离，不再有国家的界限，使得地球从金融角度变成地球村。但国家如何制定相应的法律法规使得 DeFi 的发展不影响整个国家的金融安全是一个大课题。KYC、AML 如何融入 DeFi 的金融规则中去，让一项蓬勃发展的新技术提高金融效率而不是被非法用途所利用，这都是需要考虑的问题。

8.4　区块链应用网络借贷的发展趋势与展望

未来，随着区块链技术的成熟，网络借贷相关基础设施的完善，势必能解决当前的信用价值传递难题，实现网络借贷全流程自动化、去中心化管理。而数字资产、特别是实体资产的通证化，将给网络借贷带来更多的发展和想象空间，极大地促进社会生产力和经济的提升。

根据前面区块链网络借贷领域项目模式的分析与总结，可知数字货币借贷是短期内能够最先落地的类型，目前已形成商业闭环。数字货币的借贷是市场的刚需，目前已有很多传统的现金贷人员进入，如果能够利用其运营能力上的优势在短期内快速积累用户和资源形成核心壁垒，那么是有机会在时机成熟时进行转型升级的。参考传统互联网金融的扩张法，未来逐渐规划发展理财、衍生品、资产证券化和信用借贷等产品，都是可观的战略方向。

DeFi 借贷协议的采用率是比较可观的，在 DeFi TVL 排名榜上始终占据主导地位。然而，目前大部分 DeFi 贷款仍然存在超额抵押现象，这意味着资本效率低下。传统的贷方在决定发放贷款之前，会从个人信息（如工作、工资和借款历史）中计算出的信用评分。在 DeFi 中，很难用匿名身份建立信用记录。

构建底层信用基础设施，链上拓展多种应用场景，是区块链网络借贷发展的重要方向。对于运用区块链技术的网络借贷项目，本质上是为了解决信用数据的安全和流通问题。无论是公链还是协议层，构建的都是底层基础设施，传统借贷中涉及的贷前、贷中和贷后的角色都可以放到链上，共享数据。这些项目，如果在前期能深入把控资源，快速积累站稳脚跟，在后期提高数据积累量和数据清理能力，那么就能真正实现信息上链和资产的一一穿透，发展前景巨大。

一些协议想在 TrueFi、Cream 和 Aave 等抵押不足的贷款方面取得进展。在这些协议中，选定的白名单实体可以在不发布任何抵押品的情况下获得贷款。抵押不足的贷款将是 DeFi 借贷协议的下一个发展阶段。因此，将需要抵押不足的贷款，以便 DeFi 借贷协议可以提高资本效率，并与传统贷方进行有效竞争。

在基础设施层逐渐成熟之后，区块链网络借贷未来发展可以参考互联网借贷的模式，向垂直细分的领域发展，目前有针对农村市场小微贷款和企业供应链金融等发展方向，已经看到细分的迹象，像以联盟链形式在做的区块链 ABS（Asset-Backed Securitization，资产证券化），未来也会有多种多样的方法，比如可以将资产上链拍卖、竞价抢单等，直接面对 C 端客户，不存在交易撮合，最终会是一种分布式的方法。

传统互联网借贷若要进入区块链领域，目前有两种模式可以参考借鉴：一是将互联网中心化的模式运用到数字货币上，改变的是交易标的，本质的商业逻辑没有变；二是区块链完全取代网络借贷平台，颠覆网络借贷的运行模式。

虽然 DeFi 借贷目前仍主要受限于数字资产领域，与现实资产的联系很少，但 Maker 在 2021 年 4 月通过接受房地产等现实世界资产作为抵押品取得了巨大进步。因此，有理由相信，未来借贷业务和 DeFi 可以更好地融合。

第9章 区块链应用证券行业发展现状

9.1 区块链应用证券市场综述

9.1.1 国外区块链应用证券市场现状

9.1.1.1 国外证券市场的区块链实践

关于区块链技术在证券领域的应用探索，很多国家和地区已经批准或者宣告在证券领域应用区块链技术，部分国家还处于测试阶段。目前应用领域主要集中于证券发行、非上市公司证券交易、证券交易及清算结算、金融衍生品、监管合规、客户管理及其他。

主要国家和地区区块链技术在证券领域的应用探索，见表9-1所列。

表9-1 主要国家和地区区块链技术在证券领域的应用探索

应用领域	国家和地区	相关实践
证券发行、非上市公司证券交易	法国	法国政府已批准利用区块链技术交易非上市证券
	美国	美国SEC已批准在线零售商Overstock.com在区块链上发行该公司新的上市股票
		纳斯达克宣布与Chain.com合作推出基于区块链技术的私募股权交易平台Nasdaq Linq
		特拉华州通过基于区块链的股票发行相关法律修正案
	香港	港交所计划2018年发起基于区块链的私募市场
证券交易及清算、结算	美国	花旗集团与芝商所推出用于证券交易后台管理的区块链平台
	德国	德国复兴信贷等多家银行利用区块链模拟证券交易
	韩国	韩国证券交易所尝试使用区块链技术开发柜面交易系统
	澳大利亚	澳大利亚证券交易所正式宣布使用区块链技术为基础的系统取代现有交易后结算系统CHESS
		悉尼证券交易所搭建区块链结算系统
	加拿大	多伦多交易所TSE已招募区块链初创公司，试图搭建基于分布式账本的结算系统
		加拿大证券交易所CSE宣布计划对证券交易引入搭载区块链技术的清算和结算平台
	直布罗陀	直布罗陀股票交易所GSE表示与金融科技公司进行战略合作，计划将区块链技术应用于交易结算系统
金融衍生品	美国	高盛、摩根大通等金融机构将DLT用于股权互换测试
监管合规	瑞士、英国	瑞银携手巴克莱、瑞信等大型银行机构推出智能合约驱动的监管合规平台
客户管理及其他	美国	纳斯达克为南非资本市场开发基于区块链技术的电子股东投票系统

9.1.1.2　国外主要证券交易所在区块链领域的探索和布局

（1）纽约证券交易所

2015 年 1 月，纽约证券交易所投资了数字货币交易所 Coinbase7500 万美元的 C 轮融资。

2015 年 5 月，纽约证券交易所宣布正式推出纽交所比特币指数（NYXBT），这是全球首个由证券交易所发布的比特币指数。纽交所比特币指数的价格数据来自旧金山的数字货币交易所 Coinbase。

2018 年 1 月，Reality Shares 和 Amplify Trust 两家公司推出的区块链 ETF 在纳斯达克和纽约证券交易所上市。这两只区块链 ETF 专门投资区块链公司。

2018 年 1 月，纽约证券交易所的母公司洲际交易所集团（ICE）与区块链创业企业 Blockstream 合作推出比特币交易数据服务。ICE 的加密数字货币数据实时传送（Cryptocurrency Data Feed）由 Blockstream 提供技术支持，为交易员提供高质量的实时加密数字货币数据，这些数据来自全球主要的数字货币交易所，主要是比特币和其他几种加密数字货币的价格订单数据。

2018 年 8 月，纽约证券交易所集团母公司洲际交易所集团（ICE）宣布推出全球性的数字资产平台 Bakkt，并计划于 2018 年 11 月推出受监管的实物比特币期货合约。同时，隶属于洲际交易所的美国期货交易所和清算中心计划于 2018 年 11 月推出为期 1 天的实物交割比特币合约以及实物仓储，但要经过 CFTC 审查和批准。

（2）纳斯达克交易所

2015 年 9 月，纳斯达克，Visa，Citi Ventures，RRE Ventures，第一资本金融公司，Fiser 公司 Orange SA 等共同投资区块链企业 Chain 3000 万美元。这些支持 Chain 公司的投资机构，还承诺共同成立一个"区块链工作组"，促进对区块链应用持续和定期的讨论。

2015 年 10 月，纳斯达克正式推出基于区块链技术的私募股权交易平台 Linq，主要是基于区块链发行 Pre-IPO 股票服务，12 月纳斯达克第一次基于此平台发行了股票。

2015 年 11 月，纳斯达克在爱沙尼亚尝试运用区块链技术进行委托代理投票权管理，并承诺将着重开发企业级区块链技术应用。

2016 年 4 月，区块链初创公司 Chain 允许私人投资者在纳斯达克推出的基于区块链技术的私募市场解决方案 Linq 上购买其发行的股票。

2016 年 5 月，纳斯达克宣布推出 Nasdaq Financial Framework，向全球超过 100 家市场运营者提供区块链服务。该新的框架协议旨在为使用纳斯达克金融基础设施服务的用户提供端到端的解决方案，包括全球与之合作的传统交易所。该协议允许交易所、经纪商、清算机构和托管机构在统一的平台上和纳斯达克协作。区块链服务是核心服务之一，Nasdaq Core 服务是框架协议的主要内容，Nasdaq BusinessApplications 是一个支持全生命周期交易的一篮子工具。

2017 年年初，纳斯达克创建了 NasdaqeVoting，基于区块链技术的投票和代理委托应用可以让公司投资者、市场基础设施和托管机构在普通会议投票中降低成本和复杂性。所有成员都可以通过网络前端获得会议或投票活动的必要信息，提高年度会议和股东投票流程的效率，解决了目前很多数据的访问和安全问题。

2017 年 4 月，纳斯达克推出风投项目 Nasdaq Ventures，专注于挖掘、投资全球独特金融科技企业，重点投资人工智能、大数据、区块链等新兴技术。

2017 年 6 月，纳斯达克在 2016 年与法国区块链初创企业 Stratumn 合作开展区块链概念测试。经过一年的合作之后，纳斯达克参与了该公司 700 万欧元的 A 轮融资，此外还包括 CNPAssurance 的风险投资部门 CNP Ventures、数字货币集团和 Otium Ventures 参与。

2017 年 8 月，纳斯达克 SIX 瑞士交易所签署协议实施基于分布式账本技术的解决方案用于 SIX 的 OTC 产品，进一步通过纳斯达克金融框架（Nasdaq FinancialFramework，NFF）推动区块链技术的商业化。

2017 年 9 月，纳斯达克与 SEB 合作为共同基金份额的发行和结算开发了一个基于区块链技术的原型产品。该项目旨在为市场带来透明度，提高效率，目前市场上有很多中介机构、系统和人工处理流程，效率还不高。该解决方案降低了记账和核对方面的复杂性，为所有各方提供了相同的不可篡改记录，增强了订单管理、结算和支付能力。

2018 年 4 月，纳斯达克表示考虑在 10 月份推出数字货币交易所。

2018 年 4 月 25 日，纳斯达克与比特币交易平台 Gemini 宣布合作，落地其 SMARTS 市场监视技术，监督 Gemini 平台全部数字资产。纳斯达克的 SMARTS 技术可以监控实时交易活动，并在发现异常交易活动时向交易所发出警报。彭博社报道称，8 月纳斯达克的技术目前正被五家加密货币交易所所采用。

2018 年 6 月，纳斯达克证券交易所已经成功测试基于区块链的概念证明以提供全天候的证券抵押解决方案，新的区块链平台由纳斯达克、ABN AMRO Clearing、EuroCCP 和 Euroclear 联合开发，旨在解决中央交易对手（CCPs）在证券交易所交易时间结束后进行保证金追踪时面临的挑战。

2018 年 7 月，纳斯达克交易所与印度国家证券交易所（NSE）签署技术和战略合作协议，NSE 将引入纳斯达克的结算和清算技术。NSE 将使用纳斯达克金融框架的"交易后"技术，同时预计将引入区块链技术应用于股票交易。

2018 年 9 月，纳斯达克宣布收购 Cinnober，Cinnober 是一家金融科技供应商，为交易所提供交易和清算技术、实时结算系统管理和交易平台开发技术。后来进入加密数字货币领域，其加密货币托管服务和多重签名方案，有效解决了托管服务的信任问题，2018 年其与机构级加密货币安全提供商 BitGo 合作，使用 BitGo 钱包为加密数字货币交易提供安全和监控。纳斯达克欲借用 Cinnober 的加密货币托管服务，间接地打通加密货币的交易。

（3）伦敦证券交易所

2015 年 11 月，伦敦证券交易所、伦敦清算所、法国兴业银行、芝加哥商品交易所集团、瑞银集团以及欧洲清算中心联合成立一个跨行业组织，探索区块链技术如何改变证券交易的清算和结算方式，该组织暂命名为交易后分布式总账工作组，探索将区块链技术应用于交易后的流程。

2017 年 7 月，隶属于伦敦证券交易所集团（LSEG）的意大利证券交易所和 IBM 共同宣布，他们正在构建一个区块链解决方案，以助力欧洲中小企业（SME）的证券发行过程实现数字化。新系统旨在简化股权信息的跟踪和管理，创建一个包含所有股东交易记录的分布式共享注册表，从而帮助发掘新的交易和投资机会。

2018 年 7 月，伦敦证券交易所准备测试一个用于发行证券类代币的去中心化平台，由区块链专家 Nivaura 一起开发，并且致力于发展成为去中心化的交易所。该平台名为 20｜30，已经进入英国金融监管局 FCA 的监管沙盒，可以让公司以更高效、更简化的方式募集资金。

（4）东京证券交易所

2015 年，东京证券交易所母公司日本交易所集团成立了一个内部研究小组研究分布式账本技术在资本市场基础设施中的应用。

2016 年 2 月，东京证券交易所母公司日本交易所集团宣布和 IBM 日本合作共同开展区块链概念测试，测试区块链技术的局限和市场应用的可能性。

2016 年 4 月，东京证券交易所参加野村综合研究所举办的区块链技术项目。

2016 年 12 月，日本交易所集团将建立一个金融机构联盟，并在资本市场基础设施中进行区块链实验。参与联盟的包括东京证券交易所、大阪证券交易所和日本证券结算公司。三家公司将牵头整个组建过程，并与 IBM 公司合作进行超级账本技术支持的概念验证测试，并试行开源分布式分类平台。

2017 年 9 月，日本交易所集团（JPX）发表了一篇论文《分布式账本技术在资本市场应用探索趋势》，讨论了区块链在资本市场基础设施中的应用，并表明 2017 年 3 月，东京证券交易所发起了一项计划，广泛接纳日本金融机构开展行业合作实施区块链 PoC。到 9 月，有 33 家参与的金融机构已经可以基于分布式账本技术在只有联盟成员可以加入的网站上进行讨论，彼此共享信息。同时，报告表示东京证券交易所对于基于分布式账本技术的日本股票市场的交易后流程以及 KYC 流程比较感兴趣。

2018 年 9 月，东京证券交易所上市了一家使用加密数字货币进行房地产交易的公司 Ruden Holdings，该公司正在测试利用比特币交易，并在不动产销售中使用智能合约。

2018 年 10 月，东京证券交易所母公司日本交易所集团网站发布了一篇论文《在 KYC 流程中使用区块链的概念测试》。

（5）泛欧证券交易所

2017 年 7 月，法国巴黎银行、法国信托局、欧清银行、兴业银行、S2IEM、CACEIS、泛欧证券交易所 Euronext 投资欧洲大型金融机构成立金融科技公司 LiquidShare，旨在利用区块链技术为中小型企业市场开发交易后区块链基础设施，提高交易后运营的透明度和安全性。

2018 年 1 月，泛欧证券交易所 CEO 称，比特币与实际经济无关，将不会为比特币提供市场服务。

（6）多伦多证券交易所

2017 年 5 月，TMX Group 宣布开发基于区块链的原型产品为其全资子公司 Natural GasExchange（NGX）提供全新服务。NGX 和数字基础设施开发企业 Nuco 合作使用分布式账本技术开发新系统来优化在美国天然气交付地区的天然气跟踪行为。该原型产品是要提供该地区天然气运输的透明信息，让参与者更准确地报告他们的位置，从而优化 NGX 天然气结算流程。

2017 年 7 月，加拿大多伦多证券交易所运营商 TMX 集团宣布开发了基于区块链的股东电子投票原型，埃森哲提供相关咨询服务。利用区块链可以大幅度提高年度股东大会投票的效率、准确性以及股东在企业管理中的参与度，不需要亲自到场投票。

2018 年 3 月，TMX Group 计划推出加密数字货币经纪业务，其下属机构 DigitalCurrency Network 已经和 Paycase Financial 合作开展这项业务，将主要聚焦比特币和以太坊业务，预计会在 2018 年第 2 季度推出。

2018 年 5 月，加拿大银行、多伦多证券交易所运营商 TMX Group，以及非营利组织 Payments Canada 宣布该实时证券结算项目"Project Jasper"试运行正式完成。据悉，他们将这个最初用于比特币等加密货币的底层技术部署在实时证券结算中，实现了现金和资产的"标记化"，继而可用于在支付网络内的实时交换。2018 年 6 月，多伦多证券交易所推出了新型区块链交易所交易基金（ETF）。

2018 年 10 月，Project Jasper 项目完成了三阶段的测试。该项目成员包括加拿大银行，Payments Canada，TMX Group，以及区块链企业 R3，还有专业服务公司埃森哲，并且针对第三阶段测试发布了一份报告，认为经过一年的测试后，区块链被证明在证券清算和结算过程中是可行的。

（7）德意志证券交易所

2016 年 11 月，德国央行德意志联邦银行联合德意志交易所共同开发了区块链原型产品，该原型以超级账本项目的代码为基础，用于转移电子证券和数字货币，还具有债券支付和到期证券的赎回功能。德意志证券交易所是超级账本项目的成员之一，自 2015 年年初就开始探索自己的区块链应用。

2018 年 3 月，德意志交易所集团计划研发一个区块链系统用于证券借贷，公告显示，德意志交易所计划研发一个更高效的证券结算系统，HQLAX 以及区块链初创企业 R3 的 Corda 平台将为之提供技术支持。

2018 年 5 月，德意志交易所计划投资 2.7 亿欧元用于区块链、人工智能、大数据分析以及云计算相关领域。

2018 年 9 月，德意志证券交易所运营商德意志交易所集团于 2018 年 8 月底宣布，将成立"DLT、加密资产和新市场结构"部门，以充分发挥区块链技术的潜力。

9.1.2 国内区块链应用证券市场现状

9.1.2.1 国内证券市场的区块链实践

我国证券市场应用区块链仍在探索，多家机构对区块链的探索早已展开，甚至有一些已经落地的场景应用。如长城证券目前已在理财产品等业务的存证管理上应用相关技术；国泰君安、华泰证券资管、广发证券、东方证券也开始在 ABS（资产证券化）领域尝试实践区块链技术；国泰君安证券基于金链盟开源区块链平台 FISCO BCOS，与深证通、太平洋保险、微众银行共同构建通用存证服务；中信建投证券国际子公司和北京总部基于区块链进行跨境研报共享。另外一家较早探索区块链领域的券商是第一创业，在目前的区块链概念股当中，第一创业是唯一一只券商股，其目前在债券市场报价方面做了一些尝试，但尚未正式应用到公司的具体业务中。上海证券交易所牵头建立了 ChinaLedger 区块链联盟，组织国内商品交易所进行区块链场外市场交易平台的实验；深圳证券交易所评估了区块链技术对证券市场的影响；大连商品交易所、中国证券登记结算公司也正投入人力物力开启对区块链技术的研究；中信证券、兴业证券、嘉实基金、银华基金等证券、基金公司对区块链技术及其在证券业的应用展开了多项专题研究。

总体来说，目前证券行业在区块链方面大多只是尝试研发，尚处于技术跟踪和探索阶段，业务场景落地也较少涉及证券核心业务。我国证券市场的区块链实践尚处于理论研究和实验阶段，并没有实际投入使用和交易。

9.1.2.2　国内证券交易所在区块链领域的探索和布局

（1）上海证券交易所

2017 年 3 月，上海证券交易所官方平台发布公告称，将联合杭州趣链科技有限公司共同研发高性能联盟区块链技术，并在去中心化主板证券竞价中进行验证。课题名称为"高性能联盟区块链技术研究——以去中心化主板证券竞价交易系统为例"。

2017 年 8 月，由百度金融旗下西安百金互联网金融资产交易中心有限公司担任技术服务商和交易安排人，长安新生（深圳）金融投资有限公司作为原始权益人和资产服务机构，天风证券股份有限公司担任计划管理人的"百度—长安新生—天风 2017 年第一期资产支持专项计划"获得上海证券交易所出具的无异议函，该项目预计将成为国内首单运用区块链技术的交易所资产证券化产品。

2018 年 7 月，上海证券交易所发布了一份研究报告《区块链技术在证券领域的应用与监管研究》，报告指出，区块链技术在证券发行和交易、清算和结算，以及客户管理方面都有适用的可能性，并且在降低成本、提高效率方面都具有显著优势。

2018 年 8 月，上海证券交易所和中国保险资产管理协会签订协议，通过在区块链技术方面的合作改善保险和养老行业。上证所已与包括 IAMAC、长江养老保险公司、东京海洋阳光等几家主要的保险业公司展开合作。合作的既定目标是"通过区块链技术创造一个新的高效率、低成本和更安全的保险业"。

2018 年 9 月，国泰君安称其正与上海证券交易所、深圳证券交易所合作，共同研究区块链课题的应用场景及监管措施。

（2）深圳证券交易所

2017 年 11 月，深交所区块链研究和四板技术支持联合工作组发布了《区域性股权市场信息披露业务系统建设白皮书》，并联合中关村股权交易服务集团等 5 家股交中心共同发布了区域性股权市场中介机构征信链，利用区块链技术分布式可信共享的特性，在股交中心之间共享中介机构的执业信息，制定了中介机构征信的数据结构和权限隔离标准，搭建了股交中心之间以及与监管机构之间的新型交互关系。该系统自 2016 年 6 月启动建设，历经一年多的探索和研发，是行业内首个正式上线的区块链应用。

2018 年 5 月，《金融行业区块链平台技术规范》正式批准立项，列入 2018 年深圳市技术标准文件项目计划，深圳证券交易所、深圳前海微众银行股份有限公司和深圳证券通信有限公司、深圳市互联网金融协会、深圳市标准技术研究院及深圳前海联易融金融服务有限公司成立《金融行业区块链平台技术规范》标准起草小组，负责起草《金融行业区块链平台技术规范》标准。

2018 年 8 月，深圳证券交易所也发布公告称，将联合杭州趣链科技有限公司共同开展区块链应用安全管理与技术研究，解决区块链技术在证券期货行业应用中所面临的数据安全、隐私保护和智能合约等方面的技术难点；同时，将结合证券期货行业业务特点，在证券发行、证券交易和资金结算等方面，对区块链底层实现提出适应性的优化和改造需求，以打造适用于行业的区块链应用平台，减少行业重复投入，推动区块链技术在证券行业中的应用落地。

2018 年 10 月，深圳市金融发展服务办公室公告称，深圳市金融办发布《金融行业区块链平台技术规范（征求意见稿）》（以下简称《规范》），就"金融行业区块链平台技术规范"公开征求意见。《规范》规定了金融行业区块链技术平台的功能组件、分层框架及技术规范。

（3）香港证券交易所

2017 年 8 月，香港证券交易所计划推出一个名为"HKEX Private Market"的共享服务平台，使用区块链技术为早期创业公司及其投资者提供股票登记、转让和信息披露服务。

2018 年 3 月，香港证券交易所总裁李小加表示，港交所目前正与澳大利亚证券交易所 ASX 交换意见，以借鉴其在区块链系统中结算交易的经验。其表示，该计划将利用区块链平台以低于传统结算方式的成本结算股票借贷和场外交易。

2018 年 10 月，香港交易所首席中国经济学家办公室和创新实验室发布研究报告《金融科技的运用和监管框架》，描述了区块链应用于证券交易结算流程的主要优势：第一，利用区块链技术当交易发生时就可开始进行清算及交收，极大地缩减了结算时间。第二，各参与方对区块链上的数据字段达成高度的一致性，有利于参与方对数据快速处理，极大地提高结算效率。第三，通过智能合约自动验证，降低券钱不足无法清算的风险，智能合约自动完成券钱划转，降低了人工操作错误的风险。第四，利用区块链存储交易确认，投资者能实时收到交易结算通知。第五，在分布式账本下，所有参与方共享同一个账本并维护它，利用数据加密、时间戳、数据隔离等使得区块链下的记账方式具有不可篡改性，降低交易所的维护成本更低。

9.2 区块链应用证券市场的典型案例

9.2.1 区块链应用于资产证券化的案例

应用区块链技术，能有效解决资产证券化中存在的环节多、流程复杂、底层资产透明度不高等问题。本书以百度金融联合长安新生、天风证券发行首单运用区块链技术的场内

ABS 为例。该产品是国内首单基于区块链技术的交易所 ABS 产品，底层资产包含 6 千多笔
汽车消费贷款，数量大且透明度低。该 ABS 产品的发行和运营使用了百度的联盟链技术，
按照事先设置的权限让相关方上链和披露信息，以有效保证信息安全。区块链 ABS 应用模
式，如图 9-1 所示。

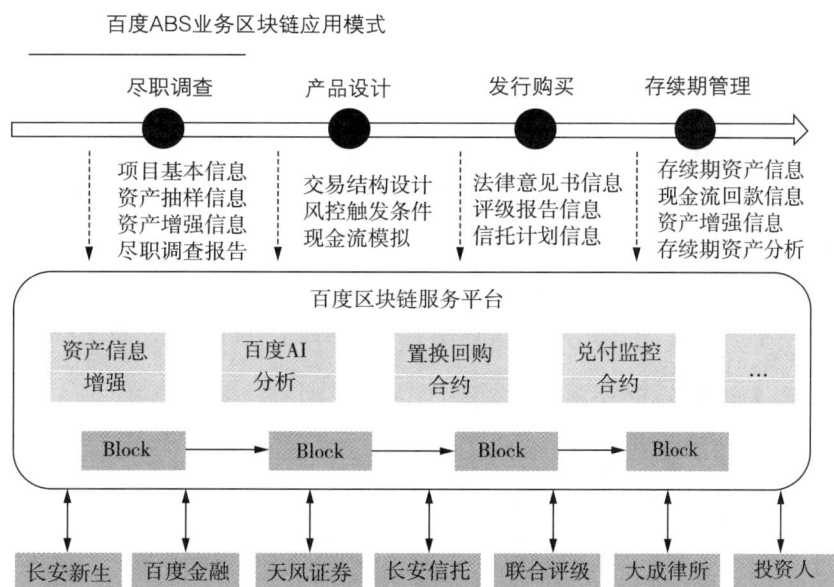

图 9-1　区块链 ABS 应用模式

在该 ABS 产品中，区块链技术实现了底层资产从 Pre-ABS 模式放款、到存续期还款、
逾期以及交易等全流程数据的实时上链，对现金流进行实时监控和精准预测。目前，以该产
品为代表的资产证券化区块链应用，主要解决了多方信息实时上链的问题，提高了发行和存
续期的管理效率，缓解了存续期信息不对称的风险。然而，由于尚未贯穿资产证券化的全链
条，在底层资产"保真"环节，没有提供有效的资产上链前的验证。区块链作为资产证券化
的信息基础设施应用，真正发挥实质性作用还需要在贷款发起与服务（资产方）、证券化结
构与评级、证券服务三个阶段深入应用，才有望重塑资产证券化的全链条。特别是在资产
端，有研究者就区块链与信贷技术结合进行了探讨，也有机构在供应链金融领域进行了尝试
落地。这些都有望改变当前信贷市场的业务运营模式，同时区块链在资产证券方面的应用还
需要监管机构或行业协会能够从金融基础设施角度给予指导。

9.2.2　基于区块链的场外衍生品交易

场外衍生品交易缺乏公开性、透明性及有效的风险管理。金融危机之后，场外交易场内
化已经成为发展趋势，主要包括产品的场内化、交易的场内化和风险管理的场内化。国际上
许多交易所开始更深层介入场外交易：一是建立衍生品场外清算的中央对手方（CCP，
Central Counter Party），提供场外清算或场外报价的电子化平台；二是建立场外衍生品的交
易报告库，集中收集、存管及发布交易记录。这些举措成为场外衍生品市场的监管经验。从
风险管理角度，场外衍生品交易的核心问题在于信用风险管理机制不足，在合约的签订与履

约中，对交易对手方的信用情况尚缺乏有效的跟踪与评价手段。因此，证券公司在开展此业务时，往往会收取较高的中介费用和保证金，而业界普遍将场外交易看作区块链技术首选的证券交易应用场景，其优势体现在三个方面：

一是区块链技术可以保证场外交易的真实性、完整性，交易不会被篡改，便于确认和追踪，能较好地实现类似中央证券登记机构承担的数据中心职能、信用担保职能、强制执行职能，并缩减执行上述职能需要的成本，有效控制风险。区块链的交易"保真"可建立一个高透明的场外市场。

二是区块链技术通过智能合约设定证券发行方式，并设立监管节点对不同主体进行差异化监管，可以近乎实时地自动建立信任，完成交易、清算和结算步骤，从而简化场外发行和交易流程，提升交易效率。

三是利用区块链构建监管节点，可针对不同的交易主体、交易级别、融资和交易规模等因素，设置不同的监管方式和手段，使得监管层能够及时把握市场的交易动态和整体状况。

基于区块链技术的场外衍生品交易技术框架，如图9-2所示。

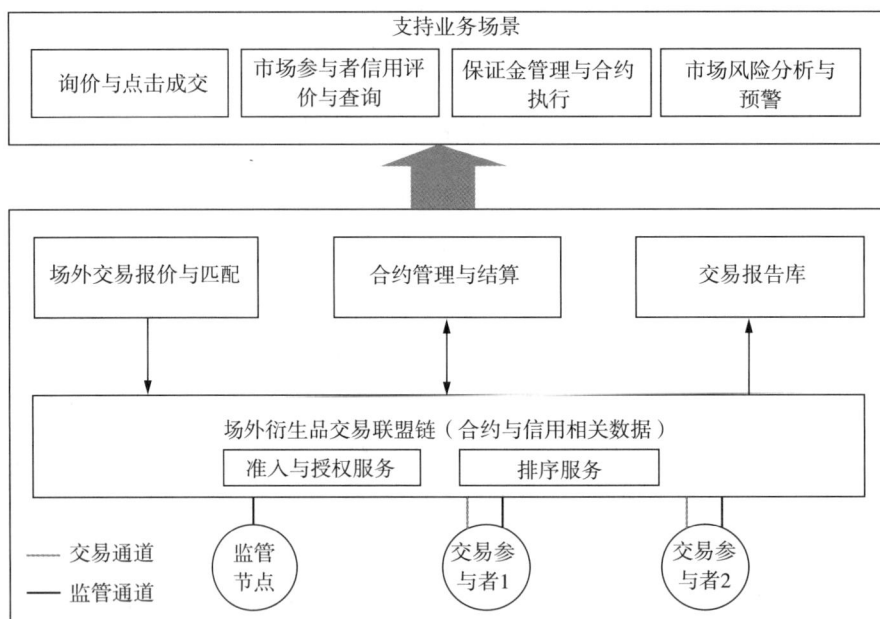

图 9-2 基于区块链技术的场外衍生品交易技术框架

该技术框架以超级账本 Fabric 联盟链技术为基础，可以支持四类场外衍生品交易场景：交易参与方对于场外交易的询价与成交，对交易参与方的信用评价与查询，交易匹配后的保证金管理与合约执行跟踪，对于市场实时风险的分析监控与预警。技术框架采用联盟链技术，由中心化的认证和授权节点进行准入控制，包括可交易的标的类型和交易参与方授权范围。对于完成撮合的场外交易，将在联盟链上发起相关记账申请，根据指定的共识算法，在链上记录相关数据。对于场外衍生品交易，会在链上生成对应的智能合约，且一旦生成不可篡改，后续的结算动作也会自动执行。主要包括四个技术要点：

一是场外交易报价与匹配，交易参与方可基于合约模板发布意向合约，或进行市场询价。信息向全市场发布，对手方通过点击成交或回复询价后匹配。匹配后，双方进行私钥签名，并调用相应的智能合约来生成交易记录，通过指定的共识算法将数据写入区块链。

二是合约管理与结算，交易参与方可查询己方合约信息和相关进度，监管机构可对所有参与方的信用与合约情况进行查询与分析。同时，基于链上智能合约进行对应的权益与信用结算。

三是交易报告库，基于全链数据构建交易报告库，可为监管机构和各交易参与方分配不同的权限。由于区块链记录了所有已成交合约的信息与状态，也记录了所有系统参与方的信用情况，因此可提供统计数据与风险监控指标计算，进行实时风控预警。

四是隐私保护，场外衍生品交易中，交易参与方最为关注交易数据的隐私保护，同时，监管机构需要能够掌握全市场的数据。因此，可使用超级账本 Fabric1.0 的多通道技术，按照交易标的类型和交易参与方信息创建通道并进行通道内消息加密，保证仅有通道使用权的参与方才能接收与发送相关交易信息。为满足监管穿透要求，所有交易参与方必须加入监管通道。监管通道可按交易市场或交易类型区分，供不同的监管机构选择；监管机构在相应的通道内可以根据接收到的交易与结算申报信息，进行事前风控与监管。此外，对于信用数据和交易概况数据，可以通过查询类的智能合约进行隐私控制，包括可供调用的查询权限以及具体业务数据字段的查询权限，保证敏感信息不泄露。

以上技术框架提供了一种通过联盟链技术来构建场外衍生品交易的参考架构。一方面，充分利用区块链不可篡改的分布式账本优势和智能合约自动化结算优势，为个性化强的场外衍生品交易提供更易于被交易参与方接受的场内化交易机制；另一方面，通过中心化授权方式和监管通道技术的使用，为监管机构提供了具备更好穿透性的监管技术选择。

9.3　区块链应用证券市场的主要问题

区块链技术对于证券的发行与交易具有显著的优越性，使得证券的发行与交易更加有效、敏捷、透明，也有助于获得更好的扩展性和流动性，并能满足目前高度数字化和生态化的商业需求。

9.3.1　区块链技术应用证券发行的现状

9.3.1.1　国外区块链＋证券发行

（1）怀俄明州区块链法案提议发行代币化股票

美国怀俄明州的立法者已经提出立法，允许使用区块链技术发行代币化股票。拟议的法案指出："公司章程可规定，公司的全部或部分股份可由证书形式的股票表示。"根据该文件，如果 HB0185 通过，将允许股票证书（代表股票所有权）以电子格式存储，并将其信息输入区块链或其他可审计数据库。然后，这些信息将"以电子方式传输给颁发证书的公司和颁发证书代币的人"。

（2）纳斯达克测试基于区块链的股票发行系统

纳斯达克发现传统加密货币交易所零散的基金业务，以及对中介机构的依赖会导致交易缓慢的现象。因此在瑞典测试一个基于区块链的即时发行股票系统，主要推出比特币（Bitcoin）和 Ethereum 两大领先加密货币的流动性指数（Ethereum Liquid indices）。很早，纳斯达克就征得美国证券交易委员会的允许，推出了基于区块链的企业级应用 Linq，为私营企业证券的发行、交易、登记管理提供端到端的服务，而且 Linq 向世界各地超过百余家市场运营商客户开放了区块链服务。

（3）泰国议会通过允许发行代币化证券的修正案

据《曼谷邮报》报道，泰国国家立法议会已正式批准在区块链上发行代币化证券法案，一旦生效后，股票和债券等代币化证券就可以通过区块链正式发行。

9.3.1.2 中国区块链＋证券发行

在证券发行方面我国主要实行的是核准制，证券发行必须得到证券监管机构的批准，但因为涉及机构众多，长期来看流程比较复杂，而且耗费时间长。就目前的证券发行方式来看，主要存在以下几个问题：第一，由于过程繁多，负载过重，证券主管机构会因为证券发行数量的日益增多而使得证券质量出现问题。第二，容易导致一部分具有较大潜力和高风险的企业因为一时自身条件无法满足发行要求而被否决，不利于证券市场的革新。第三，容易导致投资者对监管机构的过分依赖，不利于投资人群的成熟发展。

我国区块链应用证券发行还处在探索阶段。区块链技术运用到证券发行中之后，将会优化信用环境，从而提高整个市场的效率。对于发行人来说，发行人可以借助区块链平台自主办理证券发行业务，自主调控发行的节奏。在区块链网络中只需把信息源代码输进去，就能通过区块链自动化机制进行审查，缩短发行时间，证券发行人就可以自行决定发行时间，而不是被动地等待承销商来控制发行时间。另外，因为在区块链技术下证券交易的执行和记录是同时进行的，所以可以减少 IPO 造假的发生。通过区块链技术，我们可以把 IPO 的整个运行过程中的信息提供给市场的参与者以及相应的监管部门，这样就方便了监管部门和审计机构进行数据的查询比较和核验，从而进一步增加 IPO 的透明度。同时，发行主体、证券公司、会计师事务所、律师事务所等机构作为链上主体，将发行过程大量纸质和数字资料上链，做到数据透明、可追溯，这样能使项目承做人员和监管机构等高效查阅和复用资料。其次，区块链的应用可以防范证券公司同时扮演多个角色的风险，保证承销和保荐之间的协同配合，减少利益冲突，同时也防止造假行为的出现，保证证券质量，间接保证消费者的利益，增强消费者的消费信心。通过区块链的全程有痕的特点，可以帮助政府有关部门加强对证券市场的监管，在发现可疑节点时再依据它的溯源性特征进行追踪，可减少不法分子对市场的破坏。

9.3.2　区块链技术应用证券交易现状

9.3.2.1　区块链的交易原理

在区块链证券交易系统中，若 A 与 B 之间欲进行一笔交易，则其交易机理为：A 和 B

分别随机生成 256 位数字作为私钥，并通过椭圆曲线加密技术形成各自的公钥，B 进而经过哈希加密算法形成新的比特币地址。A 根据其私钥对上一次交易及 B 的信息进行数字签名，形成交易单。A 和 B 的交易单信息将公布于区块链系统中，且区块链系统中的每个节点都会将 A、B 的交易信息与其他最近的交易信息进行打包，利用哈希算法两两进行加密，形成该区块哈希值。然后与前一区块的哈希值合并再一次进行哈希，构成挑战字符串，继而演变为哈希数值求解的数学问题。

现有的以比特币为代表的数字货币大都基于共有区块链来运行，数字货币信息与时间戳组成的信息块相互连接，形成链条系统。区块链系统中的每个节点则会反复计算，最先计算出数值的节点将在区块链系统中进行公告，并结合区块链系统中其他节点进行答案验证及投票，投票率高的节点进而将新区块写入区块链中。区块与包含之前所有信息的前一个区块进行哈希运算，周而复始，环环相扣。这种通过数学算法和其他节点的工作量证明所形成的共识机制，保证了电子交易的安全性、可靠性，无须集中记账，也无须双重支出。而这也是区块链应用于证券市场的优势所在：第一，不可篡改性。区块链证券交易的信息一旦形成，则根据特有的、不可逆时间轴及交易信息形成数据块，一旦写入，永久存储，无法修改或删除。第二，去中心性。与传统的中心化、中介化的金融系统相比，区块链没有中介机构，全网所有节点的权利和义务均等，所有节点相互依存。区块链系统不同于传统的金融系统，其并不会因中心化网络中的一个节点受到攻击而影响整个系统，单个节点停止工作也不会破坏系统整体的运行。在去中心化的区块链网络中，掌握网内大于 51% 的节点也仅仅是获得控制权的开始而已。第三，透明性和自治性。区块链系统会公开记录每笔交易信息，每笔交易都是相对透明的，交易信息更加公开、透明，信息披露更加高效便捷。第四，安全性和隐私性。区块链如同一个数据记账本，记录了所有在区块链上进行的交易信息，链条之间通过算法也可以相互验证，且交易数据通过密码加密处理，保护用户隐私安全，安全可靠。

9.3.2.2　去中心化交易产生天然流动市场

区块链的诞生使得全球的资产模式从先审核后发行变成先发行后审核。类似于 BitShares 这样的区块链应用，就是典型的去中心化交易市场。简单来说，BitShares 是一个类似于上证所或者纳斯达克的交易所系统。和传统交易所最大的不同是，BitShares 不依靠任何中心化机构和服务器来自动运行，里面所有交易资产和产品可以由任何人创建并交易。在不需要中心化的服务器、没有任何中心化管理机构的情况下，任何人只要缴纳一定的手续费，设定自己需要发布资产的名称、描述、代码、数量、交易手续费，就可以在上面发布要交易的资产。

当然，去中心化交易也带来监管困难的问题。由于运行的计算机分布在全世界各地，参与交易的人也在全世界各地，任何人可以发行任何资产，难以界定其司法管辖权，随着规模的不断扩大，管理变得越来越难。

9.3.2.3　区块链智能合约应用于证券交易的优势

（1）提高证券交易效率

在我国目前的传统证券交易模式中，证券交易的整个流程手续较为烦琐，当证券所有人发出交易指令后，交易指令通常需要经过多个交易环节才能最终完成交易。从发出交易指令到登记机构最终登记确认此笔交易，通常是采用"T＋3"的模式。而区块链智能合约可以在非中心化的系统中实现一对一的证券交易，借助智能合约自动化执行的特性，避免了烦琐的中心化清算交割流程，能够有效提升证券交易的效率。

（2）降低证券交易成本

在区块链智能合约运用于证券交易过程中，智能合约可以直接实现证券交易双方的自动配对以及撮合成交，并且实现证券交易的自动执行。由于在区块链上，每一个区块的信息都是公开并且一致的，因此证券交易的发生和所有权的确认不容易产生争议，而每一个区块的时间戳具有不可篡改性，从而能够确保整个证券交易过程安全可靠。在整个证券交易过程中，由于证券的交易双方都是进行点对点交易，免去了传统证券交易中的经纪商代理行为，因此将大幅度节省证券交易费用，降低证券交易的成本。

9.3.2.4 区块链智能合约应用于证券交易的风险

虽然区块链智能合约在未来应用于证券交易中，具有降低证券交易成本、提高证券交易效率的上述优势；但是面对此项新兴技术的潜在应用，我们不能忽视其在应用于证券交易中所具有的交易风险。

（1）技术风险

虽然在智能合约应用于证券交易的过程中，具有去中心化和不可篡改的区块链技术作为底层技术，能够为证券交易提供技术支撑，保障证券交易的公开透明以及高效迅捷；但是由于计算机程序通常存在系统漏洞这一技术风险，从而导致容易被黑客攻击。在目前区块链智能合约已经广泛应用的数字货币交易场合，因系统漏洞导致被黑客攻击造成损失的情况也时有发生，例如因系统漏洞导致比特币被盗的典型案例"比特币第一疑案：门头沟被盗事件"，还有轰动整个区块链界的"TheDAO事件"。

（2）法律风险

第一，智能合约运用于证券交易缺乏明确的法律规制。

首先，对于区块链技术的法律规制，我国目前缺乏相关法律、法规的规定予以明确，仅有国家互联网信息办公室于2019年1月10日颁布的《区块链信息服务管理规定》，这一部门规章较为原则性地对区块链的相关信息服务问题作了规定。除此之外，我国目前尚未就区块链这一新兴金融科技专门颁布相关的法律、法规等规范性文件予以规制。

其次，对于智能合约的法律性质，是否属于现行合同法所规定的合同形式？能否运用合同法的既定规则进行规制？缺乏相关规定对此问题予以明确，理论界对此也存在较大争议。

第二，智能合约运用于证券交易影响交易的平等自治。

在我国目前传统的证券交易模式中，当委托人发出证券交易的委托指令后，是可以按照规定的程序要求，能够申请撤销此项证券交易。若区块链智能合约未来应用于证券交易中，将会影响证券交易双方的意思自治。因为智能合约与传统合约相比，基于区块链技术的不可篡改性，可以避免一方对合同的篡改；与此同时，智能合约在条件触发时自动执行，极大降低了合约履行成本，为合约的履行提供了保障。但是由于智能合约所设置的条件一旦满足，便不可逆转，从而导致证券交易中的当事人不能撤销自己不真实的意思表示。

第三，智能合约运用于证券交易颠覆传统的监管机制。

我国目前的传统证券监管模式是建立在集中登记的证券登记结算基础设施之上，然而区块链智能合约的"去中心化"特性毫无疑问会大幅降低证券登记结算机构在证券交易中的地位，传统的监管模式可能会面临"重构"的压力；并且，目前新修订的证券法也尚未对区块链技术在证券交易中的应用监管问题予以回应。

9.4　区块链应用证券市场的发展趋势与展望

根据以上分析，目前区块链技术应用于证券行业还处于初步发展、试点的阶段，在未来的证券应用中，要更加有针对性地防范风险，规范区块链技术在证券金融领域的应用。区块链技术在证券市场上的应用有利也有弊，只要运用合理，不断更新，那么它的应用会是利大于弊的，相信该技术将会使得我国的证券市场机制更加完善，让我国金融投资市场发展得更好。

区块链技术应用在证券市场上，势必会对传统的证券市场有所影响，虽说该技术的应用可以降低部分交易风险，但一旦该系统受到"攻击"，将会对投资者造成难以估量的损失，虽然区块链技术已经运用于很多领域，但是该技术的发展还不够成熟，所以区块链在应用于证券市场时应该加大对它的监管力度，不断优化监管思路以适应时代的变迁。建议提升区块链技术的应用水平，防范金融科技下潜藏的非法集资、非法证券发行、金融欺诈等违规风险；同时制定市场参与人的行为准则，确立违法违规行为的法律责任，形成有针对性的权责体系。

对于区块链智能合约在证券交易中的应用，需要建立相应的区块链自律监管协会，发挥自律调节强有力的弹性优势，对于构建企业与监管机构之间的沟通桥梁是十分重要的。通过引导区块链行业组织进行自律性监管，行业组织内部能够清晰地知晓区块链智能合约在证券交易适用的国内外现状，然后通过行业协会与金融监管部门及政府管理部门的相互协助，能够指引监管部门根据行业自律监管的情况，合理地进行法律监管。

由于区块链技术的不可篡改性，智能合约所设置的条件一旦满足，便不可逆转，从而导致证券交易中的当事人不能撤销自己不真实的意思表示。这就需要法律对区块链交易系统中多数节点联合进行的分叉行为进行规制，以确保交易系统运营的稳健性。明确规定区块链技术应用数据的法律效力和表彰的权利内容及其证明力，对智能合约的可撤销性进行说明，结合市场特点，考虑在场内和场外市场实行有区分的合同可撤销条款。同时制定指引，确立金融创新的证券监管红线，规范类 ICO 等涉证券发行和交易的行为。

第 10 章　区块链应用保险行业发展现状

10.1　区块链应用保险市场综述

10.1.1　我国保险行业发展现状

10.1.1.1　我国保险市场规模

我国具有万亿保险市场，2019 年保险业原保费收入超过 4 万亿，2021 年原保费收入为 44900 亿元，中国目前已经是全球第二大保险市场。我国保险业在经历了行业的结构转型后重新展示出强劲的增长潜力，保险科技发展空间广阔，庞大的保险市场为保险科技提供了巨大的发展空间。

我国保险市场具有广阔的发展潜力，中国经济增长的内在动力依然较强，经济社会发展的大趋势为保险业发展提供了难得的机遇，也提出了新的、更高的要求。未来我国保险业将由外延式发展向内涵式发展转型，完善主体多元、竞争有序的市场体系，丰富保险产品创新、营销渠道，拓宽服务领域，提升服务水平。

2012—2021 年我国保险原保费收入及增速情况，如图 10－1 所示。

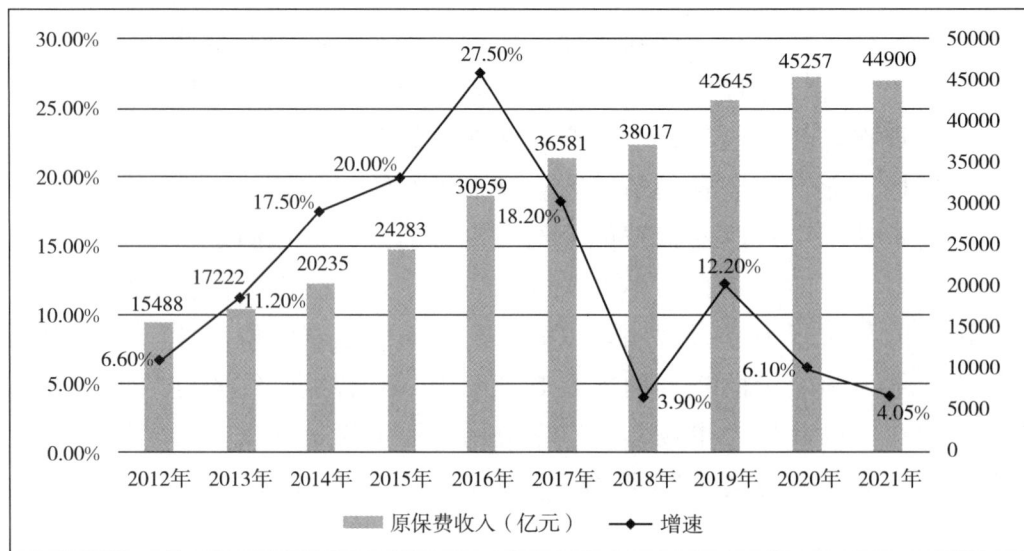

图 10－1　2012—2021 年我国保险原保费收入及增速情况

从社会环境上看，随着国内中产阶级群体的兴起和政府对保险发展的大力支持，人们对于保险的需求也有了更深的认识，这些需求推动了保险行业的发展。国内保险业为了服务更多人群，险种的丰富程度也发生了质变。尽管中国的保险行业已经步入快速发展的阶段，但是相比于成熟市场仍存在较大差距。2021 年中国的保险密度为 3180 元（注：保险密度指的是一国或者地区的人均保费），保险深度为 3.93%（注：保险深度指的是一国或者地区保费收入占该地国内生产总值之比），而 2016 年英美两国保险市场保险密度分别为 4395 美元和 4096 美元，分别是中国保险密度的 11 倍和 10 倍。我国的保险深度和密度均有待提高。

2012—2021 年我国保险密度和深度，如图 10-2 所示。

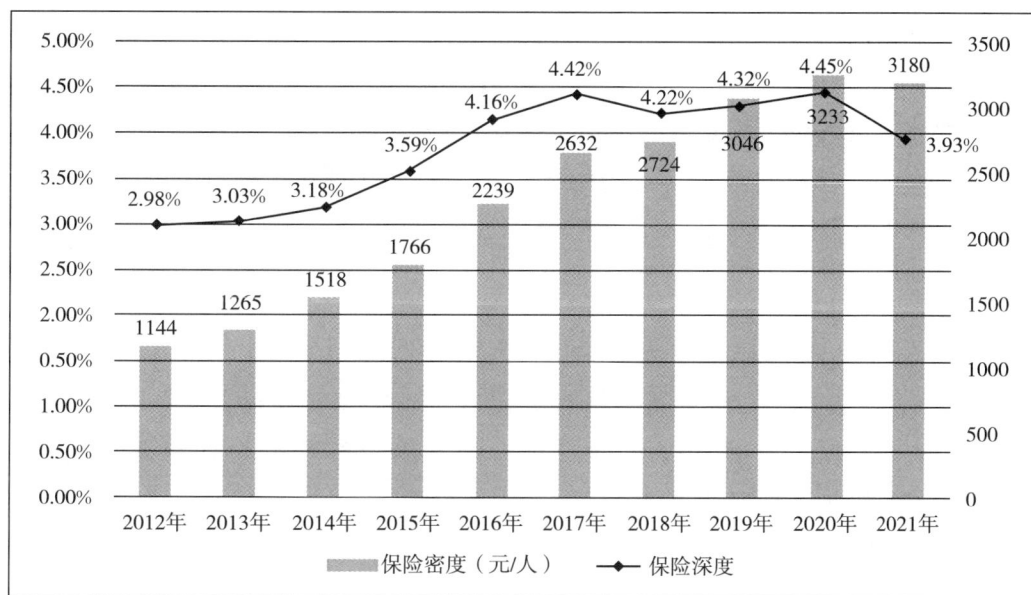

图 10-2　2012—2021 年我国保险密度和深度

10.1.1.2　互联网保险蓄势待发

由于我国具有万亿规模的保险市场，且保险密度和保险深度不高。科技驱动实现高质量发展是行业必由之路。与发达国家相比，我国保险行业具有巨大的发展潜力，这为互联网保险的兴起提供了广阔的生存空间和发展动力。科技创新的发展使得互联网保险业务正处于高速发展期。

2021 年中国保险科技企业图谱，如图 10-3 所示。

随着互联网技术的发展，中国互联网保险行业经历了萌芽期、深化探索期、全面发展期和爆发期四个阶段（图 10-4）。

互联网保险萌芽期（1997—2004 年）：1997 年年底，中国保险信息网诞生。此阶段互联网保险作为销售代理而存在，但由于互联网金融规章制度尚未健全，人们对于互联网保险的认识也存在很多不足。互联网保险主要起到宣传和普及保险知识的作用。

互联网保险深化探索期（2005—2011 年）：随着互联网用户的迅速增多，人们越来越倾向于通过互联网来获取金融保险产品和服务，同时各保险机构也致力于通过创新实现新的网络渠道的营销，逐步探索保险电子商务营销方式。

图 10-3　2021 年中国保险科技企业图谱

互联网保险全面发展期（2012—2013 年）：2013 年出现了各种互联网金融的创新，被称为互联网金融元年。其中，2013 年 6 月推出专为个人用户打造的余额增值服务——余额宝。互联网金融理念渐渐深入人心，也逐步显现出巨大的影响力。

互联网保险爆发期（2014 年至今）：出现销售渠道的创新，区块链、人工智能、大数据三大核心科技，开始向保险业的方方面面辐射。保险行业也诞生了新的理念，新的理念又催生了新的趋势。一众保险行业内的公司正在以自己的方式重塑保险行业生态。

图 10-4　互联网保险发展阶段

10.1.2　保险＋区块链——珠联璧合

过去几十年，中国的人口红利为保险业提供了广阔的发展空间，保险企业大多通过粗放式的发展模式快速抢占市场实现规模扩张。近几年中国保险行业开始从高速增长向高质量发展迈进，而在这一转型进程中，如何解决行业内长期存在的痛点是亟待解决的核心问题。

区块链技术已然成为全球关注的焦点，在投资机构的热捧下，各个领域也纷纷布局、试水区块链。与此同时，我国虽然是保险大国，但传统保险数据存在信息难以共享、数据安全难以保证、信任缺失等问题。而具有对应的去中心化、不可篡改、公开透明可溯源三大特征的区块链技术正在飞速发展，能为传统保险提供创新性的解决方案。区块链技术在保险产品研发、风险管控、流程优化和相互保险等领域，推动着整个保险行业价值链的重塑，为保险数字化转型奠定基础。共识机制、智能合约、分布式账本等技术能充分建立保险互信，促进保险开放，成就保险普惠。

保险与区块链具有高度的契合性与以下四点密不可分：社会性、唯一性、时间性和安全性。社会性：区块链与保险均具有显著的社会性。保险的核心是处理个体与集体之间的关系，即解决再分配关系。区块链的亮点也是在于它基于社会性，更加公平透明和高效地处理个体与集体的关系。唯一性：保险的"唯一性难题"，即在保险经营过程中，突出问题"保险欺诈"往往是在"保险标的"和"保险期限"的唯一性上做文章，如养老金冒领问题。而区块链的加密算法等技术为破解"唯一性困境"提供了可能。时间性：时间即承保风险，具有显著的时间特征。无论先出险、后投保还是倒签保单，均涉及时间问题，区块链的"时间戳"技术为上述问题的解决提供了条件，确保了保单时间信息不可篡改、不可伪造。安全性：现代保险是建立在信用基础上的，但传统的信用建立和维护的成本相对较高，而且还容易出现不公平、逆向选择和道德风险等问题。区块链技术的出现为保险业的信用重构提供了可能。

10.1.2.1　保险行业五大环节及其痛点

（1）产品设计环节：产品创新不足，保险公司开发的保险产品品种同质化严重；缺乏产品设计的数据积累，不同的公司之间所拥有的数据都是相互独立的。

（2）产品定价环节：数据与信任的缺失导致险种难定价，当前我国信用体系并不健全，保险机构对于客户风险水平的评估变得困难和不准确。

（3）销售环节：存在较大道德风险，部分互联网保险机构为了做大自身规模，可能会做出轻率承保的举动。

（4）理赔服务环节：理赔流程长，效率低下，信息孤岛现象严重，信息传输不流通；理赔环节透明度不高，有失公正，各个环节均由保险公司理赔部门独立负责；信息不对称导致机会主义行为，投机者可能会利用信息缺口进行欺诈骗保。

（5）技术系统环节：网络技术风险大，网络技术也存在漏洞；保密体系不够完善，如今贩卖和泄露客户信息的情况极为严重。

保险产品销售及服务流程解析，如图 10-5 所示。

10.1.2.2　区块链技术解决保险行业痛点问题

（1）服务和产品设计创新：为提高客户参与度，实现个性化定制化保险模式，保险公司可以针对不同的风险场景提供不同的投保产品，为投保人提供更多的机会去主动管理风险。

（2）为更多市场提供创新产品：基于数字资产的保险产品。随着比特币的诞生，区块链技术的普及及发展，各类虚拟货币、电子化的凭证以及数据资产通过区块链技术应用于其他技术，而成为新的资产配置形式；助力小微保险市场的发展与开拓。在一些新兴市场，区块

耗时较长、难度较大					
获取客户	渠道客户		自营客户		高
客源开发	流量客户、精准邀约、项目邀约		陌拜、转介绍、生活圈、缘故、公司资源		
接触客户	建立信任 → 取得信赖 → 收集资料 → 发现需求				销售
需求挖掘	人设塑造、朋友圈经营　年龄、收入、消费习惯、年金、保障、财富传承				
产品推解	陈述现状 → 讲明需求 → 引导切入 → 方案建议				触达量
业务促成	需求确认 → 强化意愿 → 促成签单				低
售后服务	回访　递送　增值　关爱　储备　年节				服务

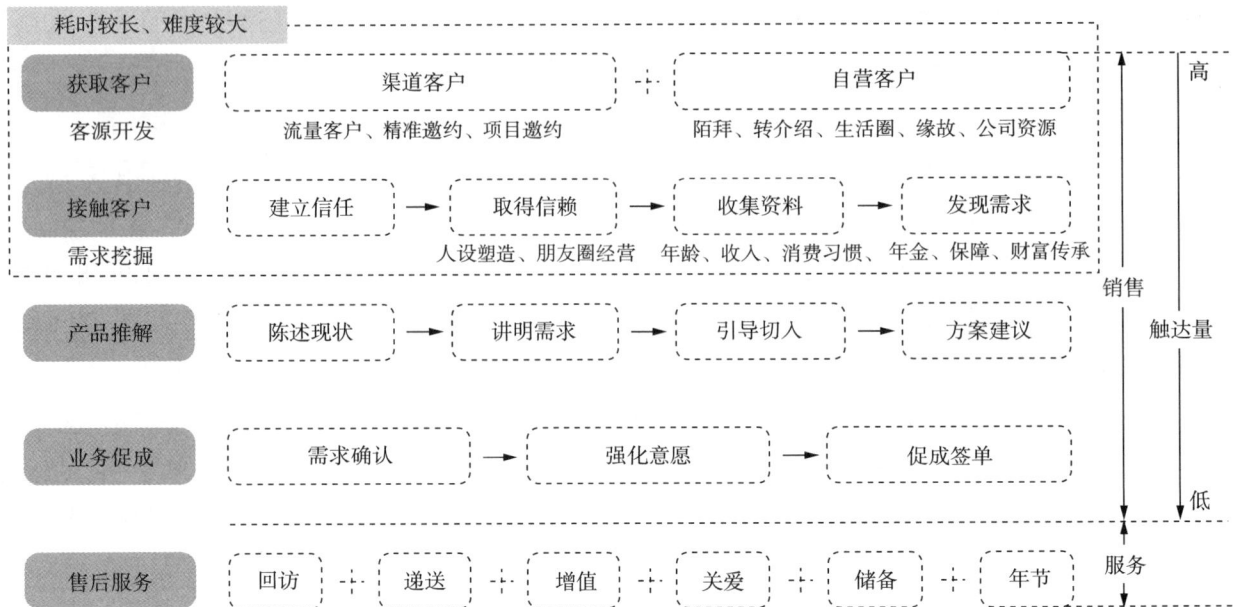

图 10 - 5　保险产品销售及服务流程解析

链能够利用其智能合约的功能来处理小微保险业务，降低处理成本，但前提是承保和理赔能够基于预定规则和可靠的数据源自动执行。

（3）去中心化的风险防范：区块链提高互联网保险欺诈检测定价，验证被保对象身份的真实性、对保险服务对象进行身份验证、证明出险的时间和地点。

（4）数据驱动、低行政费用的理赔管理：提供基于智能合约的自动赔偿和电子保单存证的解决方案；实现物联网智能化理赔。

（5）技术系统环节：零知识证明机制能够在保证数据隐私性的同时保证数据的安全性。

10.1.3　区块链应用保险市场现状

10.1.3.1　保险公司加快区块链技术布局

基于区块链的诸多技术特性，目前保险行业已经在个险、再保险、农业保险等领域有了实际落地的应用。由于区块链分布式账本和加密存储的特点，多方参与者可以在保护数据隐私的前提下实现信息共享，例如各保险公司可以建立区块链反欺诈联盟，打破过去机构间的数据壁垒，提升欺诈识别和核保风控能力；同时，用户健康信息及医疗机构的信息上链能够极大地缩短理赔流程，在引入智能合约后实现赔付条款的自动执行，无须人工参与；另外，在再保险领域区块链能够解决交易双方信息流转效率低下和信息不对称的痛点，促进行业发展。

保险区块链的主要落地应用，如图 10 - 6 所示。

10.1.3.2　区块链应用保险环节产品

我国保险业对区块链技术的探索可以追溯至 2016 年，无论是国有保险公司，还是大型商业保险公司，乃至年轻的小型保险公司，都陆续加入。中国人寿在 2017 年与蚂蚁金服保

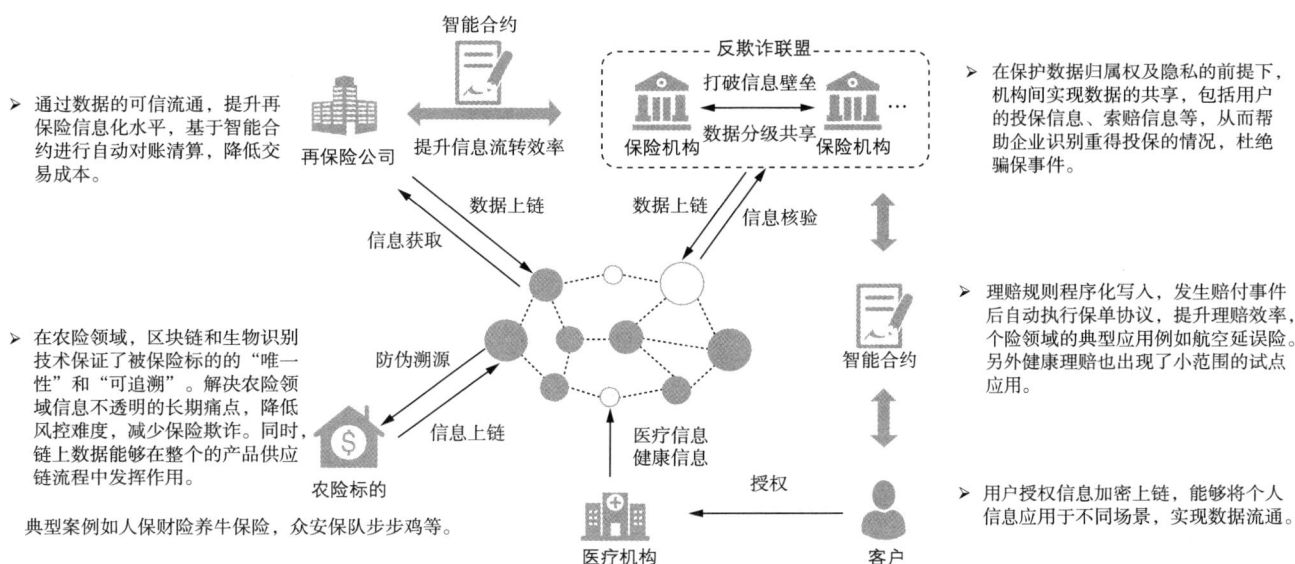

图 10-6　保险区块链的主要落地应用

险平台合作赋能保险扶贫领域，让捐赠更透明，公益更高效。中国人保在 2017 年基于区块链的养殖保险服务平台，构建基于区块链的养殖业溯源体系和产业链服务平台；基于区块链的营销管理平台，从营销人员和客户出发，构建围绕保险营销的数字资产管理平台。阳光保险在 2016 年与布比区块链合作推出"飞常惠航空意外险"，可以追溯卡单从源头到客户流转的全过程，确保卡单的真实性和唯一性；2018 年上线国内首款基于区块链技术的女性特定疾病保险产品，实现个性化差异定价。中国平安基于超级账本推出 BaaS 平台，解决分布式系统中数据同步和数据安全问题。安华保险在 2018 年推出基于区块链的分布式记账功能和智能合约技术的农业保险，破解肉鸭养殖业保险数据失真难题。易安保险在 2016 年与慕尼黑再保险合作成立"区块链保险实验室"。宣信在 2018 年发布 BlockWorm，可提供多种形式基于智能合约的服务，并被宣信运用于互联网企业级金融服务。

区块链应用保险环节，如图 10-7 所示。

（1）产品设计环节：使得区块链本质上是一个去中心化数据库，同时还拥有良好的安全性，这一特性与保险产品结合后就可以解决很多保险产品原来在安全性和可信性上无法解决的问题。因此将区块链与保险产品设计环节相结合，解决一些以前无法很好解决的痛点，有助于催生新的保险产品的产生。

（2）产品定价和销售环节：使得产品定价和销售环节更加灵活，许多痛点比如因为成本、竞争原因而导致的产品定价难等，都涉及更加宏观动态的环境，区块链为之带来的可能是效率的提高，目前在这方面的举措尚未成熟。

（3）产品理赔环节：区块链及智能合约使得数据溯源、理赔自动执行变为可能，也因此为理赔环节提高了效率，带来了更多的应用。

（4）区块链技术系统方面，往往是像平安这样的龙头企业或者是像众安、宣信这类有技术支撑的保险企业更偏向于去尝试开发。

	2016年		2017年				2018年			
	7月	11月	1月	3月	5月	8月		6月	7月	8月
产品设计	阳光保险 航空意外险	安华保险 航空延误险	中国人手 保险扶贫	中国人保 养殖保险平台					安华保险 养殖业保险	阳光保险 女性疾病保险
产品定价										阳光保险 女性疾病保险
产品销售				中国人保 人保V盟						
产品理赔	● 阳光保险 航空意外险 ● 阳光保险 二次认证		中国人寿 保险扶贫	中国人保 养殖保险平台		信美 相互保险			安华保险 养殖业保险	
技术系统	易安保险 区块链保险实验室			● 众安保险 安链云 ● 平安集团 BaaS平台		宣信 Block Worm				

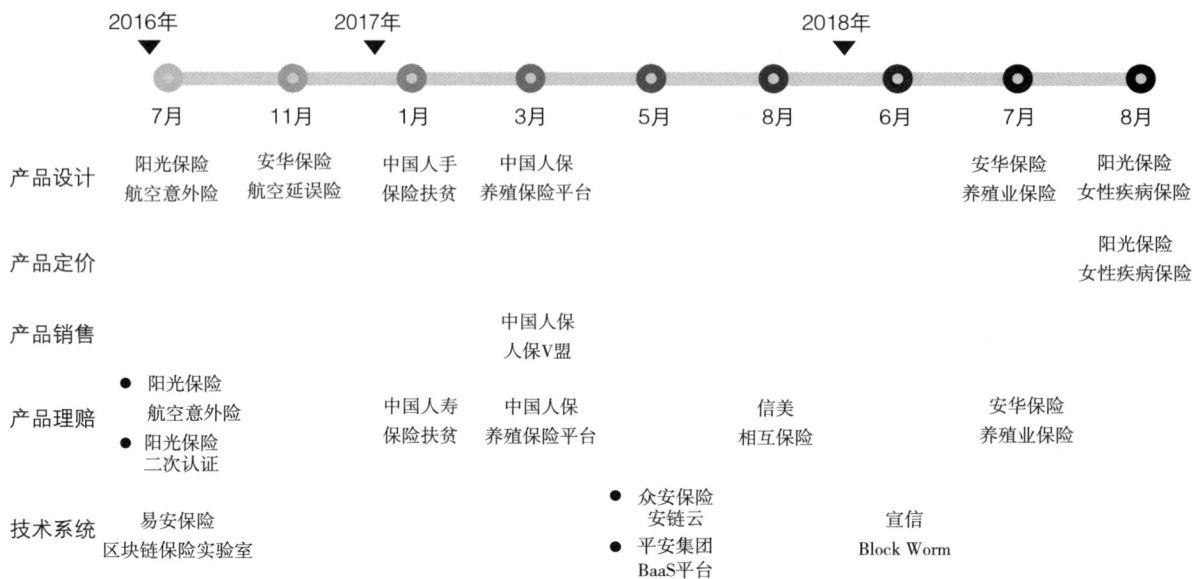

图 10 - 7　区块链应用保险环节

10.2　区块链应用保险行业的典型案例

区块链的特性以及结合了智能合约后的区块链 2.0 技术赋予了保险产品环节优化的无限想象力。本节对于目前市面上已投入实际运营，将区块链特性、智能合约技术与保险业务紧密结合的三个具有参考价值的案例进行分析。

10.2.1　区块链＋保险案例：阳光保险女性特定疾病险

阳光保险女性特定疾病险是阳光保险上线的国内首款基于"健康介绍信"模式下实现差异化定价的女性特定疾病保险产品，也是国内首款基于区块链技术的女性特定疾病保险产品，为女性提供短期健康保障。

传统疾病保险存在保险机构交易成本高、体检机构交易成本高以及客户交易成本高等问题。首先，长期以来，在保险机构、医疗服务机构和客户之间的信息不对称现象普遍存在，因而导致保险公司作为信息薄弱方，经常出现产品高度类同、细分与个性化市场不足、风险理赔成本与收益不匹配等诸多弊病，造成保险公司交易成本的提高。其次，随着人们生活水平的提高，健康体检逐渐成为一项重要的医疗项目。我国目前每年有近亿人次参加体检，但传统的体检机构在获取和存储数据方面存在着成本高、开销巨大等问题。再次，在传统的健康数据存储和使用方式条件下，客户在个人证明健康上也异常不便，重复体检、来回跑腿、不受信任等情况屡见不鲜。

针对传统疾病保险存在保险机构交易成本高、体检机构交易成本高以及客户交易成本高等问题，阳光保险公司利用区块链技术进行解决。阳光保险女性特定疾病险的基本流程，如图 10-8 所示。与传统健康险不同的是，客户在买保险时，首先通过"健康介绍信"授权保险公司去相关医院或体检机构查验个人的体检报告数据，体检机构读取并验证授权信息，验证通过后，根据本地健康识别程序给出数据结果。随后，保险公司根据体检机构给出的数据结果，为客户提供相应的定制化服务。只要成功授权保险公司查验到有效体检报告，则可获得 9 折的参与优惠，如数据在正常范围内，可获得低至 7 折的量体优惠，实现了个性化差异定价。阳光保险帮助客户将个人健康数据使用权登记在区块链上，确权后这个数据使用权将永久归客户本人拥有，在经个人授权下可以在不同需求场景下自由使用，达到数据流通的作用。

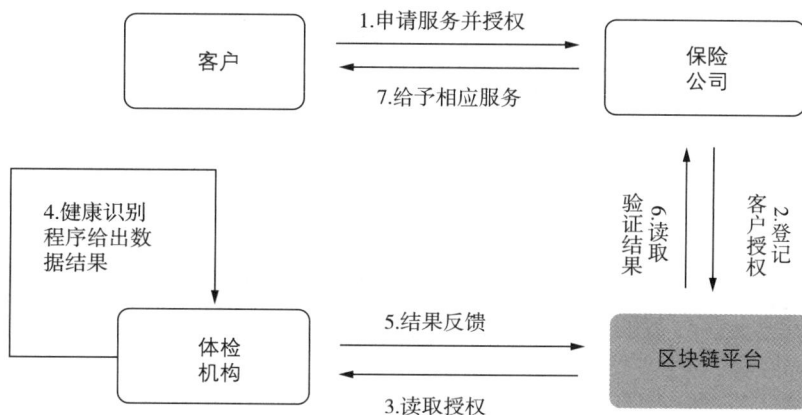

图 10-8 阳光保险女性特定疾病险的基本流程

基于区块链技术的阳光保险女性特定疾病险产品颠覆传统定价模式，该产品在获取用户体检数据后根据用户不同健康状况评估给出 7 折～9 折差异化的定价优惠，越健康，保费越低。在利用区块链获取有用数据的基础上，突破常规思维，为客户提供差异化服务，改变以往传统寿险"千人一面"的状况，这种差异化定价的思维值得参考借鉴。同时该产品引入客户、保险公司、医疗机构、区块链等多个主体，在解决和满足客户需求的基础上，构建起互利互惠新模式，保险机构利用客户授权的"健康介绍信"得到可信的客户数据，精准匹配客户需求，评估商业机会与风险，从而制定差异化定价和定制化的产品，形成对客户的个性化服务；体检机构存储的数据可以被多次使用，实现数据价值多样化，合作模式公平开放透明，数据源具备走向市场的条件，减轻维护数据的负担；客户自身将拥有健康数据的使用权，可以通过提供自身数据信息，获取更加个性化的服务和优惠。

区块链应用健康医疗，如图 10-9 所示。

10.2.2 区块链＋保险案例：中国人保养牛保险

养牛保险是中国人保于 2017 年 3 月推出的一个基于区块链的养殖保险服务平台，该应用将养殖保险、农业金融、食品溯源贯穿起来，构建起基于区块链的养殖业溯源体系和产业

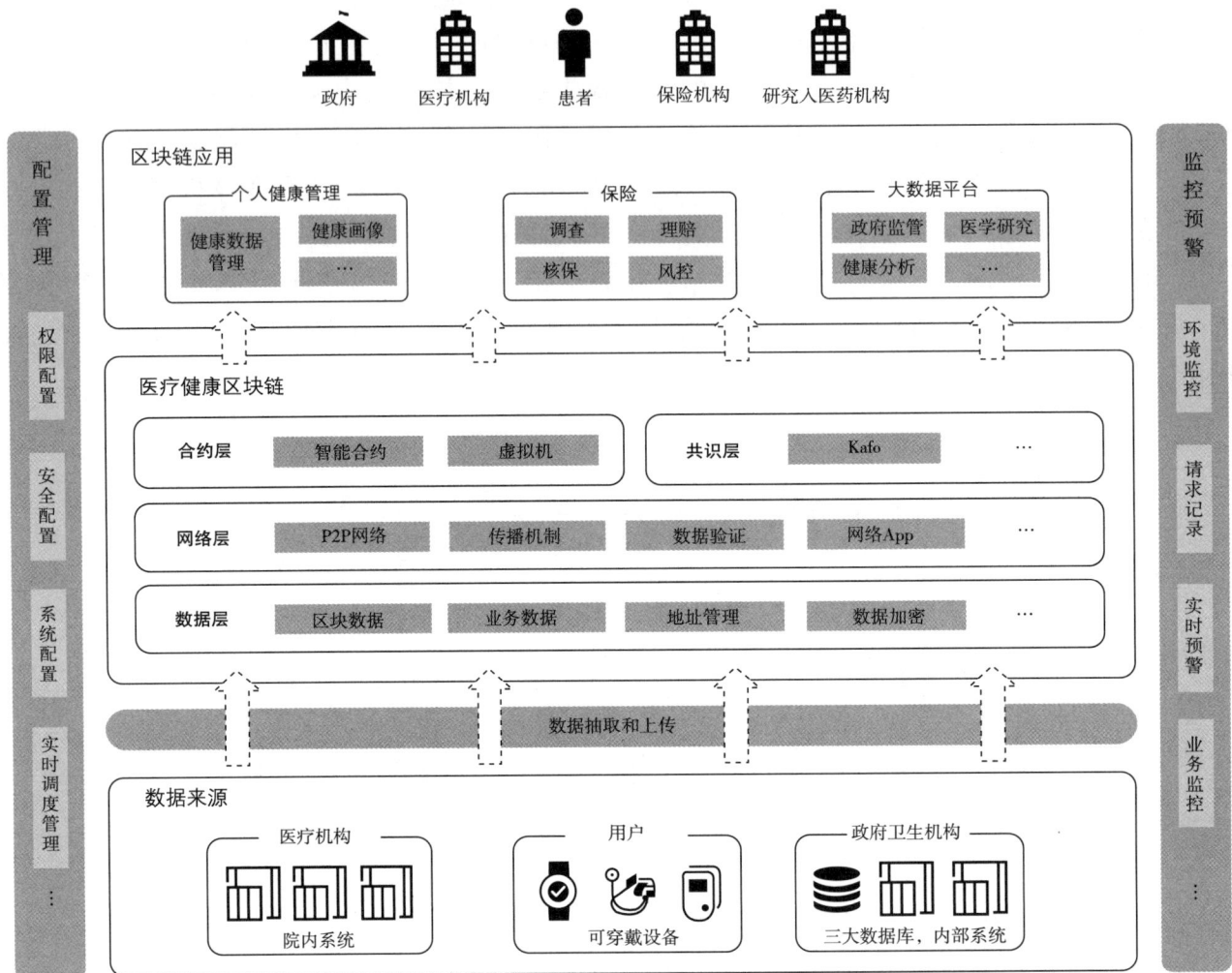

图 10-9　区块链应用健康医疗

链服务平台。

　　传统农业保险存在信息不对称问题，在畜牧业保险中还存在耳标技术难以刚性绑定的问题。长期以来，农业保险都是保险市场上的短板，其原因在于信息不对称，保险公司没有办法掌握投保牛羊的具体信息。而保险公司推出养殖保险的同时也给自身带来风险，养殖户凭借一头牲畜尸体重复理赔的现象使保险公司面临着反欺诈的风险。随着科技的发展，出现了耳标等管理模式，为解决养殖保险的"标的唯一性"提供了新途径，但仍存在耳标佩戴率不高、无法解决耳标与对象的"刚性"绑定等问题，同时这种识别体系的维护成本相对较高，且面临信息共享和流转问题。

　　针对传统农业保险中存在的问题，中国人保将区块链技术应用到养牛保险中，构建养殖业溯源体系，通过生物识别技术，提取每一头牛独一无二的识别信息，通过加密并分别存储在农户、保险公司、贷款银行、检疫部门等各方，各方就能够动态地掌握牛的基本情况，即构建了基于区块链的养殖业溯源体系。这一体系以区块链技术为核心，以生物特征、DNA 和耳标等多种生物识别手段为基础，以移动互联网为平台，实现了肉牛个体识别与验证。通过区块链技术，真实记录个体识别信息，以及进口、饲养、防疫、养殖、产仔、屠宰、物流等养殖和食品供应等全方位和全流程信息，实现了肉牛乃至肉制品的有效溯源，以及全生命周期的"验明正身"和连续记录，最终实现保险行业风险管理效率的提升。

中国人保养牛保险借助区块链技术，在数据获取和溯源方面进行了创新。通过区块链技术、生物识别技术、DNA 技术获取数据，中国人保利用的正是将区块链的"可溯源"特性在"全生命周期"管理中的作用进行放大，对牛进行"全生命周期"的持续性跟踪记录，翔实记录牛每天的生长情况以及健康情况，当其作为食品进入流通和消费领域，一旦发生问题可以根据区块链进行信息溯源和责任追查。区块链应用农险溯源，如图 10 - 10 所示。

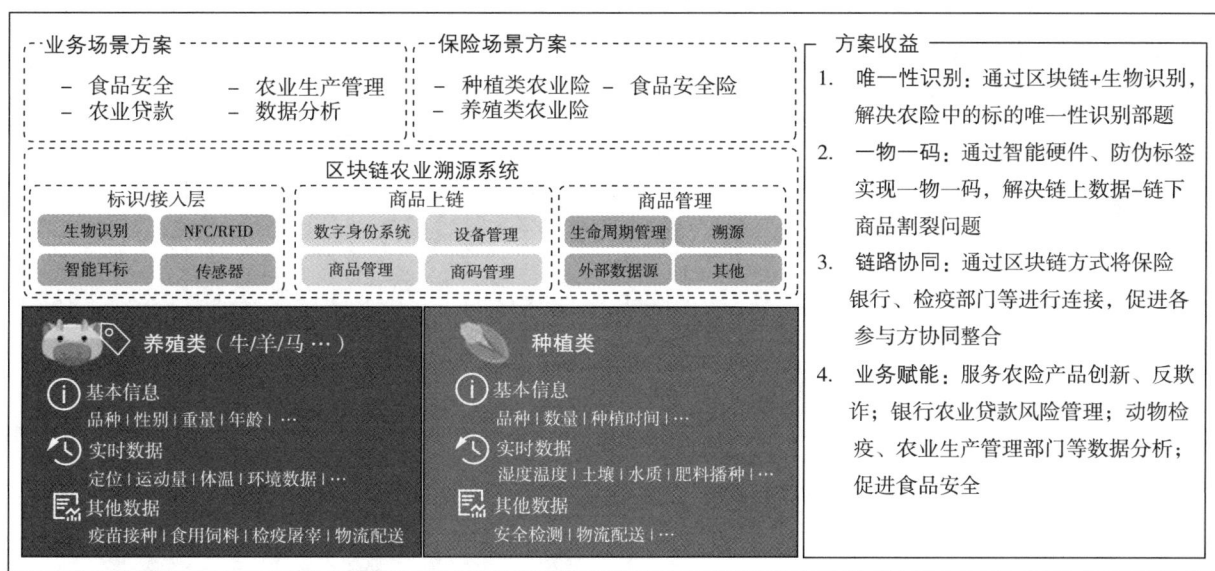

图 10 - 10　区块链应用农险溯源

10.2.3　区块链＋保险案例：安盛航运区块链保险

法国保险巨头安盛保险宣称"第一家提供使用区块链技术保险产品的大型保险集团"，其使用以太坊公有区块链"Fizzy"为航空旅客提供自动航班延迟赔偿。

当前航班延误理赔存在赔付流程过于烦琐问题，传统航空延误险赔付过程如图 10 - 11 所示，投保用户需主动联系保险公司进行索赔，并提交航班信息及延误证明等多种材料，经保险公司审核后才会进行赔付。由此可见，航空险的理赔过程中存在由于信息不对称导致的双重花费的问题，用户需要主动提交证明材料告知保险公司进行理赔，而保险公司耗费了人力、物力来审核用户提交信息的真伪性，审核无误后再进行保险的赔付。

针对传统航空延误险赔付过程中存在的问题，安盛保险采用区块技术进行解决，将合约条款写入自动执行的智能合约，具体流程如图 10 - 11 所示。Fizzy 的本质是一份智能合约，合约规定了保险公司和投保人双方的权益和义务，航班延误则是一个触发合约执行的条件，而这些权利和义务以及触发条件都以代码的形式写入智能合约中，智能合约完成后不再受到人为的更改。这种智能合约能够不断追踪信息，进行自动化理赔。投保人在购买保险后，智能合约会持续追踪航班信息，自动判定航班是否延误，是否应该对投保人进行理赔，如果判定航班延误需要理赔，那么智能合约会自动把赔付金额划入用户的信用卡中。

安盛航运区块链保险智能合约，如图 10 - 12 所示。

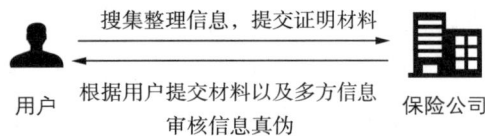

图 10 - 11　传统航空延误险赔付过程　　　　图 10 - 12　安盛航运区块链保险智能合约

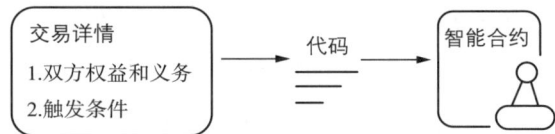

安盛航运区块链保险基于以太坊智能合约，通过与全球空中交通数据库连接来不断监视航班数据。当航班延误超过 2 小时，赔偿机制会自动执行，将赔付款发送至投保人的信用卡账户。这种在保险中应用智能合约的方式可以实现自动化赔付，免去投保人提交证明材料和保险公司复核材料的烦琐流程，大大提高了保险的理赔效率，节省了人力与物力；同时智能合约能够解决理赔判断的客观性的问题，因为保险公司作为保险庄家，并不能保证规则的制定与审核完全公正，置于公链的智能合约配备对应的预言机方式可以解决这类公正问题，从而提高投保人的信任度。

区块链应用保险风控，如图 10 - 13 所示。

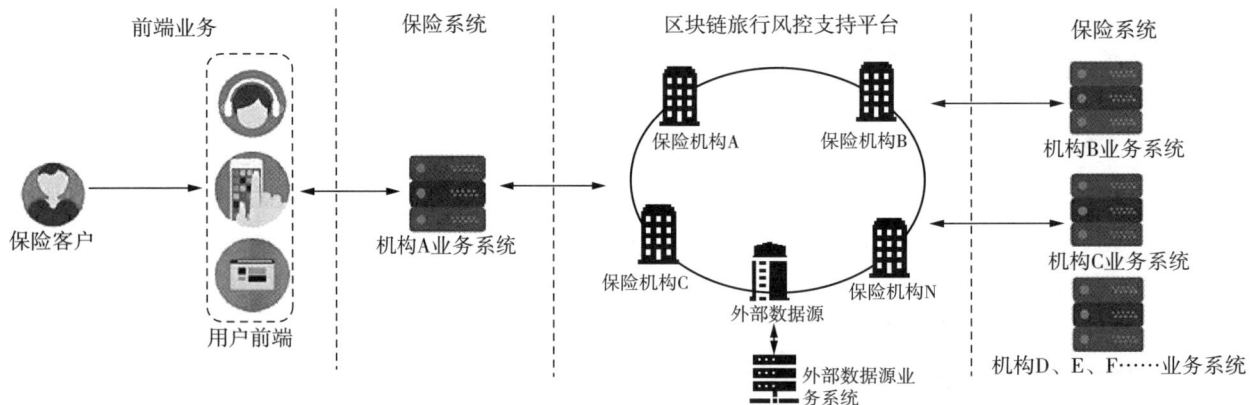

图 10 - 13　区块链应用保险风控

10.3　区块链应用保险行业的主要问题

目前，区块链在保险行业的应用仍然面临着管理和技术的阻碍。新技术的应用会带来新的商业场景，也会带来新的商业风险与法律风险。这些都是区块链技术在保险行业应用中所需要面对的挑战。

10.3.1　区块链技术的不成熟阻碍保险行业的大规模商用

全球的区块链技术还处于探索、挖掘和积累阶段，并未形成市场化及商业化模式。区块链，特别是公有链，其可扩展性和计算能力一直饱受诟病。对于公共区块链，安全地核准新数据区块信息并将其纳入账本的流程，即共识机制，这会耗费大量计算资源，降低区块链的理论速度和成本优势。另外，区块链技术虽然有很高的安全性，很难被破解，但其对接接口的安全措施不够完善，智能合约的构筑存在隐患，仍然会给黑客留下攻击共享账本的机会。以太坊是区块链技术 2.0 的代表，它的安全技术很高，在其上建设的 DApp 和智能合约被攻破的新闻依然不绝于耳，因为对接系统的防范措施较弱，所以导致被攻破。区块链网络系统在处理数百万级别的交易时，还有在参与方人数较多的时候的表现都有待考证，在这种高强度的压力下区块链的性能如何，目前尚不明确。

除了数字加密货币以外，区块链技术的应用领域不断拓展，目前尚未达到大规模商用的地步，主要有两个问题：一是安全隐私问题。区块链技术是将交易记录在全网广播，以保证其不可篡改，但全网广播的方式同时也增加了信息泄密的可能性。二是性能问题。如何减少数据冗余，增加数据存储空间，增加区块链的使用场景，是区块链急需解决的问题。保险公司希望在试点之外进一步释放区块链技术的应用价值，必须确保使用的软件成熟可靠。

10.3.2　管理障碍

要根据商业场景和商业流程的要求部署好一个完整的区块链网络，需要接入足够多的参与者并赋予对应的角色相应的权限。构成区块链组织系统的角色主要有五个：系统管理者、验证节点者、审计节点者、金融资产发行者（保险公司或是其他机构）、享受周边服务者（保险消费者或是其他参与者）。这些主要角色之间的合作及引入都需要有严格的规则。创建一个能引入外部参与者的区块链，需要慎重规划，尤其是当外部参与者是竞争对手时。保险公司必须愿意放弃某些他们可能视为差异化竞争优势的运营方式，在创建区块链时，对于合作对象、提议内容和推进方法，都需要深思熟虑。保险行业对区块链的公有链、联盟链和私有链等组织形式的选择也应该有所取舍。公共区块链（包括比特币使用的区块链）面向所有人，通常采用开源社区的治理模式，相比之下，适合保险公司的可能是私有区块链，仅限保险公司、合作伙伴和客户参与，因此需要一种不同的治理模式，随着利益相关方数量的增加，需要平衡各方利益。

作为一种新兴技术，区块链目前遇到的一个主要问题是缺乏像互联网那样普遍可访问的基本通用协议，没有中间权力，分布式交易的允诺也尚未通过检验。由于区块链技术未制定统一的标准，有可能让有缺陷的区块链应用特别是智能合约应用上线，这不仅影响保险业务自身业务生态和保险客户群，还可能影响其他业务生态和用户群。通用协议标准的制定不仅需要技术的进步，更需要全球区块链行业从业者的协调一致与行业内的自律，统筹这个过程将会比技术取得进步更加困难。

10.3.3 法律风险

当区块链进入技术上自主创新、自主掌控的阶段，其应用发展必须合规。在区块链底层把执法措施支持到位，是区块链应用单位满足合规要求的必需条件。网络平台相对于现今企业的发展，具有莫大的影响力，但区块链技术的发展、分布式账本的特性，将会打破网络平台被少数企业所垄断的局面。区块链技术隐匿的特质，使得合法验证、存储与揭露使用者信息，带来法律上的问题。使用区块链技术必须要提供使用者信息，现行法规对此未有规范。隐匿的特质，可能会诱发黑色区块链的发展，使得洗钱、贩毒、走私、枪支买卖、赌博及黑客要求赎金等非法行为难以被掌控。另外，区块链技术使用非对称加密算法，创造出安全与不可逆的电子签名信息，这在目前的《合同法》等相关法律架构之下能否被接纳，能否被认为有法律效应也是一个问题。

知识产权是有关区块链技术面与实际应用面的另一个法律上的议题，该区块链技术上的发明归属于软件还是崭新的商业模式，在专利的申请上长久以来就存在争议。该专利申请的相关细节内容要明确，权利的主张如何撰写，也具有一定的难度。各个国家专利局审核人员，对商业模式专利审核的要求标准不一，因此要确保营运模式一定要具体写入受保护的专利权申请文件中，以防他人仿效导致应有权利受损。保险监管在区块链技术发展下，将从制度上的规范转变为技术上的监管。如何确保交易主体及各市场参与者间的公平与信赖机制，是未来监管的主轴。对新一代信息技术的大规模使用保持谨慎态度，发展保险科技，必须要有完善的法令与配套规划，否则 P2P 网络借贷平台的事件可能一再重演。

10.3.4 政府监管并未落实，行业形势不明朗

政府出于保护消费者，以及避免保险公司因承保过多风险而破产的目的，会对保险业加强监管。要想区块链技术在保险领域稳定应用，完善的法律体系是不可缺少的，但是现有的法律和监管框架不完全适用于区块链网络，因此区块链保险行业的形势并不明朗。

10.3.5 传统公司对数据共享的保守态度阻碍发展

对于传统保险公司来说，海量的用户数据是他们为客户提供个性化服务、形成竞争力的优势来源。因此，传统保险公司不会积极主动置换数据的共享权益。对于新布局区块链保险行业的企业来说，如何获取数据，进一步地打破数据孤岛，是摆在新兴区块链保险公司面前的难题。

10.3.6 国内区块链人才缺失

目前区块链在保险领域的应用中，存在人才短缺的问题。区块链和保险的结合需要"两栖"复合型人才，即能够应用区块链技术的特点，去解决保险业务的痛点，设计出全新的解决方案或者商业模式的人。就目前区块链刚刚火热的情况，从人才培养体系来说，并不能及时为社会推送所需人才。

10.4　区块链应用保险行业的发展趋势与展望

从长远来看，区块链技术在保险行业的应用具有广阔的发展前景和众多的业务契合点，极有可能带来颠覆性的变革。

10.4.1　区块链应用保险行业的发展趋势

1. 区块链技术不断完善，保险行业迎来颠覆式创新

区块链技术将会改变保险行业原有流程、拓展保险应用场景，最终提高保险行业整体运行效率。区块链技术分布式存储、匿名公开等特性，能够解决许多传统保险公司难以解决的问题；同时，区块链技术能够提高行业整体的运行效率，激发行业的创新活力。在业务拓展上，区块链技术在信息收集等方面的特点可以使保险场景得到进一步拓展。

2. 巨头入局先行抢占市场，后入局者凭借技术破局

目前，巨头已经先行利用区块链技术改造保险行业，但这个赛道仍然是一个全新的机会，能够容纳更多的竞争者，并且这场竞争也不会很快结束。可以预见的是，在未来，会有更多的公司进入这个领域，加入整个保险行业的变革战中。整个行业的格局在发展过程中，会因区块链技术应用与保险的适应性与不确定性发生变化。

10.4.2　区块链应用保险行业的展望

互联网的发展，使得信息传递成本几乎为零，当前区块链技术和发展理念可逐步实现几乎零成本的价值传递，从而大幅降低交易成本。区块链技术也将逐渐成为未来价值传递网络中不可或缺的一部分。

在保险行业内，甚至是相关行业间，在合规的前提下需要大力加强数据的共享，帮助保险企业了解老百姓的保险需求，开发出能够解决老百姓问题、满足社会需要的产品。在这些方面，区块链技术大有可为，区块链技术亦是未来5～10年能带来变革性影响的科技。

结合区块链技术在保险行业的应用探索实践来看，区块链在以下几个方面给保险行业带来较大价值。

一是客户认知方式（KYC）的变革。基于区块链的客户信息数字化管理，可以简化用户的投保流程，提高保险机构的风控能力。爱沙尼亚借助区块链技术已经实现了"e 居民"，可在区块链上享受结婚证明、出生证明、商务合同及其他服务，并计划将区块链技术运用到公民电子健康记录系统中。

二是对健康险变革的推动作用。随着可穿戴设备的出现，消费者开始意识到主动管理自己的健康、医疗及保险的重要性。运用区块链技术将运动、健身、保健、医疗及保险数据结合，将在充分保护用户隐私的前提下，对现有健康险的定价、理赔等流程带来重要影响。

三是对再保险变革的推动作用。再保险业务仍存在很多手工、邮件处理流程的传统方式。普华永道研究结果表示，再保险业采用区块链技术可以将大部分业务流程自动化，减少人为错误，节省劳动成本，为再保险业者节省 15％～20％的营运费用。

四是互助保险变革的推动作用。互助保险的一个重要话题就是互助会员与互助保险机构的信任问题，而区块链的技术特性可以在解决多方交易信任问题方面发挥重要作用，用区块链技术配合监管政策可以推动互助保险的发展。

第 11 章　区块链技术应用金融风险控制发展现状

11.1　区块链应用金融风险控制市场综述

区块链技术作为近两年被投资方、媒体热炒的一项新技术，得到了社会各界尤其是金融行业的关注，越来越多的金融机构开始进行相关技术的研究储备、应用尝试。例如 2020 年 4 月，中国工商银行金融科技研究院正式发布《区块链金融应用发展白皮书》，这是银行业发布的首个区块链白皮书。该白皮书主要聚焦以银行业为主的金融领域，重点解析了区块链在金融领域的典型应用场景。2019 年以来区块链迎来了政策风口和红利，金融作为区块链技术的重点研究领域，金融机构纷纷开始探索和研究区块链金融的落地场景。目前金融是区块链应用场景中探索最多的领域，国家互联网信息办公室"境内区块链信息服务备案"显示，截至 2019 年年底国内已备案的提供区块链信息服务的公司约 420 家，共计 506 项服务。其中提供基于区块链的金融服务的企业有 72 家，占比 17%，共备案 120 项金融服务。

金融业的核心在于风险控制，随着金融业的快速发展，其风险问题也愈发严峻。用个人经验预判风险的传统风控模式，已经不能完全满足新时代的风险管理需求。而区块链技术所具有的去中心化、去信任化、共识性、不可篡改等技术特性，能够有效解决金融风险控制问题，目前已有大量研究将区块链应用在金融风险控制市场，主要还是包括行业征信与金融企业风控两方面，下面是这两方面的应用情况介绍。

11.1.1　区块链技术与征信行业

征信是对交易双方信用信息的主动调查、核实及反映的活动。具体表现为征信机构生产的各类征信报告、信用评分工具及信用管理软件等。随着经济金融的快速发展和互联网金融业的兴起，征信在越来越多的领域得到广泛应用，并在促进经济发展方面的作用日益凸显，征信可以有效降低交易中的信息收集成本，缩短交易时间，拓宽交易空间，提高经济主体的运行效率。

但我国征信市场发展缓慢，征信机构分布和发展不均衡，征信供给严重短缺。要做好征信，关键是对信用信息的处理。目前，国内征信业在信用信息处理方面主要面临信用记录失真、信用信息孤岛和用户信息泄露等问题。区块链技术作为新兴技术，在技术层面可实现数据共享和验证、数据隐私保护，化解征信机构面临的信息采集、数据质量、数据安全难题，在促进信息大规模的互联互通方面有运行优势。应用区块链技术化解征信机构分布和发展不均衡问题，以及增加区域性征信供给、营造良好的信用环境，是征信市场发展的必然趋势和迫切需求。

征信分为企业征信和个人征信两种。在企业贷款时，企业征信和借款人的个人征信都是需要提供并且审查的，个人征信记录个人信用状况，企业征信记录企业信用状况。在小微贷款中，贷款负债大部分是记录在个人征信中，有一部分则是记录在企业征信中。例如很多纳税企业做的银行税贷，像建行和农行，贷款均为企业负债，借款人个人征信无体现，企业征信则会有贷款及还款记录；而大多数经营抵押贷款却是记录在个人征信当中，其中建行抵押贷款记录于企业征信中。因此在企业贷款过程中，企业征信和个人征信同等重要，都不能忽视。

11.1.1.1 企业征信

（1）企业征信发展整体情况

中国企业征信最初以纸质贷款证为雏形，逐步发展为设备信息化、内容专业化、业务多元化的企业征信市场。中国企业征信发展历程，如图 11－1 所示。随着中国借贷融资行业的进一步发展，在融资过程中，无论是借方还是贷方，对第三方信用信息服务的需求都将持续增长。2021 年，我国大、中、小微企业的贷款需求都有所上升；由于贷款不良率高，小贷企业在近几年发展受限，对于企业征信的需求逐渐增大。征信需求的逐步释放，使得企业征信市场具有巨大的潜力。

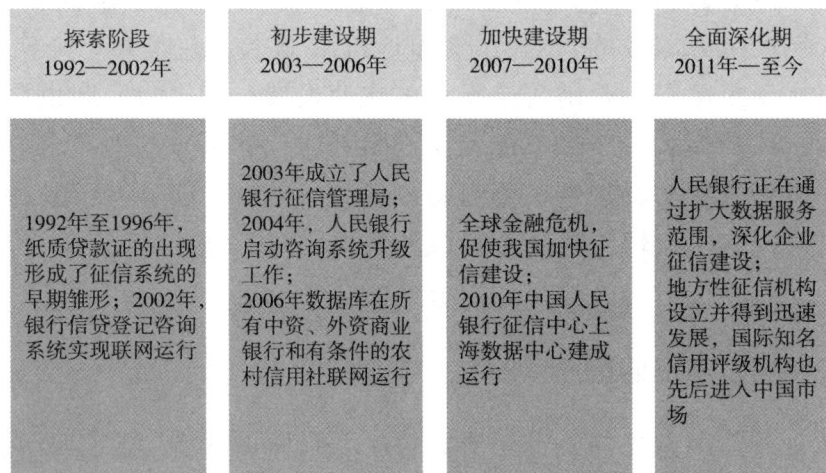

探索阶段 1992—2002年	初步建设期 2003—2006年	加快建设期 2007—2010年	全面深化期 2011年—至今
1992年至1996年，纸质贷款证的出现形成了征信系统的早期雏形；2002年，银行信贷登记咨询系统实现联网运行	2003年成立了人民银行征信管理局；2004年，人民银行启动咨询系统升级工作；2006年数据库在所有中资、外资商业银行和有条件的农村信用社联网运行	全球金融危机，促使我国加快征信建设；2010年中国人民银行征信中心上海数据中心建成运行	人民银行正在通过扩大数据服务范围，深化企业征信建设；地方性征信机构设立并得到迅速发展，国际知名信用评级机构也先后进入中国市场

图 11－1　中国企业征信发展历程

近几年，征信企业数量在 120～130 家左右波动，企业征信备案机构数量如图 11－2 所示，企业竞争度较小。截至 2021 年 12 月末，全国共有 27 个省（市）的 134 家企业征信机构在人民银行分支行完成备案，包括有芝麻信用管理有限公司、安徽省征信股份有限公司、百行征信有限公司等。对于目前的中国征信市场来说，互联网是眼下最强的风口力量。消费金融、共享经济、社交、电商，这些炙手可热的互联网行业都具有征信需求。强烈的需求加极少的供给，给市场化征信机构的快速发展创造了不可多得的机会。

根据中国人民银行各支行官网显示信息统计，全国共有 27 个省（市）的 134 家企业征

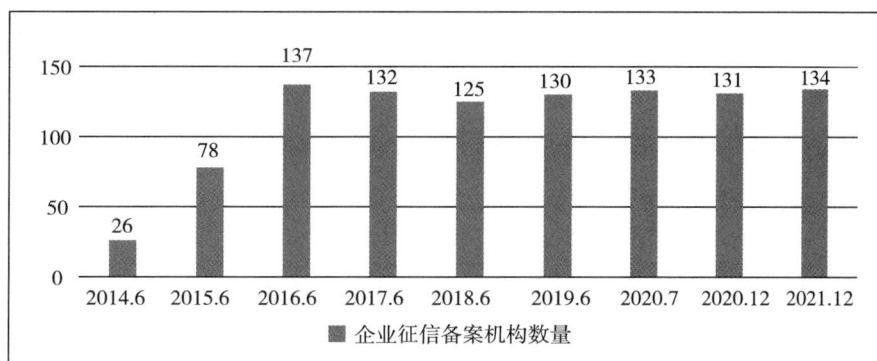

图 11-2　企业征信备案机构数量

信机构在人民银行分支行完成备案。其中，北京注册公司有 34 家，占比 25.37％；其次是上海 21 家，占比 15.67％；广东 11 家，占比 8.2％。3 个区域合计占比约 50％。征信行业作为社会信用体系建设的重要组成部分，其成熟与否是衡量我国信用经济发展程度的重要标准之一。当前和今后一个时期，世界百年未有之大变局加速演变，受新一轮科技革命和产业变革的深刻影响，全球信用服务产业分工格局和创新格局将面临重塑，专业化、规范化、数字化的信用服务逐步与其他产业深度融合，强链、延链、补链，推动现代信用服务产业全链条发展，有助于优化资源配置，助推经济高质量发展。

（2）区块链技术应用企业征信现状

企业征信在建设中存在一些问题，主要有数据采集难、质量差的问题，隐私保护风险高的问题以及数据共享不足的问题，个别实现了数据共享但又存在信息被篡改、无法追溯等问题，共享数据的可靠性无法得到保证。而区块链技术具有信息数据标准化、保证信息安全、保护隐私、具有激励回报等特性，可将链上信息数据加密存储，保证信息安全准确，防止数据被篡改、伪造和失泄；也可根据链上数据被使用情况为链上节点分配经济回报，激励程度与链上节点共享数据的数量、质量和应用频率成正比。因此，将区块链技术应用到企业征信上已经是大势所趋。

现有基于区块链技术的企业征信应用模式主要有两种：

一是从线下到线上，即以已经建立起来的各个中心数据库为基础，利用区块链技术进行连接，来实现信息共享。如 2016 年创建的"公信宝数据交易所"便是一家基于区块链技术的数据交易机构，以互联网金融机构和政府部门、银行、保险、证券等持牌机构为目标客户，将这些机构产生的金融履约信息等作为主要信息项，以解决信息共享交换问题。这种模式的优点是与征信行业现状贴合紧密，对现有征信系统软硬件改造小、成本低、可操作性强、成功机会较大。但其缺点也很明显，如信息采集仍以现有方式进行，存在信息源有限问题。此外，信息交易后，信息提供者就失去了对信息的控制，因此缺乏共享意愿。同时也缺少校验机制，无法保证信息真实性等。

二是从线上到线下，重新打造一个以区块链技术为底层架构的全新企业征信系统，从而完全实现信息共建共享。如银通征信有限公司开发的云棱镜征信区块链系统就是致力于打造去中心化信息共享共建式数据平台，合作用户不再需要第三方信用背书，可以直接利用区块链中的信用信息。这种模式的优点是以区块链作为底层技术对整个征信系统进行重构，是区块链技术应用于征信的一种最为彻底的模式，能够很好解决现有征信体系存在的问题。但其缺点一样明显，由于是以区块链技术为基础打造的新征信系统，相当于把现有征信系统推翻重建，不仅需要加密算法、分布式数据库等技术上的有力支撑，而且需要有关社会多方的协助与配合，是一项投资大、耗时长、涉及全社会的系统工程，短期内难以取得实效。

目前我国企业征信市场运行模式主要还是以征信机构为中心，其他数据机构按照标准通过接口方式与征信机构进行对接、共享。征信机构数据采集、整合压力大，征信数据共享和数据安全需要消耗大量监管力量。现阶段的可行方案是采用联盟链形式，将征信机构、企业、信用信息提供者等作为节点纳入区块链网络中，通过区块链进行企业信用信息交换交易。待交易达成后，再借助云服务器实现供需双方自有数据库中企业信用信息的上传与下载，以此克服区块链数据容量有限的问题，实现由线下到线上的信息共享。区块链技术为企业征信带来了新思路，结合区块链技术特征和运行方式探索构建企业征信平台架构，架构分为数据层、网络层、共识层、激励层、合约层、查询层和应用层。区块链技术的企业征信平台架构，如图 11-3 所示。

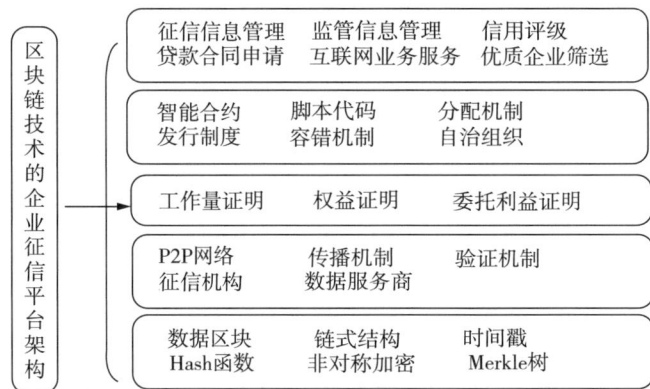

图 11-3 区块链技术的企业征信平台架构

11.1.1.2 个人征信

（1）个人征信发展整体情况

1999 年，中国人民银行批准上海资信有限公司试点个人征信业务，开启了中国个人征信的征程。2004 年央行开始组织成立个人征信系统，2006 年 1 月该系统正式在全国运行，标志着中国个人征信初步建设完成。2018 年，百行征信有限公司拿下国内首张个人征信牌照，标志着中国个人征信市场开始尝试市场化运作。中国个人征信发展历程，如图 11-4 所示。

随着人们住房贷款规模、车贷规模以及个人金融消费规模越来越大，个人征信行业的市场规模也随之增大。近几年，我国个人征信查询累计次数持续增长，2020 年个人征信累计查询次数达到 31.61 亿次。据预测，2021 年我国个人征信市场规模将达到 436 亿元。面对如此大的市场，目前仅有两家企业拥有个人征信牌照，一家为百行征信，另一家为朴道征信。中国个人征信备案机构，如图 11-5 所示。

探索阶段 1999—2003年	初步建设期 2004—2008年	加快建设期 2009—2017年	全面深化期 2018年—至今
人民银行批准上海资信有限公司试点个人征信业务	2004年，人民银行开始组织商业银行建立全国集中统一的个人征信系统，年底联网试运行； 2006年1月，央行人个征信系统在全国正式运行	2009年，征信中心启动了新生产环境的项目建设，开始硬件升级工作； 2015年，中国人民银行印发《关于做好个人征信业务准备工作的通知》，首批牌照有望发出，个人征信市场化进程提速	2018年，百行征信有限公司拿下征信牌照； 2020年12月，朴道征信在北京朝阳自贸区注册成立，全国第二家个人征信机构

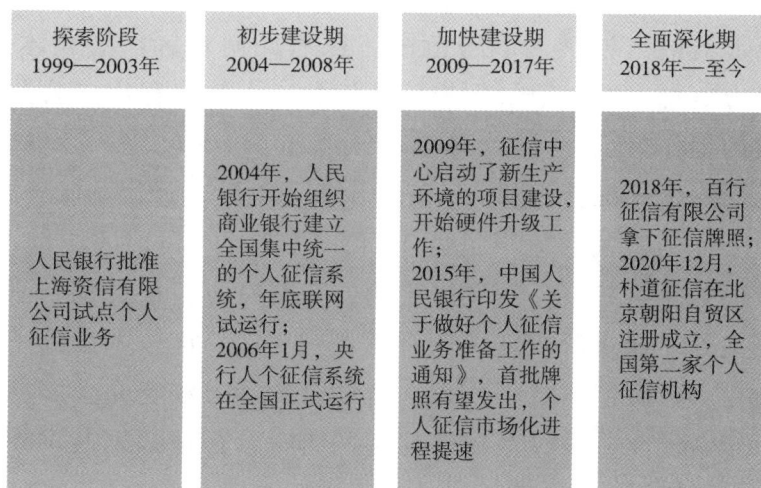

图 11-4　中国个人征信发展历程

个人征信备案机构		
机构名称	百行征信 Baihang Credit	朴道征信 PUDAO CREDIT
机构简介	中国第一家获得个人征信业务经营许可的市场化公司，由中国互联网金融协会与芝麻信用、腾讯征信、前海征信、考拉征信、鹏元征信、中诚信征信、中智诚征信、华道征信等8家市场机构共同发起组建	中国第二家获得个人征信业务经营许可的市场化公司，由北京金控集团、京东科技、小米、旷视、北京聚信优享共同发起组建
发展方向	从事互联网金融领域借贷信息的共享，为互联网金融机构及持牌金融机构提供征信服务	通过市场化机制，采集个人信贷信息以外的信用数据，为科技和小微企业融资等提供金融服务

图 11-5　中国个人征信备案机构

目前，传统个人征信存在的问题主要有信息孤岛以及征信数据真实性和安全性问题，随着我国信用体系建设的不断推进，互联网技术的不断创新，以及金融机构监管不力等原因，个人信息数据泄露问题已成为困扰征信行业发展的难题之一，个人隐私问题受到越来越多的关注。截至 2021 年年底，我国已有超过 10 亿人拥有个人征信报告，个人征信报告呈现的内容主要包含公民的基本个人信息、历史借贷信息以及公共记录信息。个人征信报告已经成为记录个人信用信息的重要证明，也是个人信贷审查的重要依据，因此，个人信用报告的准确性和安全性对于个人是否能够获取贷款至关重要。国内央行征信专家表示，发达国家欲将区块链技术运用至征信领域，我国也在研究通过非信贷数据、大数据、区块链等技术，把一些征信和金融服务没有覆盖的人群纳入服务范围。探索如何将区块链技术应用至个人征信报告，准确识别用户身份信息、安全记录用户信贷信息、有效保存用户公共信息、提高个人征信报告质量将是今后的工作重点。

（2）区块链技术应用个人征信现状

区块链技术在个人征信领域的应用是近年研究的热点问题，区块链不可篡改、可追溯、隐私保护等特性使其成为化解共享征信领域难题的一剂良方。根据调查研究发现，区块链在个人征信领域的应用尚处于探索阶段，例如有学者应用区块链技术设计了一个多源数据共享框架，在此基础上应用人工智能、数据挖掘、智能合约等方法建立了多源异构数据融合的大数据征信平台；也有学者建立了一个基于区块链的跨平台征信数据共享模型，并探讨了其作用机理和应用场景。

随着我国个人征信市场化进程的加速，2018年5月，百行征信在央行的监管和指导下正式成立，百行征信的成立填补了个人征信在互联网领域的空白，与央行征信系统形成错位发展、功能互补的"政府＋市场"双轮驱动的个人征信体系。2021年，百行征信提出积极推动接入"长三角征信链应用平台"，并作为"珠三角征信链"首批上"链"的征信机构之一参与地方征信链建设。百行征信将与各地征信机构互联互通，通过数据的可信共享、业务流程的无缝交汇，利用区块链技术，联合各监管部门、征信机构以及第三方数据源单位共同搭建联盟链，在保证数据安全和数据隐私的前提下，实现全流程在线监管、征信一体化服务和征信数据共享。

总体上看，当前区块链技术在个人征信领域的应用还处于起步阶段，目前主要停留在阐述征信领域引入区块链技术的必要性及其发展前景的设想。区块链技术如何真正地融入征信行业的发展过程中，未来还需要不断地进行技术研发，也需要同步去进行具体实践。

11.1.2 区块链技术与金融企业风控

11.1.2.1 金融企业风控发展的整体情况

随着社会经济的发展，金融业普遍设置金融风控岗位，不少非金融企业也纷纷设立风险管理或内部控制部门，金融业的风险管理和控制要求相对较低。金融风控包含两个方向：风险管理和内部控制。金融风控一直都是存在的，只不过在金融业快速发展的大环境下，防范金融风险被视为重要工作屡被提及，无形中增加了金融风控行业的曝光度，开始被更多人熟知。

风险管理和控制主要包含业务审核、风险监测，以及综合管理等。具体到银行、保险、信托、期货、P2P互联网金融和第三方支付等不同领域，风险管理与控制的领域和方向也会各有差异。银行的风险管理部门更为成熟，《巴塞尔协议》为全球商业银行明确了风险管理标准，规定了风险类别。银行风控部门在银行贷款业务中承担贷款人资质审核、风险评估的工作。小额贷款、融资租赁等新兴企业风险管理以风险为核心，侧重信用风险、操作风险、市场风险、交易对手风险等。风险管理部门常常参与对新产品的风险审核。P2P作为金融业新生事物，尚未建立一套完善的风险管理与控制体系。目前这类企业的风险管理多集中在信用风险审核领域。对任何一家企业来说，能否构建一套完善的风险管理和控制机制，将直接影响企业未来的发展。做好风险管理和控制，有助于提高企业在目标市场的竞争力，树立良好的品牌形象和口碑，从而使企业走得更远、走得更好。

目前金融行业主要存在的风险问题主要有以下情况：其一，当交易在不同金融机构之间进行时，数据孤岛就会导致信息的不对称、不透明，带来了大量的多头债务风险和欺诈风险，所以就必须提升风控水平，打破数据孤岛，解决信息不对称和信息获取不及时的问题。其二，数据低质的问题也从一定程度上增大了金融风险发生的可能性，特别是来源于互联网的半结构化和非结构化数据，其真实性和利用价值很低。基于以上情况，就可以利用区块链的去中心化、去信任化、集体维护、高度透明等特征，来解决金融企业存在的这些风险问题，同时区块链的这些特征使其被认为是"共享金融"的基础。

11.1.2.2　区块链技术应用金融企业风控现状

互联网金融业态井喷式兴起，同时金融科技也不断落地成熟，区块链在金融领域的应用大致可以分为三个阶段：第一个阶段是加密的数字货币；第二个阶段是数字化的股票、债券、期货、智能合约等数字金融资产的应用；第三个阶段是在金融场景，比如数字物流平台、全链路资产实时风控、跨境汇款等；在消费场景，比如商品质量溯源、联合品控零售等；还有在其他场景，比如合作风控、身份服务、数字化营销、合同存证、物联网设备可信上链等。

目前，金融行业已成为区块链应用的重要领域之一，但企业的风控问题一直是重中之重。微链区块链创始人金政波认为，互联网金融的本质还是金融，而金融的本质是风险控制，因此，风控是互联网金融永远的主题。随着区块链技术的发展，其具有的安全、方便的特点，使其迅速成为解决企业风险控制问题的一种可能手段。近年来，随着国内外网络安全复杂，又严峻形势的演变，以及我国金融科技迅猛发展，我国金融业网络安全面临新的形势。

在跨境支付领域，目前的代表性组织有 R3 联盟和瑞波。摩根大通、巴克莱银行、香港友邦保险等多家国际知名金融机构都已经加入 R3 联盟，共同制定技术标准和数据交换协议，发布了针对金融行业的区块链平台 Corda 的白皮书，通过该平台在银行间建立一个支付交易的共享平台，用于存储和管理金融机构和个人之间的交易和债务状况，并在 2016 年年初就已经在 40 多家成员间完成了分布式记账测试，是目前金融行业关于跨境支付新技术探索的一次重要尝试。瑞波也与全球 30 家企业合作开展区块链技术研究，2016 年 5 月，桑坦德银行基于瑞波的区块链技术开发了区块链 App。国内金融机构也紧随国外同业在区块链技术领域开展金融行业应用研究；2016 年 9 月，中国银联使用超级账本区块链技术，研发了"使用区块链技术的跨行积分兑换系统"，实现用户跨行、跨平台兑换和使用奖励积分；蚂蚁金服实现了基于区块链的社会公益捐助信息公开系统，实现对捐款过程的流转与跟踪，并计划用区块链技术打造泛公益平台，实现金融资产的交易；工行总行与贵阳市政府使用超级账本技术，建设了贵州脱贫攻坚基金区块链系统，系统使用行政审批链、金融服务链双链结构，利用区块链透明、不可篡改、多方共识的特点，解决扶贫资金管理效率低下、使用资金不透明等扶贫资金管理痛点；苏宁金融上线基于区块链的黑名单共享平台系统，系统搭建的目的是实现无运营机构的去中心化的黑名单共享，自动识别风险，解决目前存在的数据不集中、数据获取难度大、客户隐私保护不足等问题；微众银行与华瑞银行合作开发了基于区块链的微粒贷联合贷款清算结算项目，目前已投入试运行。

11.2　区块链应用金融风险控制的典型案例

11.2.1　苏宁金融

11.2.1.1　应用领域

区块链技术诞生于比特币，在无须任何权威机构的参与下，构建了一个可信的数字货币账本。正是由于这种信任构建的机制，区块链在金融领域的许多场景应用中都具有先天优势。在金融风险控制方面，苏宁金融已经开始构建应用场景，主要包括黑名单共享和信用证两方面。

（1）黑名单共享

黑名单是信用记录中存在严重负面信用行为的个人或法人名单，通常存放于各类放贷金融机构、信用卡、企业征信机构等。由于大多数机构的黑名单是不对外公开的，有信用问题的用户可在不同机构进行借贷而不会被及时发现，从而给金融机构带来难以避免的损失。黑名单数据不属于官方征信数据，目前仅有一些民间机构进行收集、整合并高价出售，这种中心化的共享方式导致了金融机构的风控成本过高，且数据更新不及时。此外，数据的安全性也严重依赖于中心化运营机构的安全防护措施。

针对上述问题，苏宁率先利用区块链技术，实现了去中心化的数据共享和存储方案：

① 黑名单共享的参与方组成区块链联盟，黑名单信息仅在联盟内部共享，解决信息公开的范围问题；

② 区块链联盟内部，参与方独立部署节点接入区块链网络，将相关黑名单信息在本地保存，同时通过智能合约与网络内其他节点共享，解决信息孤岛问题；

③ 参与方分享黑名单数据时，采用一次一密的加密技术，实现匿名且安全的数据共享模式，保护用户的隐私和商业机密，解决信息共享的安全与隐私问题。

通过上述方案，苏宁区块链黑名单共享平台有效解决了黑名单获取的数据不公开、不集中且获取成本高等关键问题，为金融用户共享数据和金融机构高风控能力提供了一种全新的解决途径。

（2）信用证

传统信用证系统通常采用信开和邮寄两种交单方式，并需要同时发送 SWIFT 加押电报进行确认，效率较低，安全性不高。客户只能查询到开户行内的业务进展情况，无法了解交易对手方银行处理进度，且透明度不高。银行也缺乏足够的手段来核实业务的交易背景真实性，难以防范发票、第三方单据等纸质凭证被重复使用和造假的可能性。

为解决上述问题，苏宁基于区块链技术搭建了国内信用证平台，实现了严格合规、无须第三方、实时开证、全程加密的国内信用证线上开证、通知、交单、到单、承兑、付款、闭卷等功能。

① 在信息传递方面，区块链国内信用证联盟成员能够立即收取联盟链内开证单据，无须加入 SWIFT 或手工核押，有效解决银行外部信息交互难题；

② 在流通性方面，接入区块链的成员之间开立国内证互认，拓宽了融资转让渠道；

③ 在业务处理方面，单据电子化上传能够加快业务流程和审核信息的自动校验，减少操作风险；

④ 在用户体验方面，区块链的防篡改特性提高了信用证业务的安全性，极大提升了用户体验，增强了银行的获客能力。

11.2.1.2　系统架构

自区块链兴起以来，苏宁就一直在关注、研究区块链，同时也在考虑如何将苏宁的业务与区块链技术进行适当的结合，随着业务的发展，苏宁智慧零售生态场景下，需要落地一些区块链项目。这些项目业务需求各不相同，对区块链底层的诉求也有差异。如果每个项目都考虑区块链底层设计，无疑是对资源的浪费，也不利于经验的积累和专业化人才队伍的培养。因此，苏宁建立了专业化的区块链研发部门，来设计实现苏宁的区块链平台。

苏宁区块链平台在设计之初就融入了深思熟虑的结果，试图构建一个足够灵活、开放、实用的平台，以支撑各种区块链业务的落地，并在智慧零售生态场景下进行互动。下面将详细叙述此平台的系统架构和部署架构。苏宁区块链平台系统架构，如图 11-6 所示。

图 11-6　苏宁区块链平台系统架构

总体上看，苏宁区块链平台采用分层设计，分为物理层、平台层、服务层、接口层和应用层，下面我们分层介绍。

（1）物理层

物理层使用虚拟化技术，在私有云上部署供 KVM 集群和 Docker 集群，以供不同种类的区块链平台层节点使用。Docker 集群由 Kubernetes 管理运维，实现 Docker 镜像的快速部署、迁移、扩缩容。

（2）平台层

平台层提供区块链底层的基础设施，包括智能合约执行引擎、共识引擎、共享账本和 P2P 网络。

① 智能合约引擎

智能合约执行引擎负责运行智能合约，包括 EVM、JVM、JSVM、GoVM 等。各个引擎之间互相独立、互不影响，并支持添加新的执行引擎。EVM 用于执行用 Solidity 编写的智能合约。JVM 是 Docker 化的 Java 运行环境，用于支持 Java 编写的智能合约。JSVM 是 Docker 化的 JS 运行环境，用于支持 JS 编写的智能合约。GoVM 是 Docker 化的 Go 运行环境，支持 Go 编写的智能合约。

② 共识引擎

共识引擎是执行不同共识算法的 Docker 容器，提供将交易打包进区块的服务。目前支持 POW、POS、DPOS、PBFT、Kafka 等共识算法。

③ 共享账本

共享账本保存了整个区块链的世界状态，并记录了状态转换的过程。共享账本的保存节点分两类：全节点和轻节点。全节点保存了世界状态和完整区块，区块中存有所有详细的交易记录；轻节点则只保存了世界状态和区块头的信息。

④ P2P 网络

P2P 网络作为平台层的基础设施，将平台层的各种节点组成一个 P2P 的网络，提供节点发现、消息传播功能。

（3）服务层

服务层隔离了底层区块链核心模块的复杂性，为上层应用提供一个实现区块链应用所必需的服务。这些服务是高度内聚的，同类功能被尽可能地聚合到一个服务中，减少服务间的交叉调用，从而降低复杂度。上层应用可以用搭积木的方式，搭建应用所需的区块链底层架构。目前，服务层包含基础服务、多链交互服务、智能运维监控服务以及安全与隐私服务。

（4）接口层

接口层提供两种类型的接口：API 和 SDK。API 和 SDK 均提供服务层的所有服务的调用接口。应用层可以根据自己的需求和开发能力，以此来选择使用。

（5）应用层

应用层为业务方开发的各种应用，如智慧零售、金融、物联网、物流、文创、政务信息服务等场景下的应用。这些应用之间并不是孤立的应用，而是通过服务层的多链交互服务，相互联动。在苏宁智慧零售生态场景下，各个方面的应用都将融合为一体，为用户提供高品质的服务。

11.2.1.3　部署架构

苏宁区块链平台需要支持各种应用场景，而每种应用场景可能使用不一样的区块链底层，这样部署的方式也会发生变化。我们总结了目前在金融、供应链、智慧零售等领域的部署经验如下：

首先，融入企业网络架构。在企业现有的网络架构下，部署区块链的各节点，降低部署成本，不对现有网络架构造成干扰。

其次，满足安全性需求。增加的区块链节点不能给现有网络架构带来额外的安全风险，要满足现有的安全策略。

再次，要适应企业的 IT 能力。不同企业的 IT 能力不一样，能力强的企业能够自行部署节点，参与构建整个区块链网络；有些企业则相对较弱，不能部署节点，只能作为客户端接入。部署方案需要适配相应的 IT 能力。

苏宁区块链平台部署架构，如图 11-7 所示。

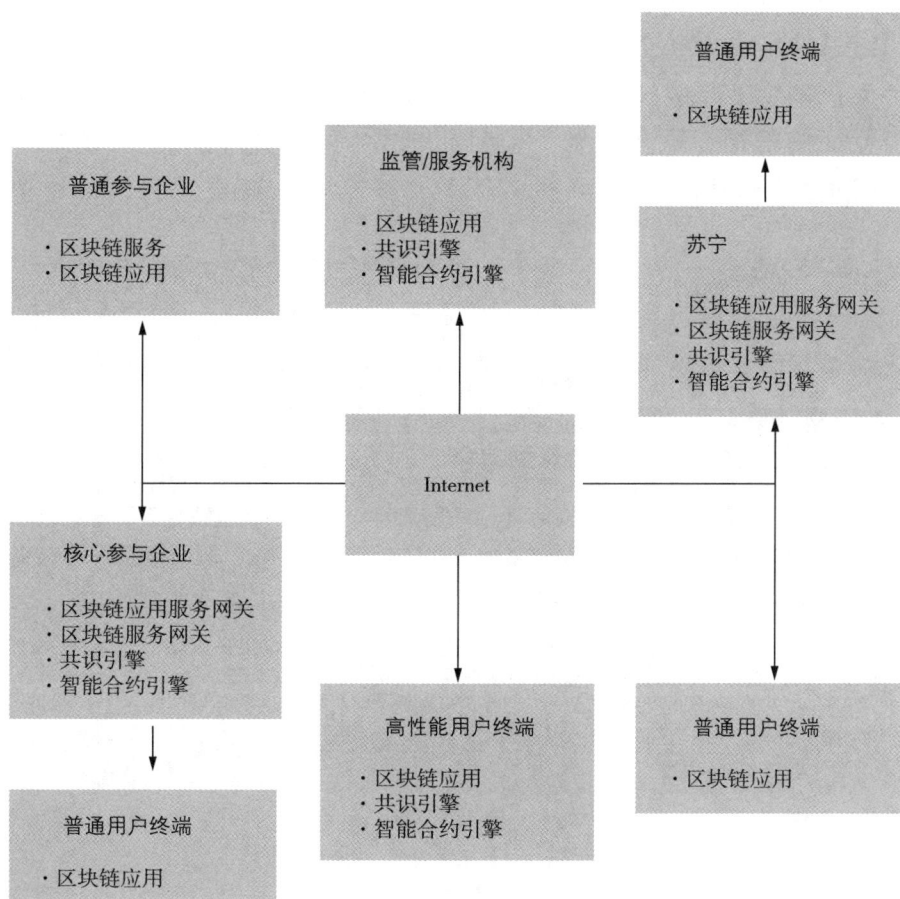

图 11-7　苏宁区块链平台部署架构

11.3 区块链应用金融风险控制的主要问题

11.3.1 基于区块链技术的金融风险控制产品架构

11.3.1.1 基于区块链技术的企业征信框架构建

联盟链具有多节点管理和链上数据授权应用的特点，这与征信业务有限范围共享特性相契合，区块链在企业征信领域的模型就以联盟链为基础建模，由一条主链和多条子链构成，形成递归关系，实现链上节点可扩展。企业征信联盟链模型，如图 11-8 所示，主要包括基础设施层、基础组件层、账本层、共识层、智能合约层、接口层、应用层、系统管理层和操作运维层九部分。其中基础设施层和基础组件层的功能分别是为区块链系统提供物理资源和计算驱动的基础支持，以及为区块链系统提供通信机制、数据库和密码库。账本层负责数据的收集打包以及合法性验证，并将验证通过的数据上链。共识层负责协调保证全网各节点数据记录的一致性，数据通过哈希算法形成摘要，非对称加密技术对摘要信息进行加密处理。智能合约层负责实现区块链系统自身业务逻辑规则的条件触发和自动执行，实现激励回报、数据修订、过期信息处理和链上数据全量授权等功能。接口层完成区块链系统各功能模块封装，并为应用层提供调用方式，实现授权、信息数据采集、提供征信产品和监管报告等功能。应用层由企业征信机构、联盟子链、监管机构和信息主体构成，提供征信服务。系统管理层和操作运维层负责管理区块链系统的权限管理、节点增减以及日常运维等工作。

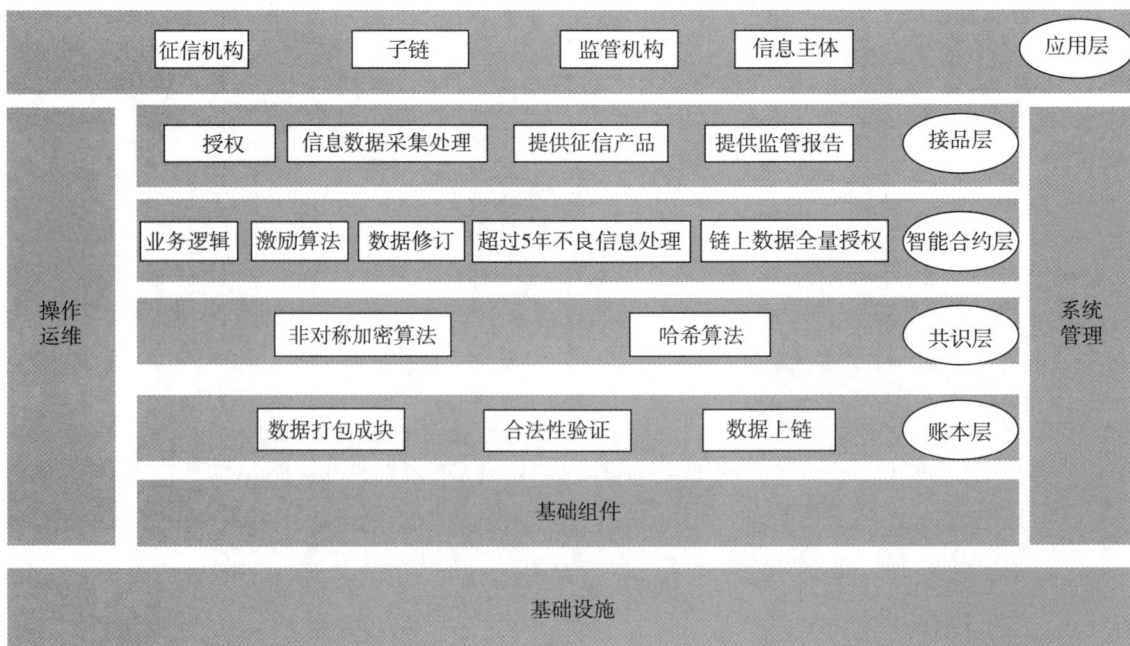

图 11-8　企业征信联盟链模型

11.3.1.2　基于区块链技术的个人征信框架构建

目前我国个人征信市场的格局是以征信机构（主要是百行征信）为中心，其他数据服务商包括互联网金融从业机构、消费金融从业机构、共享经济平台企业等，均按照一定的标准将数据接入征信机构。这种体系结构的中心化程度很高，征信机构作为中心化节点面临着很大的数据整合压力，且对于数据服务商缺乏有效的激励机制，不利于征信数据共享和数据安全管理。区块链技术的进步为我国市场化个人征信的改革和发展带来新的思路，结合区块链技术的基本原理，已经设计出如图 11－9 所示的个人征信平台架构，该架构自下而上分为数据层、网络层、共识层、合约层和应用层五个层次。

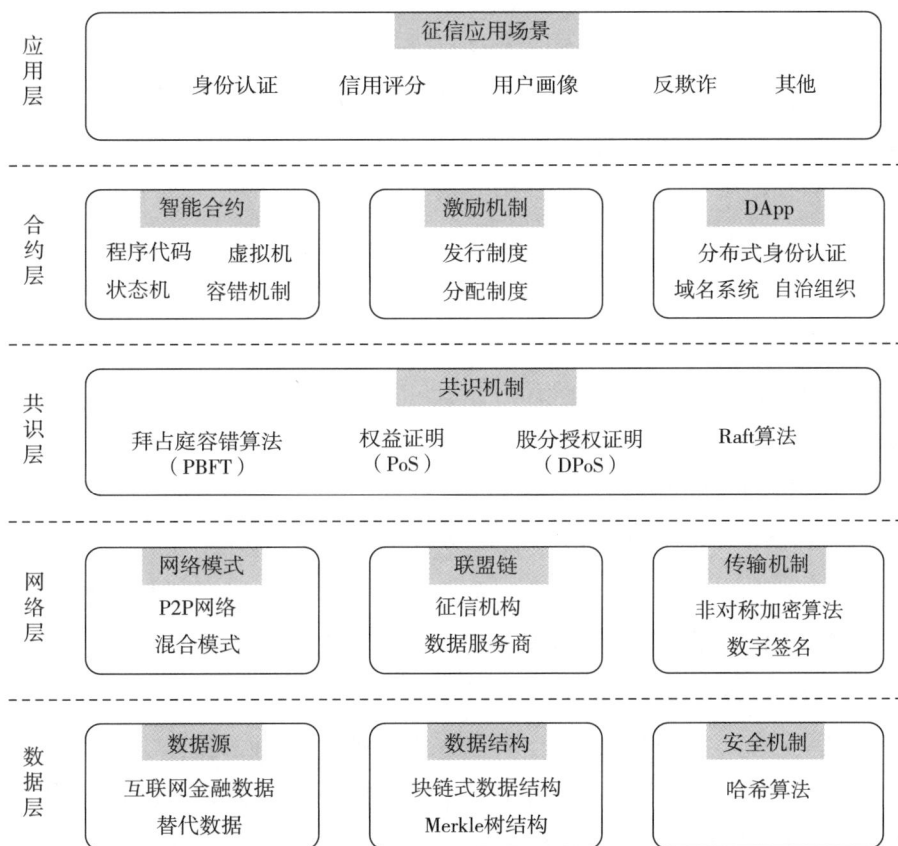

图 11－9　基于区块链技术的个人征信平台架构

市场化个人征信主要针对互联网领域开展征信业务，其数据源具有多源、多样、多域的特点，涵盖互联网金融、消费金融、电商平台、社交网络等多个领域的业务数据，这些数据就记录在数据层上。根据个人征信的业务范围，采用联盟链模式，征信机构和数据服务商将作为区块链的参与者，在中国互金协会的监管下，经过授权之后加入区块链网络，组成利益相关的联盟，共同维护区块链的健康运转。区块链技术运用数学原理来创造节点之间的信任，通过共识算法来保证数据的一致性和确定数据的权属。为引导数据服务商积极参与数据共享，需要将经济因素纳入区块链技术体系中，设计合理的分配规则，对贡献数据资源多的节点给予更多奖励，并惩罚不遵守规则的节点。利用智能合约，可以将激励规则以计算机程序的形式编写出来，在满足一定条件的情况下自动执行，对数据服务商实现自动化和公平化的激励。应用层可以通过分布式应用（DApp）和应用程序接口（API）实现良好的可扩展性。个人征信领域的各种产品和服务，如身份认证、信用评分、用户画像、反欺诈服务等，皆可作为 DApp 封装在区块链的应用层，服务于多元化的征信应用场景。信用服务机构可以通过 API 接口快速开发出各种区块链应用，灵活地将自己的应用程序接入区块链中，实现信用服务的复用，扩展征信产品的应用范围，提升信用服务资源的利用率。

11.3.1.3 基于区块链技术的企业风控框架构建

以企业的财务风险控制为例，财务风控是企业内部控制和风险管理的重要组成部分，是确保识别出可能阻碍实现目标的风险因素、维护资产安全、提高信息报告质量、提高经营效率和效果而采取的预防措施。在区块链技术在财务中的应用中，企业的经营活动交易数据被多个区块记录且无法进行更改，避免了数据造假的可能。主要体现在建立企业内部区块链、企业外部信任联盟区块链和公共服务区块链。企业内部区块链是指企业经济活动涉及采购、加工生产、销售，同时还有为活动提供服务的管理部门等环节，把这些环节和部门比作企业内部区块链，环节或部门所产生的数据都将体现在财务数据上。原始凭证一部分来源于企业外部，另一部分来源于企业内部的相关环节和部门，主要包括基础数据层、虚拟网络层、安全共识层、数据处理层、实际应用层五层设计。

基础数据层采用数据分块、链式结构构建数据信息流，存储系统内数据信息，是整个系统网络的最底层，利用 Merkel 树实现对数据的快速查询与验证。在这一层次，可以实现数据的分布式存储，是系统的数据库；虚拟网络层通过 P2P 对等网络连接各企业内部的财务共享中心和政府监管部门、金融机构以及面向公众的服务器，所有节点在网络中既是服务器也是客户端，整个网络可以无限扩展，任何节点可以随时进入，以此解决集中式网络系统的安全信任问题；安全共识层采用多种共识机制构建高速流动的信任通道，通过 Hash 函数、非对称加密技术以及数字签名实现访问者身份的确认和管理。在此层次中，通过确认用户登录身份实现政府监管部门、金融机构和公众在系统中快速准确地获取所需信息的功能；数据处理层主要在企业财务共享中心一端，利用智能合约对原始数据进行计算和判断，经过一轮初步比较，判断是否为高风险债务风险企业，若判断结果为否，再进一步计算处理得到有关的债务风险指标，从而减少人工处理数据的成本，将简单的数据处理完全客观化，降低错误率；实际应用层，企业、政府监管部门、金融机构和公众在此层次完成信息的发布和获取。实际应用层运行在其他层之上，是通过代码来实现的应用程序，通过接口与数据处理层相连接，主要包括企业财务系统、政府监管部门客户端、金融机构客户端和公众个人客户端。

11.3.2 区块链密码技术在金融风险控制中的应用

现代加密方法主要分为三类：对称加密、非对称加密和单向散列加密。对称加密指的是加密和解密使用同一密钥（密钥 A 和 B 相同），即私钥。常见的对称加密算法有：DES，AES，3DES 等；非对称加密指的是加密和解密使用不同的密钥（密钥 A 和 B 是不一样）的，一把作为公开的公钥，另一把作为私钥。公钥加密的信息，也只有私钥才能解密。私钥加密的信息，也只有公钥才能解密。常见的非对称加密算法有：RSA，ECC 等。数字签名就是基于非对称加密技术，不同点在于数字签名使用私钥生成一个签名，接收方使用公钥进行校验。单向散列加密即不可逆加密算法，又称为哈希算法，其密钥是由加密散列函数生成的。单向散列函数一般用于消息摘要的产生以及密钥加密等。常见的单向加密算法有：MD5、SHA、CRC - 32 等。

区块链中使用了很多加密算法，包括对称加密技术和非对称加密技术、哈希算法等等，在金融风险控制中，主要使用的密码技术为非对称加密技术和哈希算法。企业征信和个人征信框架中均使用到了哈希算法和非对称加密技术。其中企业征信框架主要是运用在共识层中，共识层主要负责协调保证全网各节点数据记录的一致性，数据是通过哈希算法形成摘要，而后使用非对称加密技术对摘要信息进行加密处理，可以实现链上各信息主体将其信息数据报送子链并授权共享，子链对收到的信息数据进行加密，达成共识后在链上各节点广播存储。在个人征信框架中，首先是在数据层运用到了哈希算法，利用哈希算法可以将任意一条征信业务数据压缩成某个哈希值，其中 SHA - 256 算法最为常用，它可以将任意长度的交易数据转换成一串由 64 个数字或字母组成的哈希值，从而保障底层数据的安全性。然后在网络层中运用到非对称加密技术，非对称加密算法可以确保信息传输过程中的安全性。

信息主体 C 向其上级的数据服务商 B 授权个人信息时，利用 B 的公钥加密信息，只有被授权的数据服务商 B 能用其私钥解密该信息，其他数据服务商则无法获取用户 C 的个人信息。数据服务商 B 向征信机构 A 传输信贷数据时，利用 A 的公钥加密信息，即可对征信机构 A 实现数据共享。在信息传输过程中，数据服务商 B 和征信机构 A 的私钥均不在网络上暴露，从而降低了信息泄露风险。同样，在企业风控中也是运用到了哈希算法和非对称加密技术，以企业的财务风险为例，区块链架构中的安全共识层采用多种共识机制构建高速流动的信任通道，通过 Hash 函数、非对称加密技术以及数字签名实现访问者身份的确认和管理。在此层次中，通过确认用户登录身份实现政府监管部门、金融机构和公众在系统中快速准确地获取所需信息的功能。

综上所述，在金融风险控制中，无论是征信行业还是企业风控，主要采用的区块链密码技术是哈希算法和非对称加密算法。

11.3.3　区块链智能合约技术在金融风险控制中的应用

智能合约，就是一段写在区块链上的代码，一旦某个事件触发合约中的条款，代码即自动执行。也就是说，满足条件就执行，不需要人为操控。例如生活中的保险业务，不管是疾病险还是飞机延误险，如果把保单以及病历单、航班号等信息上链，当达到相应条件的时候，智能合约会自动触发，自动理赔。这样既减少了人的纠纷和沟通，双方效率更高，摩擦和纠纷也会更少。智能合约的应用场景很多，如协议签订，双方打款等，能够简化流程，进行更愉快的合作。

在个人征信中，为引导数据服务商积极参与数据共享，需要将经济因素纳入区块链技术体系中，设计合理的分配规则，对贡献数据资源多的节点给予更多奖励，并惩罚不遵守规则的节点。利用智能合约，可以将激励规则以计算机程序的形式编写出来，在满足一定条件的情况下自动执行，对数据服务商实现自动化和公平化的激励。同时，在企业征信中，智能合约层负责实现区块链系统自身业务逻辑规则的条件触发和自动执行，实现激励回报、数据修订、过期信息处理和链上数据全量授权等功能。

在企业的风控中，智能合约机制可以实现准确客观的自动风险等级评价。以企业财务风险为例，首先，设定债务风险评价规则；然后，根据主体各自的目标确定不同的风险评价指标体系，基于此，政府可限制出现借贷违约行为或投资结果为重大亏损的企业开展业务。此外，通过计算资产负债率、股权融资比例和企业债务利息率等数据，按照政府监管部门规定的标准以及银行借贷相关要求和方法，对系统内企业按债务风险高低进行排序并在系统中予以公示。

11.4　区块链应用金融风险控制的发展趋势与展望

目前，国内区块链技术发展还处于初始阶段，区块链技术与金融行业风险控制结合得不紧密，还没取得突破性进展，但在技术飞速发展的时期，将区块链运用到金融风险控制中是大势所趋，但是如何将区块链技术运用好又是一大问题。迎接区块链技术带来的冲击与挑战，积极稳健地发展我国区块链金融风控系统，应该树立的总体思路是：坚持创新驱动，构建有利于区块链金融技术研发和市场运行的政策环境。

11.4.1　加快金融区块链技术应用的研发

积极关注国际上区块链技术的研究开发，鼓励国内金融机构和企业加大在相关研究领域的投入。一方面，推动国内金融机构联合学术界、产业界加强密码学等研究，在加密技术和网络安全等方面集体发力，争取形成更完整的加密原理，加大对核心技术和急需产品开发的研发力度，尽快在相关技术上取得突破，推动价值互联网时代的快速到来。另一方面，应当适度增加对光纤等网络基础设施的投入，构建一个稳定、安全的主干信息网络，提升网络带宽，以满足区块链技术分布式记账方式可能带来的对网络容量需求的提升。

11.4.2　加大推广区块链金融风控产品的力度

充分发挥国家创新政策的引导作用，加大优惠政策落实力度，推动区块链金融风险控制的研发和基础性应用。一是央行应积极发行国家数字货币。数字货币不可伪造，也能弥补纸币不易保管、发行成本和流通成本较高的缺陷；同时，数字货币的广泛应用将为货币政策提供巨大的数据基础，从而帮助央行更准确、更灵活地运用政策工具，央行应加快法定货币数字化进程。二是综合运用财税减免、奖励和补助政策，支持银行进行区块链技术的研发和引进。运用财政补助等方式，对涉及区块链技术研发和基础设施引入等给予补贴。三是引导创业资本加大对区块链技术试验性、商业性应用的投入。引导和鼓励各类天使投资、创业投资等与区块链技术研发企业相结合，完善区块链研发和应用领域的投融资模式。四是积极宣传区块链金融平台的应用，逐步加深社会公众对区块链和数字资产的理解，提高人们的接受意愿。同时，央行数字货币的发行将使社会公众对区块链金融的认可度走上新台阶。

11.4.3　结合区块链与大数据风控系统

区块链去中心化、开放自治的特征可有效解决大数据风控的数据孤岛问题，使得信息公开透明地传递给所有金融市场的参与者。利用区块链中全部数据链条进行预测和分析，监管部门可以及时发现和预防可能存在的系统性风险，从而更好地维护金融市场秩序和提高金融市场效率。其次，区块链的分布式数据库可改善大数据风控数据质量不佳的问题，使得数据格式多样化、数据形式碎片化、有效数据缺失和数据内容不完整等问题得到解决。在区块链中，数据由每个交易节点共同记录和存储，每个节点都可以参与数据检查并共同为数据作证，这提高了数据的真实性。由于没有中心机构，单个节点不能随意进行数据增减或更改，从而降低了单一节点制造错误数据的可能性。另外，区块链可以防范数据泄露问题。由于区块链数据库是一个去中心化的数据库，任何节点对数据的操作都会被其他节点发现，从而加强了对数据泄露的监控。区块链中节点的关键身份信息以私钥形式存在，用于交易过程中的签名确认。私钥只有信息拥有者才知道，就算其他信息被泄露出去，只要私钥没有泄露，这些被泄露的信息就无法与节点身份进行匹配，从而失去利用价值。对于来自数据库外部的攻击，黑客必须掌握 50% 以上的算力才能确保攻破区块链，节点数量越多，所需的算力也就越大，当节点数达到一定规模时，进行一次这样的攻击所花费的成本是巨大的。因此，通过区块链对信息存储进行加密，保证数据安全，防范大数据风控中可能出现的数据泄露问题，将会是区块链的重要应用之一。

11.4.4　加强区块链金融监管制度建设

金融监管是用强权保证金融创新有序发展，为区块链金融的发展保驾护航。首先，监管部门应制定相关标准规章，建议将区块链等技术防范手段应用到互联网价值传递的检测工作上，运用智能合约等有效追踪违法犯罪行为，提高金融服务的保障水平。同时，由于新技术会给各国货币体系带来深刻影响，致使货币政策的调控越发跟不上形势的变化，监管部门应与时俱进，不断完善监管手段。其次，监管部门应加强对区块链金融的国际监管和国际合作，致力于建立全球统一标准的监管制度，杜绝跨国犯罪。再次，加强对从事金融衍生工具的金融机构的监管，规定准入衍生工具交易的金融机构的最低资本额，要求披露其会计准则和内部控制风险的措施，建立高品质的信息披露制度。

11.4.5　加速推动区块链金融法制进程

区块链金融的发展离不开法律制度的保驾护航，因此，应加快区块链金融法律制度建设，构建完善相关的法律法规，真正做到让区块链这个新兴产业有法可依、有法必依、执法必严、违法必究。建议从两个方面加以推进：一是尽快建立区块链金融的法治框架。对区块链金融的内涵做出准确的界定，明确其运行规则，并适应时代的变化，及时修订相关的现行金融法律法规，进一步完善和补充法律条文细则，在弥补相关法律空白的同时，防止立法冲突。二是制定专门的区块链金融消费者权益保护办法，明确规定在互联网交易中的风险分配和责任承担，并成立区块链金融消费者保护机构，负责处理区块链金融的相关问题，解决金融纠纷。同时，加强对区块链金融消费者的安全教育，引导消费者树立风险意识，了解各种保密安全工具和手段。

第 12 章　基于区块链技术的金融监管发展现状

金融科技促进了金融产品和业务的不断创新，金融业务的改变，势必牵动金融监管的革新。然而现有的监管手段多停留在现场稽核、机构报送等传统模式，难以满足监管的实时性要求，风险信息的获取渠道也相对有限，无法应对新技术带来的冲击。现如今，区块链技术正在加速为金融监管赋能。对于监管机构而言，区块链技术的应用可以提升其监管效率和监管能力，缓解监管信息不对称、监管迟滞、监管空白等问题；对于被监管机构而言，则有助于减少人工工作量，降低企业合规成本。本章将对区块链赋能金融监管的现状进行阐述，并结合案例加以说明。同时，结合实际情况，分析区块链技术在金融监管方面所面临的主要问题，并在此基础上对其未来的发展趋势进行展望。

12.1　区块链应用金融监管市场综述

金融市场安全稳定的发展离不开一国央行或监管当局的有效监督与管理。传统金融监管多是在危机出现后制定新的监管规则以防范危机的再次出现，而区块链技术凭借其公开透明、不可篡改等特点受到监管当局的关注。现如今，世界各国开始将区块链技术纳入现有的监管体系，不断创新监管方式、发展与金融科技相适应的监管环境，缓解金融创新与监管之间的矛盾。

12.1.1　区块链赋能金融监管现状

金融监管是指"一国政府或政府的代理机构对金融机构实施的各种监督和管制，包括对金融机构市场准入、业务范围、市场退出等方面的限制性规定，对金融机构内部组织结构、风险管理和控制等方面的合规性、达标性的要求，以及一系列相关的立法和执法体系与过程"[①]。狭义的金融监管是指一国央行或监管当局针对整个金融行业制定的法律规则，对金融机构及其经营业务进行监管。而广义的金融监管除了涵盖狭义的监管范畴外，还包括金融机构自身对其经营业务、审批流程等环节的风险把控和稽核、同业自律组织的监管以及业内中介机构的监管等。

现代金融监管产生并发展于每一次金融危机，促进金融市场安全、稳定、高效的发展是其主要目的。在传统的金融监管模式下，金融监管只能在金融风险发生之后，针对其订立新

---

① 白钦先. 发达国家金融监管比较研究［M］. 北京：中国金融出版社，2003：14.

的规则和制度来约束其中的风险，这就使得在金融创新方面监管多属于"事后监管"，会导致金融创新在发展前期会经历一段时间的"野蛮生长"，由此产生的后果只能事后去弥补。

随着金融科技和互联网金融的不断发展，区块链技术凭借其技术优势，迅速融入金融领域，并得到广泛应用。现如今，区块链金融已经熟练运用到银行、证券、保险等金融机构中，也渗透到基金、众筹、股权交易等金融业务中，同时央行的电子货币也在各试点城市有序推进。去中心化、公开透明、不可篡改等区块链技术具备的优势使得它成为安全、高效的代名词，因为它不仅提高了金融业的运转效率，而且其自带的强技术约束赋予了它较高的信任度，这在一定程度上是对传统金融监管方式的优化。区块链技术具有与金融监管天然融合的特性，能促进多方信任协作，同时实现全方位实时穿透式监管。如果将"区块链"和监管相融合，不仅可以丰富金融监管手段，而且还有利于打破金融监管方式滞后于金融创新的不利局面。

12.1.1.1　中央银行——数字货币

区块链技术最典型的应用是数字货币，其中比较成功的是比特币，此后建立在区块链基础之上，又产生了莱特币、狗狗币、蝴蝶币、瑞波币等大量其他种类的去中心化数字货币。大部分数字货币依托于分布式记账技术，将相关数据存储于链上所有的参与节点，这些数据中包含着每一笔交易记录的具体情况，由这些交易记录可以计算每一个地址的持币情况。此外，他们的转移或交易可以被共识机制验证。不同账户之间的每一笔交易都可以经由消息摘要、公钥、签名函数和验证函数等机制被其他节点验证。一定量交易汇集于一个区块，区块中的数据通过一定算法形成消息摘要，可以被全程回溯验证。这就使得数字货币的生成和流动轨迹可以追溯，为监管提供了巨大的便利。

12.1.1.2　商业银行——支付清算及征信管理

与传统支付体系相比，区块链支付可以为交易双方提供端到端支付，不涉及中间机构，在提高速度和降低成本方面能得到大幅的改善。尤其是跨境支付方面，如果基于区块链技术构建一套通用的分布式银行间金融交易系统，可为用户提供全球范围的跨境、任意币种的实时支付清算服务，跨境支付将会变得便捷和低廉。在跨境支付领域，Ripple支付体系已经开始了实验性应用，主要为加入联盟内的成员商业银行和其他金融机构提供基于区块链协议的外汇转账方案。同时，银行间的支付交易信息通过加密算法进行隐藏，相互之间不会看到交易的详情，只有银行自身的记账系统可以追踪交易详情，保证了商业银行金融交易的私密性和安全性，实现银行内部风险的管理与监控。

12.1.1.3　证券业领域——权益证明和交易所证券交易

证券业务的交易模式是区块链的重要应用领域，传统的证券交易需要经过中央结算机构、银行、证券公司和交易所等机构的多重协调，而利用区块链自动化智能合约和可编程的特点，能够极大地降低成本和提高效率，避免烦琐的中心化清算交割过程，实现方便快捷的金融产品交易。同时，区块链可以实现即时到账，从而实现比银行SWIFT代码体系更为快捷、经济和安全的跨境转账，这也是目前各大银行、券商等金融机构相继投入区块链技术研发的重要原因。2018年12月，交通银行推出国内首个资产证券化系统——"链交融"，利用区块链技术实现了 ABS 业务体系的信用穿透。2019 年 2 月，京东数字科技推出了资管科技系统 "JT2 智管有方"。该证券化服务体系利用区块链技术协助投资人摸清底层资产状况，有效提高了投资人尤其是机构投资人的产品设计、销售交易、资产管理和风险评估等能力。此外，纽交所、澳洲交易所、韩国交易所也在积极推进区块链技术的探索与实践。

12.1.1.4　保险领域——反欺诈数据共享中心

在保险领域中，信用是保险经营的基础，而传统的社会信用模式无法支撑保险标的管理 "唯一性" 的需要，保险伪造和诈骗事件频发，运用区块链技术，可以建立分布式保险反欺诈数据共享平台。保险机构可以在保留数据所有权和控制权的前提下，对黑名单、风险保额、身份识别等数据进行行业内共享，有效提高整个保险行业在核保阶段识别潜在欺诈对象的效率。在健康险方面，通过区块链健康险直付平台连接保险机构及医疗机构，分布式账本记录保单、医疗费用等信息，并通过智能合约实现医疗费用自动理算和赔付。非对称加密技术的使用提升了数据安全性，而理赔自动化则大幅提升了保险公司的理赔效率以及用户的体验。在再保险方面，普华永道研究结果表示，再保险业采用区块链技术可以将大部分业务流程自动化，减少人为错误，节省劳动成本，为再保险企业节省 15％～20％ 的营运费用。通过区块链再保险平台与保险公司系统进行对接，运用分布式账本记账避免了保险公司的重复录入、定期人工对账的繁复工作，将再保险中的对账工作自动化，能够大幅度地提升再保险的效率。此外，蓝石科技和科技保险平台合作推出的风险精算管理平台就是基于这一技术的应用。该平台针对非标人群，与各专业医疗机构、三甲医院及各地卫健委进行合作，建立了国内规模最大的保险业联盟链，通过该平台获取了大量的精准数据。该平台利用区块链技术将保险产品信息以及从投保到理赔的全过程整合写入区块链，实现了全流程追溯和与各机构的信任共享。

12.1.2　区块链赋能金融监管场景

率先将区块链技术应用到金融监管中的是西方国家，欧美各大金融机构和交易所纷纷开展区块链技术在证券交易方面的应用研究，探索利用区块链技术提升交易和结算效率，以区块链为蓝本打造下一代金融资产交易平台。在所有交易所中，纳斯达克证券交易所表现得最为激进，其目前已正式上线了区块链私募证券交易平台，可以为使用者提供管理估值的仪表盘、权益变化时间轴示意图、投资者个人股权证明等功能，使发行公司和投资者能更好地跟踪和管理证券信息。在区块链系统中，交易信息具有不可篡改性和不可抵赖性，对于需要永久性存储的证券交易记录，区块链是理想的解决方案，可适用于房产所有权、车辆所有权、股权交易等场景。其中，以股权交易为例：股权所有者凭借私钥，可证明对该股权的所有权，股权转让时通过区块链系统转让给下家，产权明晰、记录明确、整个过程也无须第三方的参与。这样不仅可以简化业务流程，保证数据的公开透明和安全，还可以提升资产的穿透力，使得该交易中的各个机构以及监管部门实现对数据的追踪。

随着加密货币在全球的普及性不断增强，其规模也早已从小范围挖矿发展到大规模交易流通阶段。各国也出台具有针对性的监管政策，范围包括对加密货币的性质认定、加密货币交易以及数字货币交易所合规管理、稳定币、加密货币税收、挖矿等多个方面。特别是在反洗钱方面的监管，国家加强在这方面的监管，不仅可以推动交易所合法合规的运营，充分保护投资者权益，还可以促进加密货币的健康发展。区块链的链式结构以及时间戳机制充分保障了链上数据和信息的可追溯性，利用区块链链上信息可追溯性及节点信息可追踪的特点，通过区块链系统可以看到每一笔链上交易的来龙去脉。基于此，从区块链大数据中提取地址标签，就可以实现对链上信息的监管与追踪。在反洗钱的区块链系统中，银行可以在进行相关交易时，对客户身份进行验证，并调取和掌握该客户的身份信息、交易数据信息、可疑交易信息，通过大数据完善处理监管信息。同时，还可以向链上的侦查机构等相关监管部门递交可疑交易记录，从而获取公安机关侦破的洗钱案件信息，并以此不断更新异常交易触发程序。最后，鉴于人工甄别分析的需要，执法等部门可以通过联盟链向人民银行申请其他机构的客户及交易信息，作为异常交易分析的依据，并以此判断洗钱风险及上游犯罪类型。目前，我国已有机构通过对海量链上数据的深度分析和持续追踪，将超过 1 亿个数字地址涵盖数字货币交易所、矿池机构、混币服务商、境内外赌博类网站、暗网、勒索和欺诈类案件涉及的受益方地址、官方制裁机构、恐怖分子、核基地组织等标签进行分类，监管部门只需要确定交易哈希，设置好对应参数，便可以精准锁定涉黑数字货币的线下实体流向。

从目前的发展实践来看，区块链金融最显著的特点是去中心化、公开透明、不可篡改，而传统金融发展凭借的是中心化金融机构，通过解决信息不对称来促成金融交易。在传统商业交易活动中，识别和防范风险、维护市场等职能由交易者和中心机构共同行使，应用区块链后，弱化了法律赋予传统中心机构的职能、责任与义务。基于此，若不能及时更新监管体系，那么，区块链技术所带来的交易资料、数据或客户信息将可能被不法分子所利用，从而从事一些非法活动。总之，区块链赋能金融监管对于防范新型金融模式风险、打击借炒作概念的非法活动、保障金融消费者权益、完善我国金融法律体系具有重大意义。

12.2 区块链应用金融监管的典型案例

各国监管当局正在积极运用区块链技术为金融监管赋能。英国 FCA 鼓励金融机构通过发展云平台、大数据和软件集成工具创新科技手段，降低合规成本，采用实时、系统嵌入式风险评估工具对金融犯罪风险、反洗钱、客户分析和行为进行监测，提升金融监管的运营效率。美国利用区块链技术打破交易系统中多节点访问、多层加密的壁垒，侦查网络非法交易、成功破获多起暗网事件。

12.2.1 英国 Maison 区块链系统

区块链技术和金融科技的发展促进了传统金融业务的快速发展，各国中央银行和监管当局也意识到区块链技术可以更有效地降低风险、防止欺诈，并保持金融稳定。英国在 2016 年就将 Maison 区块链系统提上日程，并将其应用到在抵押贷款业务的监管中。就区块链公开透明、不易被篡改的特性，它十分适用于解决抵押贷款和跟踪风险方面的一些问题。在区块链系统中，可以提供可信的合规数据准确性来源，创建一个可轻松访问的不可变的审核跟踪，还可以在不侵犯贷款人和监管人权利的前提下，增加交易的透明度。在英国，出具监管报告是金融行为管理局（FCA）的主要职责之一。

在使用 Maison 区块链系统之前，监管报告的业务流程如图 12-1 所示，可以看出原流程需要大量人力执行重复业务，每家银行都需一个庞大的"提交者"团队来处理、整合和审查个人抵押贷款销售的细节。在确保数据的准确性方面，投入了大量的精力和资源，这一过程非常耗时，而且时常需要向监管机构提交报告，这进一步增加了复杂性。一旦监管机构从不同的贷款机构收到数据，就会对不同银行的数据进行整理、验证和核对，这进一步推迟了对所报告的抵押贷款销售情况的全面了解的时间。

英国抵押贷款销售的监管报告程序，如图 12-1 所示。

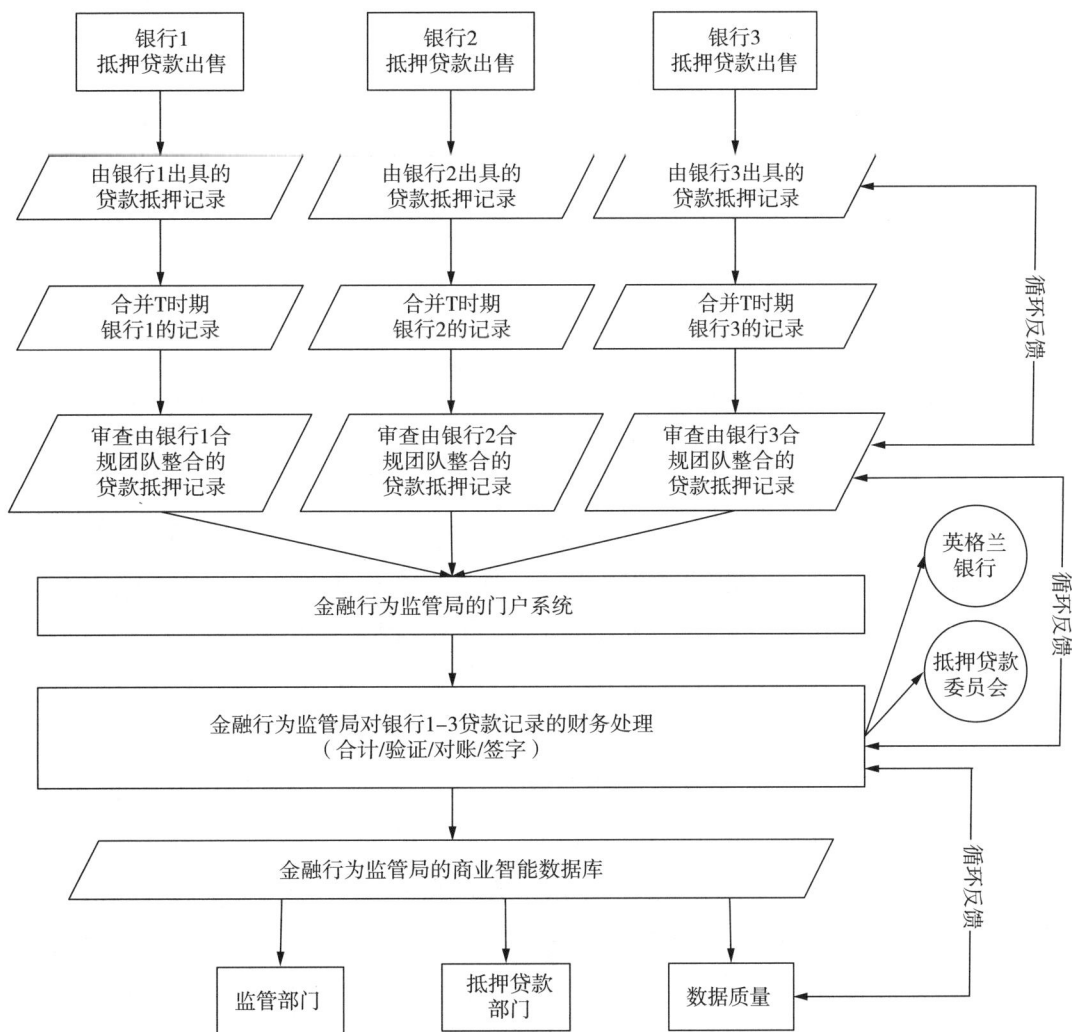

图 12-1　英国抵押贷款销售的监管报告程序

总的来说，图 12-1 中描述的架构是集中式的，所有银行都向 FCA 提交监管报告，而 FCA 系统还需要承担各行业参与者的沟通桥梁。这种方法要求将来自多家银行的不同系统的数据汇集在一起，这些系统都使用不同的技术，使用不同的数据模式，所以需要大量的时间和资源来处理来自多个系统的数据所带来的复杂性问题。集中监管报告存在的问题，见表 12-1 所列。

表 12-1　集中监管报告存在的问题

现存的问题	问题描述
1. 数据质量与格式	
数据一致性	对于 FCA 来说，数据的一致性是亟待解决的问题。不同银行递交上来的报告中会在系统中交叉检查，统一数据格式是必需的
数据的粒度	当监管规则发生变化时，数据粒度对银行来说也是一大问题。此外，当银行改变其贷款抵押产品时，可能会增加他们的成本，包括确定新的提交报告、将修订后的产品纳入 FCA 规则手册，甚至会阻碍银行产品的创新
数据集与格式	公司不知道哪些数据是需要上交的、哪些对 FCA 来说是有效的，数据的整理多依靠手工、耗时耗力。公司之间没有形成统一的数据收集与提交格式
2. 治理与透明度	
数据来源及沿用	为了满足需求，数据经常被沿袭操纵，这种不断的整合与沿用使得我们与数据源头越来越远
对账	公司需要在指定期限内，花费大量的时间和精力从不同表格来源中获取数据，并完成整理与内审
3. 应用规则	
过程复杂	公司需要在合规部门投入大量的资金，或者不得不招聘一些熟悉 FCA 规则制度的员工，这将承担高昂的成本
进入壁垒	FCA 很难理解小公司是否需要监管，因为监管是阻碍行业创新的严重准入障碍
产品映射	银行间会根据 FCA 规则开展不同的措施，这是 FCA 面临的一大问题

FCA 在 2016 年的 TechSprint 会议上首次提出要解决当前监管报告程序的问题，Maison 项目原型系统首次提上日程。Maison 项目是一个基于 R3 的 DLT（分布式账本技术）平台。R3 是一个由约 80 家公司组成的财团，其中许多是金融机构，他们合作为金融行业构建的一个基于区块链的平台（称为 Corda Enterprise）。Corda 通过同步记录、执行和管理机构的金融协议，利用点对点通信来确保隐私。

项目团队确定了区块链解决方案用于监管报告的三大好处：一是提高数据质量和标准化格式；二是在整个抵押产品生命周期中改进治理、透明度和责任制；三是对监管机构、银行和其他行业参与者的客户始终如一地解释应用规则和义务。

概念验证项目 Maison 系统的设计目的是在组织间层面上，允许未来将其他银行、抵押贷款提供商和其他参与者纳入其中，从而实现行业之间的可操作性和标准化。Maison 系统的分布式架构，如图 12-2 所示。

项目团队负责人这样描述该系统的分布式架构："银行和监管机构为区块链网络上的节点，从而实现点对点通信，提高数据隐私。"他认为，这样做可以实现"区块链利用监管报告和监管机构数据验证规则中的数据属性，实现跨机构的单一和共享数据实体模型。这一设

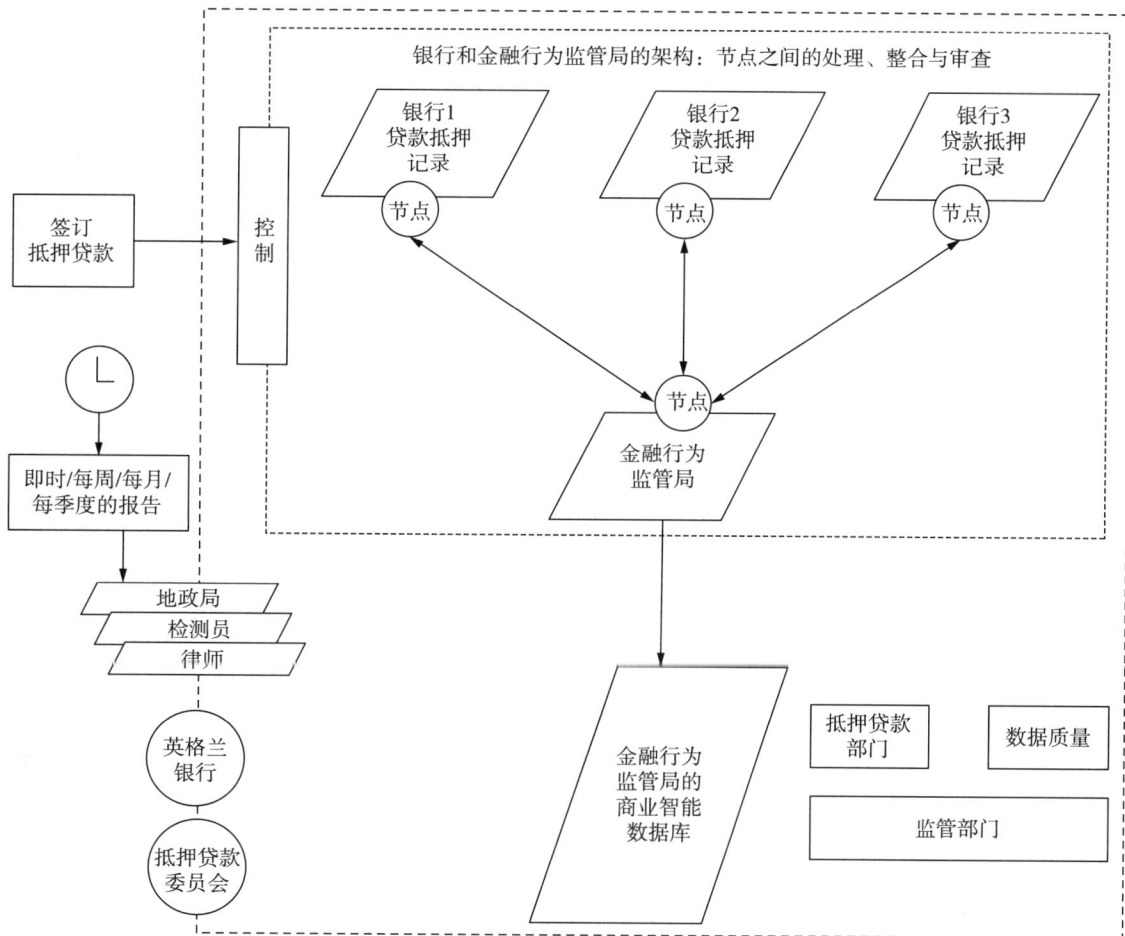

图 12-2　Maison 系统的分布式架构

计的目的是在各机构之间实施一个统一的抵押贷款记录保存系统，并相应地在各银行之间实施一致的监管规则。"

监管报告分布式架构的潜在好处，见表 12-2 所列。

表 12-2　监管报告分布式架构的潜在好处

优　点	详细阐述
1. 数据质量与格式	
增强数据质量和透明度	（1）一致的操作控制流程和共享记录从本质上解决了数据的来源与质量问题； （2）实时的、更细粒度的数据监管将支持更有效的政策决策； （3）减少了人工处理、数据的准确性有所提高，同时无须进行下游系统的校验与修改，从而降低了出错率和监管风险； （4）只需将数据向 FCA 系统共享一次即可，可以进行实时修改，根据出具报告的需求提取不同的数据
监管部门受益	（1）不同贷款抵押系统中的数据来源一致，从本质上保证了数据质量； （2）得益于优质数据，抵押贷款部门更有潜力出具与报告周期相匹配的报告

（续表）

优　点	详细阐述
2. 治理与透明度	
减少操作风险	（1）降低手工处理数据的风险与成本，以及变更相关数据的成本； （2）避免为批量处理报告而整理所有数据的潜在风险，降低系统的风险
监管部门受益	（1）由于同在一个区块系统中，所以解决了同一笔贷款记录在不用银行间移动/出售的问题； （2）实时数据简化了当前批处理周期相关的数据流程与成本
3. 应用规则	
提高业务办理效率	（1）银行间一致的、可共享的记录系统可能实现即时访问； （2）根据客户、监管机构等不同角色需求，提供不同的贷款记录； （3）地政局等第三方机构的参与会增加贷款抵押的透明度； （4）透明的数字签名能节约流程完成的时间，提高业务效率
监管部门受益	（1）根据各方需求与区块链系统内部接口，可以提供跨行业标准的监管报告； （2）提供更多的系统实时监管而非人工监管，有助于消除不一致性

对比表 12 - 1、表 12 - 2 可以看出 Maison 项目的三个好处：提高数据质量和标准化格式、改进整个抵押贷款生命周期的治理、提高透明度和责任感，以及始终如一地对规则和义务进行解释。但是，数据质量改进和过程自动化也可以通过由监管机构操作的集中数据库实现流程数字化和自动化，Maison 中采用 R3 的 Corda 平台的一个吸引人之处在于，它的分散性意味着它可以由更多方来共同操作和维护。

12.2.2　美国司法局监管加密货币破获暗网

伴随着互联网的发展，暗网也随之产生。暗网的出现可以追溯到 1968 年，在罗伯茨的研究报告《资源共享的计算机网络》，首次出现了有关 ARPANET 的构思，他希望建立一个远距离的封包交换网络，实现网络内部研究成果的共享。这一构想在第二年便得以实现，由 UCLA、SRI、UCSB 和 UTAH 四个节点构成的 ARPANET 投入使用。然而不久，便有斯坦福大学的学生利用该系统中未公开的隐藏网格进行毒品交易。20 世纪 80 年代，ARPANET 推出民用版，至此，互联网开始在全球范围内得到普及。互联网的开放性带来了数据的透明化，人们开始思考：如何才能规避监管，实现敏感或非法信息的存储呢？数据避风港由此应运而生。2000 年前后，爱尔兰科学家 Ian Clarke 设计了一种去中心化的点对点网络浏览器 Freenet，它的出现标志着暗网真正的诞生。现如今，暗网已经发展为由多个网站组成的一个秘密网络，它们如同冰山暗藏在海洋之下的部分，我们无法通过搜索引擎进行直接的访问。暗网还会运用一些计算机技术来隐藏自己的活动、通过匿名化来保护用户隐私避免监管当局的追踪，利用其隐蔽性提供一些不合法的商品交易或服务，而这一切来源都是美国政府自己研发的洋葱路由（Tor）技术。20 世纪 90 年代，美国海军研究试验室（United States Naval Research Laboratory）和国防部高级研究项目署（DARPA）资助了一项通信加密工具的研究，与普通网络不同的是，它会将用户的访问请求随机发送给不同的网络节点，然后通过多层的转发加密才能到达目标服务器，这就是 Tor 的最初雏形。2002 年，

Tor 对外开放，其目的是通过扩大网络分散度来保障安全性，然而随着技术的不断改进，Tor 可以帮助用户绕过政府监管从而访问受限制的网站。2008 年，比特币问世，由于它具有匿名性等特性，所以一问世就备受非法交易者以及诈骗、勒索犯罪分子的关注，常被用于从事暗网交易。后来随着区块链技术的逐渐成熟，又兴起以比特币为蓝本的多种数字货币，并蔓延至更多应用场景。

Tor 网络的通信流程，如图 12-3 所示。

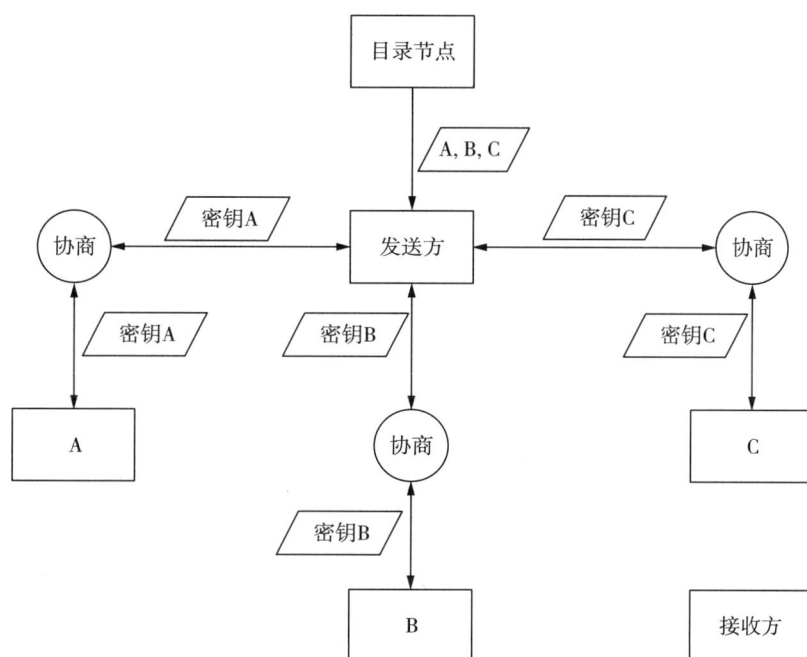

图 12-3　Tor 网络的通信流程

数字货币诞生十几年以来，世界各国政府和各个国际金融监管机构也从最初的模糊处理过渡至较清晰的监管阶段。2017 年，在一场由美国司法部牵头的多国联合执法行动中，查封了当时全球最大的黑市网站 AlphaBay 和 Hansa。AlphaBay 作为全球最大的非法交易网站，交易种类包括毒品、伪造护照和身份证明、枪支弹药、贩卖儿童等明令禁止的非法商品，截至查封时，该平台已拥有 20 余万客户以及超 4 万供应商。可想而知，这次暗网的成功破获具有里程碑式的意义，美国司法部长 Jeff Sessions 也曾表示："这是迄今为止最大的一次针对暗网的打击行动"。2022 年，德国执法机构宣布，德国联邦警察局（BKA）在与美国联邦调查局（FBI）、美国药品管理局（DEA）、美国国税局刑事调查局（IRS Criminal Investigations）和美国国土安全调查局（Homeland Security Investigations）的联合行动中，查封了 Hydra 位于德国的服务器，关闭其网站，并没收了以比特币形式存储的 2500 万美元。暗网历史上运行时间最长、人数最多的黑市就此结束。该网站自 2015 年开始运行以来，共促成了 50 亿美元的非法加密货币交易，拥有 17000 多户卖家以及超过 1700 万个交易账号。那么执法部门是如何甄别、追踪暗网交易的呢？

他们使用基于区块链技术的共识机制识别公有链上的地址信息，通过地址合集获取交易链，从而追溯至账户地址，在此基础上，就可以复原其所有交易去向。在获取的地址信息中，对地址标签进行分析归类，甄别是否存在暗网、勒索软件、欺诈黑名单等地址标签，从而追踪到完整的资金流向，还原转出地址、中转地址等关键信息。以比特币交易为例，它所使用的为 UTXO 模型，一般提及的比特币余额即为包含钱包地址的 UTXO 集合。每一笔交易的金额输出即为下一节点的收入，比特币交易的记账逻辑如图 12 - 4 所示。

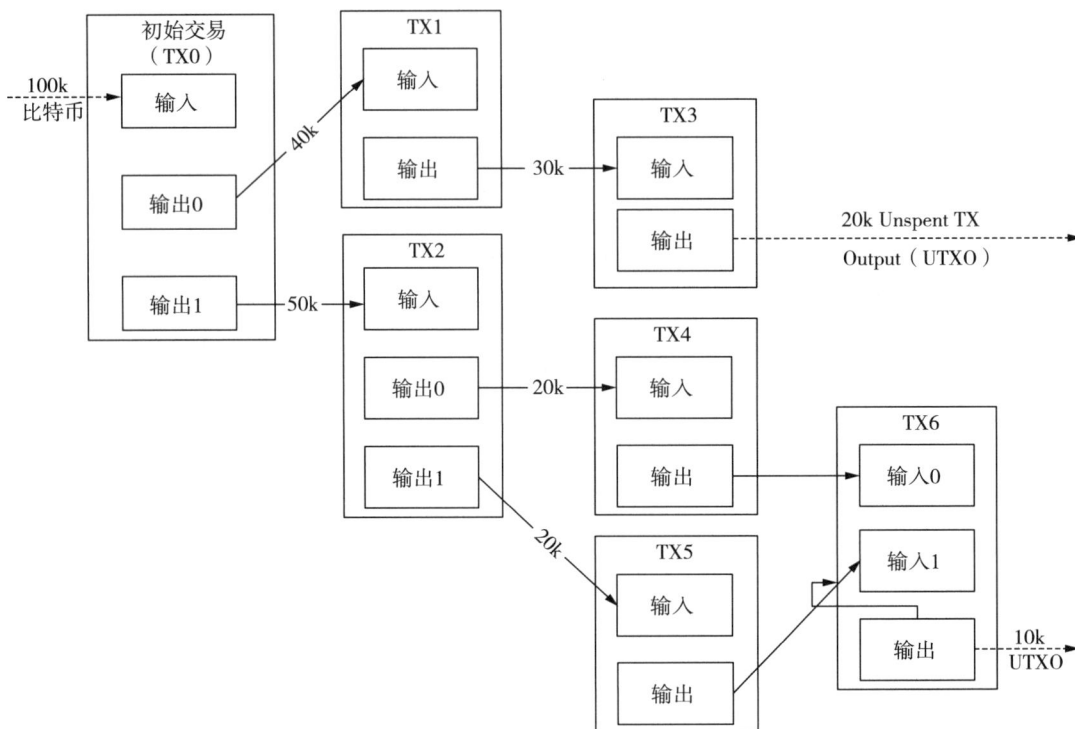

图 12 - 4　比特币交易的记账逻辑

基于这一逻辑关系，可以分析出整个交易链，里面的地址信息贯穿交易始终。想要追踪到某一用户的交易去向，只需要获得他的账户地址，就可以破解所有的关联交易。但是，在虚拟世界中的追踪无法直接与现实世界相互衔接，所以还需要执法人员根据获取的全部地址信息对用户进行分析与画像。通过对多笔交易数据进行存取和去重分析，再结合已有的交易所冷钱包地址、矿池钱包地址和已经公开的网站的比特币交易地址，根据地址交易特征，比特币地址余额等交易特征值对比特币全量交易关系进行分析标记，就可以基本确定其交易流向。然而对于暗网上的许多供应商而言，他们会通过混合服务来扰乱地址和付款信息，并增加的破解的难度。

12.3　区块链应用金融监管的主要问题

区块链技术确实给金融监管带来了许多优势，但是金融科技也使得跨界业务和交叉性创新产品不断涌现，不同业务之间彼此关联渗透，风险的传染性更强、传播速度更快、波及面更广。就国内而言，中国人民银行在《中国金融业信息技术"十三五"发展规划》中提出要加强金融科技和监管科技研究与应用，但并未提出具体落地的步骤。从全球范围来看，各国监管机构在开发和使用监管科技的过程中也遇到了不同程度的问题和挑战。

12.3.1　区块链给金融监管带来的压力

对于监管部门而言，区块链技术的赋能可以提升其监管效率和监管能力，缓解监管信息不对称、监管迟滞、监管空白等问题；对于被监管机构而言，监管科技有助于减少人工工作量，降低企业合规成本。然而，不可否认的是区块链技术的应用是一把双刃剑，在为金融发展注入新鲜活力的同时，也为金融监管带来多方面挑战。

（1）现有监管模式需要更新

随着金融区块链和数字货币的发展，运用大数据技术实现精准监管，以及用中心化的监管模式对接去中心化平台发展，需要监管部门在工作机制与工作方式上进行革新，以满足新的监管要求。另外，金融监管的规则要求加强信息披露，而金融区块链技术的匿名性对历史交易信息进行了加密保护，为跟踪交易链条和寻找相应密匙带来极大困难。同时，金融监管平台与金融区块链对接后业务数据的可审查性也考验监管部门的技术分析能力。

（2）应对风险能力需要提升

第一，由于区块链交易发生即清算，风险传播速度将大大快于从前，一旦区块链平台倒闭或遭受黑客攻击，对相关数字货币就会造成很大影响。第二，区块链与现有中心化的金融系统对接后，一旦金融区块链系统出现巨大风险，如何迅速进行两者的风险隔离，也考验着监管部门的风险控制能力。第三，由于区块链高度自治的特点和交易的不可逆性，撤销交易、限制交易权限或冻结账户等中心化监管措施与去中心化区块链的整合也是一项系统性工程。

（3）法律责任确定更加困难

相对于传统的互联网应用程序存储在一个特定地点的服务器，去中心化组织直接将数据和应用部署在区块链，不受国家地理边界和司法管辖边界的限制，也不被任何单一的企业、政府机构或个人拥有或控制，因此，很难认定这个去中心化自治组织的创造者。一旦产生某种法律纠纷，受害者几乎不可能从去中心化的自治组织中获得赔偿，现有法律对自治组织的规定也无法彻底关闭相关平台。

12.3.2　不同角度所面临的发展压力

在区块链的发展过程中一直存在着由新技术带来的监管挑战和法律空白等问题。针对不同层次的联盟生态，面临的管理方式和监管手段也有很大的差异。从监管的对象来看，存在业务应用的监管、技术的监管以及市场主体的监管。

（1）业务应用的监管主要是针对需求方

目前区块链应用仍存在金融风险，例如利用区块链的非法犯罪活动和非法信息上链等问题。规范对需求方的监管，明确哪些内容可以上链、哪些业务可以运营，为区块链需求方合规合法地开展业务创造条件。

（2）技术的监管主要是针对技术提供方

区块链技术难以篡改的特性带来了隐私和内容监管风险；匿名化使得监管方难以识别用户的真实身份，增加了范围追踪溯源的难度；智能合约的自动强制执行的法律有效性仍有待商榷，合法化实操难度大。在鼓励技术发展的同时，需要做好由区块链技术引起的个人隐私侵权、知识产权保护，以及技术风险的法律责任等问题的监管挑战。

（3）市场主体的监管主要是针对区块链服务的参与主体

区块链分布式共享记录导致相关监管责任主体分散，区块链这种去中心化、全网共识的组织方式，也造成了没有一个单独组织或个人对全链信息的合规性、真实性与完整性承担全部责任，同时加入同一个区块链网络的主体日益增多，区块链行业组织的日益庞大，或引起市场主体垄断担忧及跨境监管难题。明确责任主体，破解行业组织垄断难题，才能让平台有规可循，行业才能得以稳健发展。

12.4 区块链应用金融监管的发展趋势与展望

对区块链技术的关注存在两方面的动因，既需要关注新技术应用带来的潜在风险，也应该关注如何利用区块链等新技术来强化金融监管。目前我国金融监管部门存在信息数据约束、监管成本较高以及信息不对称的问题，导致我国对金融科技的监管严重滞后，无法与各种金融科技应用场景、应用业务和服务进行匹配。同时，大数据、区块链和人工智能等底层技术在技术实现过程中因算法的复杂性、不透明性和人为操纵易形成"算法黑箱"，存在巨大的欺诈风险。虽然建设我国金融科技监管体系已经成为共识，但如何落地并没有达成共识，也没有明确的路线图。从国外发展状况的实例上看：德国在金融科技领域中应用了大量的区块链技术，包括在完成清算领域使用区块链解决方案的试验、建立加密货币交易所、推出区块链银行账户等；英国推行监管沙盒，实现实时化、信息化及全景化的监管。但如何对各类金融科技应用场景实现差异化监管仍然是亟待解决的难题。王海波和马金伟提出以"区块链监管"的思想构建"法链"监管模式，但并未给出具体的落地路径。

12.4.1 区块链与监管科技的结合

大量的数据是监管科技加速落地的直接推动力，在 2008 年金融危机后，全球范围内的金融监管均普遍加强，更多更高质量的数据报告涌现，存储容量和计算能力的增长以及数据科学的进步也为监管科技的应用提供了技术条件。

与巴塞尔银行监管委员会（BSBC）2018 年定义类似，Broedersrs 和 Prenio 将监管科技（Suptech）定义为"监管机构使用创新技术去进行金融监管"。不同于 Regtech 意为支持受监管金融机构遵守监管和报告要求的创新技术的应用，Suptech 特指监管机构自身使用的技术，这种技术能力的获取既可以来自独立研发，也可以来自合作。他们还统计了全球范围内监管机构在数据收集（如自动报告、数据管理和虚拟协助）和数据分析（如市场监管、不当行为分析、微观审慎监管和宏观审慎监管）中使用的监管科技，发现大数据、机器学习、人工智能、云计算等已经得到相对广泛的应用，但区块链在监管科技中的应用相比之下较为欠缺。由于新型科技在金融机构中应用的出现，传统的监管技术手段无法满足现有的监管需求，因此要大力发展监管科技。

监管科技领域也经历了明显的迭代，由第一代以信息流管理为主要技术，已演化成第三代融合大数据和第四代叠加人工智能的技术。利用区块链系统内部搭建以大数据和云计算为核心的金融风险预警机制，实现金融风险的实时防范能力是近期监管科技的重要方向。

结合区块链技术的新型嵌入式监管，可以缓解数据可用性与成本之间的冲突，解决数据收集、验证以及隐私等相关问题。传统的监管方式下，金融机构的合规支出投入很大，尤其对于中小机构，在获取所需数据和保持成本之间面临权衡取舍，而新型嵌入式监管则可以很好地解决这一问题。

12.4.2　全球监管机构对区块链技术的态度

区块链技术具有去中心化、不可篡改、透明度高等特点，在一定程度上能够解决交易中存在的安全和信任问题，但也不可避免地削弱了货币政策的有效性，甚至影响金融稳定。各监管机构对区块链这一新技术开展了广泛的研究。如：国际清算银行成立创新中心，促进全球央行在金融技术方面的国际合作；美国证监会在 2017 年成立分布式账户小组，对区块链可能带来的风险进行识别；瑞士成立了金融市场监管局、财政部等联合工作小组，加强对区块链和 ICO 的跟踪研究；新加坡信管局在 2016 年启动了分布式账户技术在跨行清算领域的试验项目，并与香港金管局签署合作备忘录，加强对分布式账户在跨境贸易融资领域的合作。

考虑到区块链技术可能对金融稳定产生影响，全球范围内的监管机构都在密切关注。如欧洲央行较早地关注到密码技术在数字货币、资产登记等领域的应用，认为使用区块链技术记录资产所有权信息，即使丢失或者被盗也能够找回。欧洲央行国际金融研究所较早地关注到分布式账本技术在金融领域的应用前景，认为智能合约可以应用于贷款、债券、保险、物联网等各个领域，指出一旦智能合约被部署到分布式账本上，通过消除人工直接参与，计算机程序可以提高合约关系的效率和经济性，减少出错、误解、延迟或争议的问题。区块链技术有助于在全球范围内更好地追踪和打击非法资金流动，监管机构需要采用切实的改革措施来支持新技术打击洗钱犯罪，特别是考虑到洗钱这一非法活动已经占全球 GDP 的 5%，但只有不超过 1% 的洗钱被冻结或没收。

国际组织已经在密切关注区块链对传统金融体系的影响，但倾向于继续关注，而非直接进行监管干预。如 2016 年年初，金融稳定委员会（FSB）召开专题会议，讨论区块链对金融系统的冲击，认为目前应该从技术角度，积极关注区块链的发展和应用，暂无必要制定政策进行监管。2017 年年初，国际清算银行（BIS）认为，分布式账户可能会改造资产形态、合约履行、风险管理等领域，但还需要继续观察。欧洲证券和市场管理局（ESMA）主要关注分布式账本技术应用于证券投资带来的影响，特别是在虚拟货币领域的应用，如以虚拟货币为标的的集合投资计划或衍生品，包括使用虚拟货币分布式账本进行独家交易的股票、基金和期权等。

在对区块链技术的应用监管上，各国的意见是一致的，即区块链作为技术手段在改造金融业务的同时，也不能脱离金融监管。如美国证监会虽然没有禁止在证券业务中应用区块链，但明确指出，使用分布式账户来替代传统的中心化记账方式不会改变证券交易本质，仍需严格遵守各类监管法律法规。英国金融行为监管局表示，监管的对象是金融活动和金融机构，在技术中立原则下，不会干预分布式账户在金融中的应用。瑞士金融市场监管局也强调了技术中立原则，违反监管规定的行为并不会因为所使用的技术而得到豁免。瑞士金融市场监督管理局和英国金融行为管理局讨论了基于分布式记账的融资行为，认为分布式账本技术使得资产支持代币的分散交易成为可能，也使得基于这些代币的分散金融工程通过自动执行的智能合约成为可能，但无论是首次代币发行（ICO）还是传统首次公开发行（IPO），均不会改变潜在风险。

12.4.3 区块链在未来金融监管领域的展望

区块链通过分布式共享账本技术，解决了被监管企业经营交易数据封闭不共享的问题；通过不可篡改的特性、密码签名和去中性心化技术，杜绝了交易的篡改、伪造和抵赖；通过多方的数据共享和机构加入，为金融风险防范和跨行业金融监管提供了一种解决思路。展望未来，区块链在金融监管领域的发展思考如下：

（1）以开放发展的态度看待区块链，共同打造秩序互联网生态

首先，在业务场景上，区块链适合"低频高价值"应用场景，不支持高性能（毫秒级）的交易，因此，距离实时监管高并发交易的企业（如淘宝）还有很大差距；其次，在信息安全上，区块链的开放性也导致网络成员可以任意地查询链上数据，如何确保数据的安全性和隐私性也是未来需要解决的问题；再次，在多方协同上，由于区块链节点归属不同机构，对被监管企业和监管企业的合作模式、系统开源共建、协同运维等方面，也需要不断尝试和摸索才能实现互惠和共赢。未来，随着金融科技的不断成熟发展，互联网的社会生态和秩序也将不断得到完善，或依托区块链技术打造透明共享的网络空间，追溯个人主体的行为，从而打造全网共同监督和共同治理的秩序世界。

（2）多种创新技术的贯穿融合，为创新监管探索新道路

面对日新月异的科学技术，单一技术无法带来更多的创新，未来区块链将结合云计算、大数据、人工智能等信息技术手段，实现在公开透明的环境下进行金融交易活动。结合云计算，监管机构可以方便地部署和管理监控网络；利用大数据，可以精准地分析交易双方的用户行为；通过科技手段的融会贯通，为创新监管探索了新的道路，从而促进金融机构的健康发展和保障金融的繁荣稳定。

参 考 文 献

［1］巴曙松，张岱晁，朱元倩．全球数字货币的发展现状和趋势［J］．金融发展研究，2020（11）：3－9．

［2］巴曙松，魏巍，白海峰．基于区块链的金融监管展望——从数据驱动走向嵌入式监管［J］．山东大学学报（哲学社会科学版），2020（4）：161－173．

［3］陈姿含．数字货币法律规制：技术规则的价值导向［J］．西安交通大学学报（社会科学版），2020，40（3）：64－71＋80．

［4］范云朋，尹振涛．FinTech 背景下的金融监管变革——基于监管科技的分析维度［J］．技术经济与管理研究，2020（9）：63－69．

［5］韩锋，顾颖，贾红宇，等．一种基于比特币块链的知识产权众筹模式［J］．清华金融评论，2014（6）：98－101．

［6］黄维．通过区块链技术破解融资性票据监管问题研究［J］．金融理论与实践，2019（3）：46－53．

［7］刘仁．区块链技术助力微电影微视频版权交易［N］．中国知识产权报，2017－02－10（11）．

［8］任春伟，孟庆江．区块链与证券清算结算［J］．中国金融，2017（5）：61－62．

［9］邵奇峰，金澈清，张召，等．区块链技术：架构及进展［J］．计算机学报，2018，41（5）：969－988．

［10］沈伟．用区块链技术重构票据业务流程［J］．中国金融，2020（11）：70－71．

［11］沈鑫，裴庆祺，刘雪峰．区块链技术综述［J］．网络与信息安全学报，2016，2（11）：11－20．

［12］宋清华，李博华，吕泰亨．数字货币发展与现代中央银行制度建设［J］．区域金融研究，2022（1）：5－18．

［13］童昕．区块链在证券市场中的应用研究［J］．中国管理信息化，2018，21（18）：118－119．

［14］王拓，刘晓星．数字货币的源起、技术演进及未来趋势［J］．深圳社会科学，2021，4（5）：25－34＋108．

［15］王祥峰，周猛．区块链技术在跨境支付领域的应用研究［J］．金融发展评论，2020（3）：40－53．

［16］吴彤．DeFi 使能金融生态链上重塑，完善数字货币金融体系［R］．上海：长城证券，2021．

［17］肖风．数字货币的价值起源［J］．清华金融评论，2017（4）：24－27．

［18］余剑．区块链技术应用于 P2P 网络借贷平台的探索［J］．清华金融评论，2017（6）：95－98．

［19］袁勇，王飞跃．区块链技术发展现状与展望［J］．自动化学报，2016，42（4）：481－494．

［20］曾诗钦，霍如，黄韬，等．区块链技术研究综述：原理、进展与应用［J］．通信学报，2020，41（1）：134－151．

［21］翟晨曦，徐伟，徐坤，等．区块链在我国证券市场的应用与监管研究［J］．金融监管研究，2018（7）：33－54．

［22］赵旭．基于区块链技术的证券行业应用前景及业务开展路径探析［J］．上海立信会计金融学院学报，2018（6）：94－103．

［23］张亮，刘百祥，张如意，等．区块链技术综述［J］．计算机工程，2019，45（5）：1－12．

［24］张晶，李育冬．区块链技术在我国市场化个人征信中的应用初探［J］．征信，2020，38（5）：17－23．

［25］中国人民银行上海总部课题组．区块链技术对支付清算系统发展的影响及应用前景研究［J］．上海金融，2018（4）：37－41＋78．

［26］朱鲁秀．区块链对跨境支付清算行业的挑战及展望［J］．金融理论与教学，2021（6）：4－10＋17．

图书在版编目(CIP)数据

区块链应用金融创新发展研究报告.2021/周志翔,吴华清编著.—合肥:合肥工业大学出版社,2022.12
ISBN 978 - 7 - 5650 - 5958 - 2

Ⅰ.①区… Ⅱ.①周… ②吴… Ⅲ.①区块链技术—应用—金融业—研究报告—2021 Ⅳ.①F83 - 39

中国版本图书馆 CIP 数据核字(2022)第 231660 号

区块链应用金融创新发展研究报告(2021)

周志翔 吴华清 编著   责任编辑 郭娟娟

出 版	合肥工业大学出版社	版 次	2022 年 12 月第 1 版
地 址	合肥市屯溪路 193 号	印 次	2022 年 12 月第 1 次印刷
邮 编	230009	开 本	889 毫米×1194 毫米 1/16
电 话	人文社科出版中心:0551 - 62903200	印 张	12
	营销与储运管理中心:0551 - 62903198	字 数	277 千字
网 址	press. hfut. edu. cn	印 刷	安徽联众印刷有限公司
E-mail	hfutpress@163. com	发 行	全国新华书店

ISBN 978 - 7 - 5650 - 5958 - 2   定价:46.00 元

如果有影响阅读的印装质量问题,请与出版社营销与储运管理中心联系调换。